创事记

致年轻创业者

王世渝◎著

SPM 南方出版传媒 广东人民出版社

· 广州 ·

图书在版编目（CIP）数据

创事记：致年轻创业者 / 王世渝著. —广州：广东人民出版社，2019.1
ISBN 978-7-218-13263-1

Ⅰ.①创… Ⅱ.①王… Ⅲ.①创业—研究 Ⅳ.F241.4

中国版本图书馆CIP数据核字（2018）第273018号

CHUANGSHIJI：ZHI NIANQING CHUANGYEZHE

创 事 记：致 年 轻 创 业 者

王世渝 著

版权所有 翻印必究

出 版 人：肖风华

责任编辑：郑 薇

责任技编：周 杰 易志华

出版发行：广东人民出版社

地　　址：广州市大沙头四马路10号（邮政编码：510102）

电　　话：（020）83798714（总编室）

传　　真：（020）83780199

网　　址：http://www.gdpph.com

印　　刷：广州市浩诚印刷有限公司

开　　本：787毫米×1092毫米　1/16

印　　张：21.75　字　数：322千

版　　次：2019年1月第1版　2019年1月第1次印刷

定　　价：59.00元

如发现印装质量问题，影响阅读，请与出版社（020-83795749)联系调换。

售书热线：（020）83790604　83791487　邮购：（020）83781421

今年，是改革开放的第40年。

今天我们回头看，会发现改革开放于宏观而言，是改革与开放的过程，于微观而言，则是民间创业不断涌生的过程。

自1978年以来，我们经历了数次创业浪潮：

1978年，农村经济体制改革，刺激短缺经济下的制造业复苏，乡镇企业引发了中国乡村的"工业革命"；

1984年，城市经济体制改革，将创业主战场从农村转移到城市，这一年是"中国企业元年"，发生了在生产线上的"管理革命"；

1992年，知识分子、公务员下海潮，制造业从短缺到过剩，品牌与营销革命爆发，房地产业和新兴服务业崛起；

1998～1999年开始，则是1964～1974年这代人发动的轰轰烈烈的互联网革命，如今中国已经是全世界被互联网改造得最彻底的国家之一；

最近一次，大约自2014年而始，以新模式和新消费为基础的"80后""90后"创业衍生出新经济对旧经济、旧模式的覆盖式创新。

与勃勃生机相对应的，则是与任何国家都相似的创业低成功率。中国小微企业的平均存活时间只有2.9年，美国创业后生存五年以上的企业不足40%，存活50年以上的企业也只有1%。商业就其本质而言，是一个关于幸存者的游戏。

在这五次创业生态的簇生、演化、衰老及死亡的生命周期过程中，中国经济狂飙突进，已经成为世界第二大经济体。中国的财富和影响，俱已在全球范围内有举足轻重的地位：

中国的世界500强企业数量与美国旗鼓相当；

全球十大摩天大楼，中国占七座；

北京10亿美元富豪数量超过纽约成为全球第一；

中国一线城市房价在全球城市也同样位列第一线；

中国企业阿里巴巴和腾讯交替成为亚洲最大市值公司；

中国贡献了全球奢侈品行业70%的增量。

如果说过去40年，中国的创业在更大程度上是一个增量财富问题，那么，下一个40年，中国的创业对于增量财富和存量财富则同样重要。创业的成败，成为创业者和投资人的双向问题，不仅创业者需要懂创业，投资人也需要懂创业。反过来也是一样，投资人需要懂投资、懂资本市场，创业者也需要懂投资和资本市场。

甚至于在创业者和投资人群体中，出现了"企投家"这样一个新物种，兼有企业家和投资家的两栖特征，一栖于钟爱的实体产业，让它迭代进步，永续发展，一栖于"非理性繁荣"的资本市场，让自己的财富在运动中增值。

本书的作者王世渝，是中国资本市场经验最为丰富的投资银行家之一，20世纪90年代初就开始进入中国资本市场，先后担任万通投银部总经理、德隆集团金融混业平台金融产品总部总经理，现为富国富民资本的董事长，至今主持过上百家企业的改制、重组、上市、并购业务和不计其数的投融资业务。

过去一年多，世渝兄在"吴晓波频道"发起的企投会中担任首席学术顾问，他的课是最受学员欢迎的两三门课之一。他对于全球产业格局的全局视野和观点，令人受益匪浅。

他认为，在宏观层面而言，中国的新时代就是创新的时代。

对外，应当采取"全球并购、中国整合"的模式，主导全球第六次并购浪潮。抓住西方发达国家完成第二次工业革命、难以再高速增长的大好时机，采取"全球并购、中国整合"的方式完成国际化、全球化，调整产业机构，完成产业和消费的升级，实现中国工业化。

对内，则是"产业、资本、城市三位一体"模式，放弃GDP的单一指标考核，通过产业链、价值链的重组整合，导入发达国家产业集群，与中国各区域、城市深度融合，实现中国产业新旧动能转换。

在这个创新时代的大趋势下，需要对创新、创业、创意的重新审视和方法论式的推演。本书中，世渝兄基于在投资、并购领域27年的经验，将他关于"创业""创意""创新"等所有与"创"相关的事件的体会、体验、观察和思考，总结成规律性的经验与方法。

我想，每一个与此相关的读者，都会从这本书中得到收获。

吴晓波

2018年10月 于杭州

序　言

献给改革开放 40 周年

　　1978～2018年是中国改革开放的40年，它在中国历史上具有史诗般的意义。作为完完整整经历这跌宕起伏的40年的人，我把这激荡的40年浓缩为一个汉字——"创"。这是开天辟地、创造性的40年。

　　西方的"创世纪"是描述天地万物的创造和人的起源，而中国从1978年到2018年这40年，则是人类有史以来在剧烈变革中创业、创新、创造和完成创举的最伟大的一次历程。

　　1976年，"文化大革命"结束，中国没有时间像西方那样用一个漫长的文艺复兴来建立新的经济、政治和社会秩序。1978年，中国拉开了改革开放的大幕，整个国家从濒临崩溃的边缘被拯救出来，短短40年，从一个极端穷困的国家一跃成为世界瞩目的经济大国，犹如开天辟地又一遭，中国改革开放的总设计师邓小平称之为第二次革命。40年呼啸而过，犹如创世纪一般，梦一样地过去，百废待兴的国家重新开始创业，通过创意、创造、创新，完成了一系列让世界刮目相看的创举，把西方从文艺复兴以来走过的几百年漫漫长路，浓缩在40年的急行军路上。

　　2018年，是创造性的第40年。我们需要对已经过去的40年进行总结和思考；与此同时，2018年又是一个新的开始，我们依然需要开创未来。这个开始，被党的十九大称为"新时代"。从这个至为重要的节点出发，中国又将开始一系列对于未来的创想。2020年、2035年、2050年三个时代节点的创造性目标一一实现之后，中国将迎来中华民族的再次崛起，作出对大同世界的伟大贡献。

过去的40年，伴随着我们这个伟大国家的发展，我也从当年风华正茂的热血青年走过了人生黄金般的历程。作为改革开放40年的亲历者、见证者、参与者和分享者，我倍感荣幸。40年和整个国家的跌宕起伏、命运转换、悲欢离合、风雨兼程交织在一起，构筑了我从艰辛到美妙和幸福的人生。

在改革开放40年到来之际，我愿意分享自己多年的感悟和经历，用一个中国投资银行家的职业眼光，以"创"为主题，记录我40年来对"创业""创意""创新"等关于"创"的所有事件的体会、体验、观察、思考，并从中总结出一些规律性的方法和经验给读者，尤其是给生活在这个伟大时代的年轻而幸运的读者。

这40年是创业的40年。创业是指机构、个人或群体开创一项事业或者生意，有的是指商业行为，有的则为非商业行为。同样，在这样一个时代大背景下，中国本身也是一个创业主体。在40年前，人类社会物质文明已然高度发达，中国作为曾经的世界文明发祥地之一，却成为一个贫穷的大国、虚弱的巨人，个体、集体、国家都处在急需创业的极度饥渴状态中。本书主要涉及到改革开放以来与创业行为有关的事情和人物，记录了创业中的艰辛、成败和喜怒哀乐。为什么有的创业能够成功，有的不行？为什么有的人百折不挠却从未成功，而有的人则一次创业就成功？创业到底有什么魔法？

创意是创业的基石。没有一个创业是没有创意的，以为有钱就能创业，那就大错特错了。很多成功的创业故事是没有钱，但有很好的创意。国家同样需要创意，1949年成立的新中国，我们有理想的、高度集中的社会主义公有制创意，之后又有中国特色社会主义道路的创意，以后还会有更新的创意。

创新和创意有些相似。创意经常是指无中生有，在无的状态下产生出一个主意；而创新是在一定基础上产生新的主意、新的思维、新的方法、新的变革。很多创业者总是不断在创意、不断在创新，从未停息。就像社会主义社会是人类社会进入资本主义社会之后，由马克思、恩格斯这样的伟大思想家提出的创新社会形态，他们认为资本主义制度所制造的剥削和压迫剥夺了大多数人民的美好生活，应该创造一种让无产者拥有政权和财富的社会制度，这就是制度创新。早期失败的巴黎公社、后来失败的前苏联都在这条制度创新的道路上付出巨大代价后终止，中国却能够在总结前人成功经验和失败教训的基础上继续高举中国特色社会主义伟大旗帜，并取得制度创新的成功，为什么？

创业者有的一辈子也没有创造，平平淡淡地创业守业，守正而不出奇；有的则不断在创造中体验着乐趣，有时候也忽悠了自己和别人。有的创业者自己快乐而别人不快乐；有的创业者自己不快乐，别人快乐；有的创业者自己不快乐，别人也不快乐。中国的创业，不管是个人、集体还是政府和国家，同样在过程中主动或者被迫地遵循着这样的规律。

创举不易。创业过程中有创意、创新、创造并不难，但真正的创举却是非常罕见的。而中国这40年在方方面面所取得的成就，是创举的总集成。对于整个中国来说，这40年就是一个世界级大国如何在经历百年沧桑之后，重新跻身世界经济大国之列的创举的40年。这个创举主要体现在两个方面：一是短短40年所创造的经济奇迹，另一个就是开辟了一条前人没有走过的成功道路。

不管有没有创造和创举，无论在创业过程中也好、守业过程中也好，我们一定需要创想。尤其是今天科学技术达到一个新高度，可以说没有创想就没有明天，没有创想就会被创想所颠覆。

所以，这是一个"创"的世纪，这本书也是一个关于"创"的叙事。对于个人、群体以及这个国家均如此。如果说过去40年我们更多的是得益于中国与全球之间，尤其是与全世界发达国家之间存在的巨大差距而形成的发展空间的话，那么未来40年就是追赶和超越的40年。如果说过去40年还有很多东西可以学习、借鉴、模仿的话，那么未来40年我们就很难有更多的东西去学习借鉴了，我们必须面对世界上一切复杂的问题，从上到下必须有清晰而坚定的顶层设计和能通江达海的实施办法。这是对中国能不能从站起来到富起来，再到强起来的真正考验。2018年，这是一个创造性的40年的结尾，也是一个创造性的新时代的开始。

随着2018年3月20日"两会"的结束，新时代正式开启。由于中国在经济、政治、文化、社会各方面与世界各国都不一样，如果实现中华民族的伟大复兴，也意味着这既是中国的新时代，也是世界的新时代。

这是一个热血沸腾的新时代，是一个5000年文明古国、13亿多人民所渴望和期盼的新时代；这也是一个扑朔迷离的新时代，因为中国已经落后于世界强国几百年了。当中国要重新崛起的时候，那些曾经领先于中国、欺凌过中国、藐视过中国的力量，也不会送上祝福。伟大和辉煌不会自动降临到我们身上。

本书也将结合中国共产党第十九次全国代表大会的精神，展望中国的未来。

目　录

第三章
创业的商业模式和盈利模式　//　**093**

第四章
创业成败英雄论　//　**123**

第一章

创业大潮:
全世界最奇异的创业图卷

1976年9月9日下午，让人悲痛欲绝的哀乐震撼了中国。一个晴天霹雳般的消息传遍全世界：10亿中国人民的统帅，中国共产党的主要创始人、中华人民共和国的伟大领袖毛泽东去世了。

　　刚刚高中毕业就失业，我来到远在中国西南边陲云南西双版纳原始森林东风农场的姐姐家，无所事事，听闻噩耗无比悲痛，顿感茫然，惶恐至极。悲痛之后，每天夜里我都躁动不安，站在姐姐的同事宿舍外的空地上，面对黑森森的原始森林倾诉内心无比的忧虑。国家的命运、个人的命运是什么？我的工作在哪里？我的希望在哪里？我的未来在哪里？没有答案。

　　毛泽东的追悼会上，广场聚集了整个东风农场的数千人，黑压压的一大片。地处热带雨林的西双版纳这天烈日当空、酷热难当，悲痛的情绪和高温炙烤，让很多人难以坚持，不时看见有人中暑晕倒被抬出去。我参加完追悼会悲痛欲绝，再也待不下去了，不顾姐姐的挽留，坚决要回到重庆。其实我也不知道回去干什么，但就是预感到一定有大事发生。

　　果然，在我乘汽车越过崇山峻岭，又从昆明通过成昆铁路赶回重庆的路途中，列车内异常紧张沉闷，每个人的表情紧张而恐慌，许多人在窃窃私语……

回到重庆的第二天是10月8日，正好是我19岁生日。我跟着人群走上街头，被巨大的游行队伍裹挟进去，跟着高呼"打倒四人帮"的口号。

依然无所事事的我，开始了打短工挣钱的日子。计划经济年代，所谓的打短工挣钱，不过就是守在我家附近的重庆家具五厂门口，偶尔有企事业单位买了家具后需要装车，我就可以和居住在附近的小伙伴一起，帮助他们把家具码上汽车，装一车的工钱大约15元，如果三个人就可以每人分到五元钱。那时单位都没有自主招聘临时工的权力，必须到街道去登记，由街道办事处根据待业青年的具体情况安排临时工作。我是应届高中毕业生，轮到我不知要到什么时候。一个农机厂的工程师问我是否愿意去他的工厂学习铣工技术，没有工资。我欣然答应，学习半年之后，我考上了技工学校。用当时的话说，我幸运地端上了铁饭碗。

1976年之后，历经最高权力的更替和思想观念的系统梳理，尤其是对十年"文化大革命"的反思，中国终于在1978年迎来了国家命运的转折。

1978年，中共十一届三中全会作出决议，要把全党的工作重点转移到社会主义现代化建设上来。当贫穷到了极点的中国决定要从"政治挂帅"转型到以经济建设为中心的时候，实际上，这个国家是要开始重新创业了。当一个国家走到山穷水尽、百业凋零时，怎么开始创业选择呢？今天回头去看，可以发现共产党领导的第一场声势浩大的创业是从农村开始的。

40年来，从农村开始演进的这场创业大潮，推动了整个中国农业体制的变革，然后从农村到城市，从农业到工业，从完全的计划经济体制到公有制主导下的市场经济，每一个变革都推动了巨大的创业浪潮，这些创业浪潮又在不同环境下呈现不同的特点。回想起来，无不惊心动魄、引人深思、催人奋发。

创业从解放土地开始

1966年到1976年的"文化大革命"中，完全意义的社会主义公有制模式遭遇"文化大革命"的折腾，所有人不得拥有个人财富，所有的收入只能是"按劳分配"得来，人的劳动收入连基本生活水平都满足不了，只有个人生存问题得到解决才能去谈其他。在那个时候，幸福就是能够填饱肚子。发展生产、满足生存需要成为首要任务。怎么才能让大家去发展生产呢？即使当时解放所有束缚，像今天一样自由创业，人们也会无所适从。

粉碎"四人帮"之后，"文化大革命"的后遗症还在继续蔓延。我所生活的重庆大多数人无所事事，大街上每天都是成群结队游荡的人群，制造着影响和破坏社会治安的行为。打架斗殴、偷盗抢劫是家常便饭，不要说创业，就业都已经是可遇不可求的奢侈。最多的工作机会就是在工厂打短工。劳动强度大的工作是抬石头，每块石头都在100公斤以上，两个壮汉光着膀子抬着上坡下坡。这是最苦的体力活，每天最高可以挣到1.83元。酷热难当的盛夏，最多能喝上一瓢酸梅汤或者吃上一根四分钱的冰棍。

因为口碑好，我经常被派出所民警找去帮他们做笔录，因为当时打架斗殴的人太多，派出所的民警忙不过来。尽管是志愿者，但能够被重视我已经很高兴。

后来我每天起早贪黑，步行40分钟去区农机厂学习铣工技术，唯一的愿望，就是有一天可以找到一份能养活自己的工作。

一片迷茫中，我突然感受到了一丝变化。安徽凤阳小岗村一个非常个性化的创举，像星星之火燃遍神州大地，所以，改革开放的第一个创业群体应该是农民。

中国的农业发展问题被归纳为"三农"，即农业、农村、农民。农业是农民赖以生存的根本；农村是农民生活的自然和社会环境；农民是生活在农村、依靠农业生产而生存的居民。三者之间互相关联，农业发展不好，农村得不到很好的建设，农民没有先进的生产力和财力，农业也不可能发展。农村还是一个社会形态和生产组织，中国农村那时最基层的组织叫人民公社。它既是一个基层政权组织，又是一个政经合一的经济组织，整个农村的人、财、物都归这个组织管理。人民公社下面分为生产大队和小队，所有的农民被生产队组织在一起。农民从事生产活动的生产资料——土地、种子、化肥、农药，甚至包括粪便都是公家的。每家每户只有很少的自留地，这些自留地可以让农民在工余时间种一些蔬菜和水果自用，但是不能作为商品销售。当然还包括时间，你必须每天按时出勤给生产队打工，工作成果不是看你每天每月干出来什么，而是按照你的劳动力等级乘上你的出勤天数，最后到年终"交公粮、剩余粮"，获得粮食和少许的人民币。生产力水平低导致劳动效率极低，所有劳动成果分配到每个农民家庭和个人勉强能够吃饱，很多地方吃不饱。这种情况下，农村大多破破烂烂，从农民的住房就可以一眼看到他们的居住状况：大量住房是用茅草盖的屋顶，四围的墙都是用就近的泥土挖出来夯实为厚厚的土墙。农业也是低水平的，完全是靠天吃饭，千百年来人们重复着春种秋收的四季轮回。那个年代的农民没有胖子，也没什么存款，冬天有棉衣穿就不错了。那时中国的农业有一个典型，那就是位于山西省昔阳县大寨公社大寨大队，这个队的队长叫陈永贵。他带领大寨大队的农民在黄土高坡上挖梯田、开荒地，毛泽东知道了他们的英雄事迹，提出"农业学大寨"的口号，全国都学习大寨大队挖梯田的模式，甚至有些地方生搬硬套，十分荒唐地把平原堆成山坡，像大寨一样挖成梯田。因为学大寨，陈永贵这个农民大队长破天荒地成为中华人民共和国的副总理。

在窘迫的生存状态下，安徽凤阳县小岗公社小岗大队的18个农民终于熬不过去了，冒着生命危险悄悄地私分了生产队的土地，拥有了耕种土地的自主权，自己决定种什么和什么时候种。由此"包产到户"浪潮开始席卷全国，最终形成"承包责任制"，农民可以自由支配自己的时间，在自己承包的土地上耕种，一年下来，除了上交给集体的，剩下都是自己的。除此之外，农民还可以自由地养猪、养牛、养羊、养鸡鸭鹅，等等。这不仅带来了整个中国粮食和蔬菜、水果以及所有副食品产量的增长，还开启了"文化大革命"结束以来第一次真正意义上的创业大潮。土地承包责任制最终促使以公有制为基础的人民公社解体，后来的乡人民政府以及村委会不再和农民的生产资料发生关系，千千万万的农民成为自己命运的主宰，加入中国浩浩荡荡的创业大军。所以，农民成为中国最早的创业者，土地承包责任制带来的生产力大解放成为中国最早的声势浩大的创业图腾。同样，因为农民私分土地倒逼农村经济体制改革、制度创新，国家也抓住了这个历史机遇，分别在安徽和人口最多的四川省掀起了整个农村的变革大潮。把个体行为转变成为一个政党、一个国家的创新，并由此推动全国经济体制、行政体制的变革，这也是中国共产党、中国政府的伟大之处。没有这项变革，很难想象中国这40年来的改革会是什么样子。

土地制度改革解放了农村的生产力，也解放了农民的思想，让他们从脸朝黄土背朝天的日出而作、日落而息的生活方式、生产方式里走出来。传统农业并不是他们的唯一生产方式。

今天著名的农业企业希望集团早期的四兄弟刘永言、刘永行、陈育新（刘永美）、刘永好就是创业大潮中的创业者。1996年，我担任万盟投资管理有限公司总经理时，和创始合伙人王巍到成都第一次和刘永好见面，动员他所担任总裁的希望集团上市，当时的刘永好完全不懂资本市场以及上市为何物。

我们应邀去拜访刘永好的时候，他正在给希望集团新员工做培训。虽然已经创业十多年了，但当时的希望集团总部还在著名的人民南路的简易平房里。我和王巍在他的办公室等待，他的秘书从柜子里翻出一大堆报道希望集团和刘永好本人的各种报刊。

没等多久，衣着朴实、身材健壮的刘永好来到会议室和我们讨论他的企业如何上市的问题。那个时候，刘永好正在困惑之中，他的职务是希望集团总裁，员工都不叫他刘总，直接称呼总裁。从最早养鹌鹑开始到饲料生产，希望集团十多年成功创业，已经成为中国最大的饲料生产企业，刘氏四兄弟赶上了中国从无到有的饲料产业工业化时代。

计划经济时代，中国的养殖业只有国营畜牧场，完全不能满足市场需求。老百姓收入很低，也没有能力消费。一个家庭一个月不过只有几斤猪肉的限量供应，偶尔买一只鸡、鸭或者鹅，只能是逢年过节才能有的奢侈。农村改革之后，农民从人民公社体制里解放出来，有了更多时间从事小规模养殖业，带动了饲料工业的发展。养殖鹌鹑的刘氏兄弟发现生产饲料比养殖鹌鹑更加赚钱，于是转型做起了饲料加工。这个创业转型让他们尝到了甜头，市场旺盛的需求以及国家政策的扶持鼓励，让他们很快就做成了中国第一饲料企业，把早期进入中国的泰国正大集团逼得节节败退。刘家四兄弟成为中国先富起来的创业者的榜样，而且难能可贵的是，他们依靠的是养殖业和农产品加工业发家致富，这更是当时中国亟需树立的榜样，于是他们获得了各种各样的荣誉。刘永好作为总裁，主要负责公司外部事务以及公共关系，所以很多个人荣誉落到了他的身上，他甚至担任了中国工商联副主席。媒体传播的信息相当于希望集团就是刘永好，刘永好就是希望集团。巨大的成功和荣誉也造成了内部的不平衡，老二刘永行更是公开在媒体上和刘永好互相攻击。刘永行告诉媒体，希望集团创业的时候，大家都没有在意股份大小，只是齐心协力要创业成功，没有想到创业成功之后会出现分歧甚至引发权力纷争，当时让刘永好担任总裁并不是因为他最能干、最有领导力，只是认为刘永好口才好，而把希望集团做成功的真正的领导人应该是他刘永行而不是刘永好。他们之间矛盾的公开化引起了四川省领导和全国工商联领导的高度重视，虽然在领导们的调解之下，争端得以平息，但是导致了兄弟分家和希望集团之后的解体。希望集团一分为三，原希望集团成为一个空壳，东方希望集团、南方希望集团、新希望集团等相继成立。

在我和王巍的帮助下，新希望集团聘请万盟投资管理有限公司为财务顾问，完成了公开发行股票上市的工作，成为中国农业产业化第一个民营上市公司。20年后，新希望集团成为中国最大的饲料生产企业、中国最大的农牧企业之一。刘永好证明了他的能力，并完成了向下一代的交接。30多年时间，从几百元人民币创业到最后完成接力棒交接，刘永好和他的新希望集团成为中国企业创业史上一个最完整的样本。

中国农村土地从人民公社制到承包责任制的改革不仅解放了农村土地，也解放了被束缚在这片土地上的八亿农民，让他们不再仅靠面朝黄土背朝天地辛勤耕作生活，而开始把剩余时间用于养殖业及经济作物种植。他们简单的创业劳动很快就改变了自己的生存状况，人均年收入超过了当时的机关干部、工厂工人以及企业管理人员。到20世纪80年代初，很多农民掀掉了破烂简陋的茅草房，盖起了两三层的楼房。而当时工厂的普通工人即使结了婚也没有楼房可住，很多工人只能到农村租住农民的房子。

那个时候，我正在重庆起重机厂当工人。工厂坐落在重庆西部郊区的中梁山地区，四周就是农田。刚进工厂条件很差，好几个青年职工挤在一间低矮的小平房里。但在农村改革短短几年的时间内，不少农民就盖起了两层楼的砖瓦房，工厂里大量刚结婚的夫妇就去租用农民的房子做婚房，农民的收入已经超过企业工人的收入。最典型的例子是有一位农民过去常年在工厂食堂收泔水，对厂里上上下下都很熟悉，突然有一天大家看不到他挑着担子来收泔水了，才知道他创办了一个简易的加工厂。利用和厂里的关系，他外包了一部分厂里不愿意干的零部件加工。只几年工夫，他的工厂就从加工零件发展到加工部件，从焊接件发展到机械加工，从加工部件发展到小型的起重机整机生产。由于成本低、效率高、机制灵活，我所在工厂的很多退休工人和技术人员纷纷被挖到这个乡镇企业去工作。短短几年时间，工人们完全看不上的挑泔水的农民一跃成为乡镇企业老板，这就反过来对铁板一块的国有企业造成很大的刺激和压力，由此带来工人、干部、技术人员的心理变化，对国企经营机制又起到机制倒逼的作用，推动了国有企业的改革。

安徽小岗村18位勇敢的农民石破天惊的创举，掀起了中国第一轮声势浩大的创业狂潮。从土地上被解放出来的农民成为创业主力军，不能不说是中国那个年代的一道风景线。

仅仅几年时间，农民不仅摆脱了人民公社的约束，依靠土地承包养活自己，同时也有了剩余时间从事种植业以外的创业行为。除了刘永好兄弟之外，江苏苏南一带的农民开始成群结队地通过手工劳动、小作坊的模式创办家庭企业，成为农村剩余劳动力的一道新的创业风景线，被称为"苏南模式"。今天江南一带的民营企业大多脱胎于那个时代的乡镇企业。

这个阶段政府还没有发展经济的经验，在理论上还有很多问题没有解决，尚处于从计划经济到有计划的商品经济的过渡阶段，对现代经济该怎么发展和布局的问题仍在探索中。这一点给后来经济和社会的综合发展造成了很多被动。例如，1984年我第一次沿着长江顺江而下，远行到长三角的时候，看到各种小型乡镇企业在缺乏整体规划的情况下无序兴建各种行业的工厂，就深深担忧过美丽的江南水乡会被现代工业吞噬，30多年过去了，当年的担忧已成为现实。习近平总书记提出"绿水青山就是金山银山",美丽的江南水乡某种程度上已为现代化付出了代价。

从个体户到万元户

从1980年开始,中国不仅不再实行应届毕业生上山下乡的政策,知识青年还掀起了巨大的返乡潮。数以千万计的知识青年纷纷从农村、边疆等四面八方回到城里,政府也想尽了一切办法来安置这些待业青年,参军、高考、招工,国有企业指标不够,又让他们行使自主权,投资创办大集体,吸纳了大量待业青年就业。很多工厂动员未达到退休年龄的职工提前退休,允许一个适龄孩子顶替退休的父母。但是还有大量返城的知识青年和每年不断涌现的应届毕业生成为城市无业人员,给各地带来巨大的就业压力和严重的社会治安问题,再加上"文化大革命"时期遗留下来的"打砸抢"之风还没有得到清除,1983年政府实行了"严打"。走投无路的待业青年、无业游民、劳改及刑满释放人员在改革春风的鼓励下,自食其力,自发开始了五花八门的个体创业活动。

"个体户"成为最早的城市创业者。有的工厂工人也利用下班时间赶夜市,到城市开阔的广场摆夜摊。我所在的工厂门口也有了第一个个体户,不知是哪个家庭的孩子,领了个体经营者的执照,在工厂门口搭了一个简易的竹棚,开起了火锅店。不错的示范效应之后,一个竹棚接一个竹棚搭建起来了,有的做小面,有的卖川菜,有的卖卤菜,工厂周边形成了一个靠1000多工人吃饭的小型创业生态。

从农村包产到户承包制尝到甜头的中国改革领导者,开始把"解放生产力"这一农村经验用在城市经济发展和改革之中,中国开始打破铁板一块的计划经济体制,实行有计划的商品经济。生活资料、生产资料不再完全按计划供应,计划和市场的"双轨制"给创业者创造了巨大的创业空间。普通的个体户主要创业方式是开餐馆、摆地摊、倒卖各种商品信息和做简单的商品贸易。地摊上的商品五花八门,中草药、小木器、旧图书、小电器、打火机、小五金、手织毛衣、电影歌曲胶片、小画片等不一而足。有关系、有背景、胆子大、脑筋活的商人则主要利用"双轨制"，倒买倒卖各种生产资料，包括钢材、水泥、玻璃、农药、化肥，再后来还有收音机、手表、自行车这些高档消费品。

随着对外开放，不少中国人也通过各种方式走出国门，到东京、到纽约、到莫斯科开启国际打工和创业之路。再后来，日本的旧服装、家用电器，中国香港的衣帽鞋袜、雨伞，都通过合法或非法渠道涌入中国大陆，从境外到沿海，从沿海到内地，构建了庞大的境外消费品进入内地城乡的生产、加工、批发、转运、零售渠道，催生出中国第一批"万元户"：他们满手金戒指，脖子上挂着粗大的金项链，女的涂着重重的口红，男的夹着万宝路香烟吞云吐雾，卷发皮草，骑着铃木、雅马哈进口摩托车，腰里别着装满最大票面10元的钞票的黑色钱包。

北京到莫斯科成为中国个体户的国际大通道。他们从前苏联倒卖毛皮、欧洲日用品、钢材到福建石狮、广东广州，又从中国把大量茶叶、干果等食品卖到前苏联，北京—莫斯科的国际列车见证了他们的心酸史和发家路。

在重庆，最流行的创业就是开火锅店。年轻漂亮、性格泼辣的女孩何永智选择离开一家生产童鞋的集体工厂，在渝中区八一路一个小小的铺面里支起了三张桌子，创办了她的重庆小天鹅火锅。八一路是重庆个体户最密集的摊区，人声鼎沸，拥挤不堪。何永智每天都要大声招呼络绎不绝的顾客，声嘶力竭的吆喝最终让她的嗓音嘶哑了，再也恢复不过来。她首创性地把九宫格火锅改为红汤和白汤的鸳鸯锅，后来又在鸳鸯锅的基础上发明了子母锅。她服务周到、热情大方、喜欢创新，很受顾客青睐，因此生意非常红火，小店规模不断扩大。

到1997年，小天鹅火锅已经从重庆发展到北京，成为重庆火锅的代表品牌。此时，何永智已经创业15年之久。当年，经重庆副市长程贻举的介绍，我认识了这位美女火锅老板。经过一系列尽职调查之后，我担任了小天鹅火锅的财务顾问，希望把投资银行领域的一系列东西带给这个企业，也为家乡作点贡献。

创业15年的小天鹅公司虽然有了多家店铺，名称上也叫"有限公司"，实际上还是一个扩大规模的个体户。对于何永智这样缺乏现代商业理念和系统工商管理知识的创业者而言，完全是凭着自己的商业直觉和简单的管理逻辑在经营着企业。我住在江北区的小天鹅宾馆好些天，几乎昼夜不停地写出厚厚的一叠方案，其实相当于管理咨询报告，给小天鹅火锅开出了一个系统的发展药方。方案内容包括目前存在的问题，如何实施公司改制，如何建立现代公司治理结构、组建董事会、建立有效的、职责清晰的组织架构、创建板块状火锅加盟模式，如何把好原材料关口，尤其是火锅的主要原材料辣椒、花椒一定要标准化，产地要一致，甚至需要通过订单种植来保证品质。

报告写出来还来不及打印，这位火急火燎、有着典型重庆女人性格的何老板就直接把手稿拿走了，说是要去万州出差，几天才回来。若干小时之后，她打来电话告诉我，在船上反反复复阅读了我的报告，没想到我这个火锅行业的局外人写出了这么专业的方案，回来就要和我签署合作协议。

通过小天鹅火锅这个案例，大家就会知道在那个年代是什么样的创业环境。创业者其实仅仅是为了生存，为了挣钱养活自己和家人。即便从三张桌子发展到了上亿营业额的规模，他们也不懂得按照现代公司的组织模式来科学地经营企业，更不用说资本运营了。多年之后，餐饮业已经发展成为支柱产业，创业者才终于和资本对接了。某个著名的资本成为了小天鹅的股东，但产业和资本进行深情碰撞后，他们的"婚姻"并不幸福，无奈选择分手。小天鹅的创业者就没有前面提到从事大工业的新希望集团那么顺利和完美。何永智后来尝试了火锅以外的多元化投资和经营，最成功的投资是重庆的著名旅游景点洪崖洞。小天鹅后来也创办了企业集团，但由于自身知识结构的局限性，对于公司组织结构、治理结构设计上的局限性，以及把握先进技术、行业机遇上的局限性，还有资本运营方面的缺陷，导致他们终究没有走得太远，发展规模也没有太大。

那个年代走过来的最成功的企业家应该是联想集团的柳传志。他不是个体户白手起家，而是属于"双轨制"下成功创业的典型，当年他从中科院旗下的计算所借来20万元，开始从事计算机的开发，最终抓住了历史机遇，成为全球最大的PC生产厂商。

那个年代最著名、最具争议的创业者，当属牟其中。这位几经生死的最早的个体户以贸易起家，行事极具创意和创造性，曾经创造了震惊中外的用轻工产品从前苏联换来四架图-154飞机的易货贸易事件。他所创建的南德集团不仅有实战经验，还有非常独特的商业理论体系，曾经提出的"99度+1度"理论被奉为商业宝典；他本人也是充满幻想的理想主义者，提出了在喜马拉雅山脉南部炸开一个缺口，将印度洋的暖湿气流引进青藏高原的创想。后被判处无期徒刑，于2016年释放。那时已经75岁高龄的牟其中，依然雄心勃勃地要重招旧部，再次成为高龄创业的代表。

柳传志和牟其中是20世纪40年代出生的代表。个体户、"万元户"年代的创业者大多出生于20世纪四五十年代。40年代的精英几乎都上过大学，知识系统比较完整，后来经历了严酷的生活磨难，成为那个时代的创业精英，他们基本上在政府和国有企业工作，属于体制内的人。但更多的创业者还是从农村和边疆回来的知识青年，基本上就是无业游民，没有文凭，无法进入政府和国有企业，必须靠本事才能养活自己，属于被动创业者。他们最大的特点就是胆子大，创业没有禁区；他们创业没有愿景，没有伟大理想，没有战略，没有商业计划书，没有商业模式和盈利模式，也没有公司，没有资本，没有投资融资，只是为了生存。只要能挣钱，他们不放过任何机会。

由于年龄以及知识、经验上的局限，"万元户"已经渐渐远离我们今天的视线，在新世纪已经很难看到他们的身影。这些人从改革开放早期的低进入门槛行业，比如摆地摊、搞贸易、信息经纪、开饭馆、做汽车维修、建筑施工、开眼镜铺等传统行业起家，遇到竞争激烈就转型，有的成功了，有的失败了，大浪淘沙，一轮又一轮。我的朋友当中有十来岁就背井离乡，胸前挂着一个配眼镜的盒子走遍全中国，最后落脚在十堰，展开其光怪陆离的人生的葛建飞。在东风汽车基地，葛建飞从验光配镜转行干起了汽车销售。基本上没有读过什么书的他，以高度敏感的商业直觉、极高的情商抓住"双轨制"的寻租机会，迅速脱颖而出，成为东风汽车公司最大的经销商。极好的现金流经常让庞大的东风汽车公司从葛建飞公司借钱。当资本市场机会来临时，葛建飞再次嗅到商机，开始炒股票、坐庄、并购上市公司，然而最后却因操纵股价锒铛入狱。

另一个同时代的创业典型在辽宁丹东这个紧邻朝鲜半岛的边陲城市。李进巅曾经年轻有为，担任过丹东市委宣传部部长，但因为政治原因，他的仕途被迫中断。他离开机关，干起了农用汽车修理，成为丹东最早那批"万元户"之一。挣钱之后，他从修理干到加工，从加工变成生产制造，他的公司最后成为中国最大的轻型车桥制造企业，2000年在A股上市，最后完成了对著名国有汽车企业黄海汽车的并购。他圆满完成了自己的创业历程，最后将企业交给自己的儿子经营。

极少数成功者和李进巅一样，基本完成了财富的传承，有的交给了公司其他股东，如柳传志；有的交给了自己的儿子或女儿，如新希望集团的刘永好、万向集团的鲁冠球、浙江台州的茅理翔；也有的还在兢兢业业地干着，如王健林。

没有公司法的公司

如果说"万元户"完全是在没有本钱、没有平台的状态下创业的话，进入20世纪80年代，状况就发生了很大的变化。邓小平破天荒地选择了深圳、珠海、汕头、厦门作为中国改革开放的突破口，设立四个经济特区对外开放，通过开放来推动改革，引进国外的技术、资金、管理和观念，倒逼改革。几乎完全不懂得现代商业、现代经营和管理的国有企业、早期成功的个体户和大学应届毕业生，在优惠政策和自由没有束缚的环境召唤下，纷纷涌向四大特区。尤其是稍后批准设立的最大经济特区海南省，更以力拔千钧之势，开启了大规模创业的滚滚潮流。

1988年，海南建省，成为中国最大的经济特区。一夜之间竟然有超过十万人没有经过任何动员和安排，突然涌进这个岛。当时的海南岛，最高建筑不过五层楼高，没有一座像样的宾馆，根本没有接待十万人的能力。

和绝大多数赤手空拳、被时代潮流裹去海南的盲目人群不一样，离开东北后一直在佛山一带倒买倒卖的"万元户"范日旭嗅到了海南建立特区的商机，拎着十万人民币巨资非常阔绰地渡过琼州海峡，登上了几乎是不毛之地的海口。此时的老范，俨然已经是商场老手，虽然他身高不到1.7米，但财富却在登岛的十万人中鹤立鸡群。

老范很快租下办公场地，注册公司，招兵买马干了起来。和过去相比，个体户已经成为历史，他第一次创办了自己的公司——海南琼台经济发展有限公司。

虽然叫有限公司，但他自己其实并不清楚什么是有限公司，只是知道是公司就有组织，就不再是个人单干，可以有规模地干，不会再让人看不起、被人嘲笑了。而那时的内地，也冒出来一大堆公司。为什么要创办公司，公司是什么，其实大部分人都没有搞清楚，也没有一部公司法规。20世纪80年代初允许银行给公司贷款之后，各种公司便铺天盖地成立起来，而且名头还越来越大，比如环球公司、宇宙公司。

范日旭的琼台经济发展有限公司很快就招来了低薪的大学生员工。"十万人才下海南"的时候，我在四川大巴山巫山县扶贫，通过和同学的书信知道了此次壮举。彼时我在偏僻的大山里激动万分，但很遗憾没有和他们一样拥有这样的机会。我的同学朱江就是这样被范日旭招聘进去的。

范日旭终于不是赤手空拳创业了，他以大老板的姿态找到了小渔村滨海新村，和每家每户的渔民谈判，要为他们免费投资重建破破烂烂的小平房，不要渔民出钱，只需要他们搬走几个月，房子盖好再搬回来，一楼由渔民居住，二楼以上由公司经营，六年后全部还给渔民。渔民当然求之不得。不出钱能住楼房，几年之后还有一栋楼房，听上去像做梦一样，他们几乎不敢相信这是真的。琼台公司签下协议之后，马上就去打房屋出租广告，租客先付订金，三个月之内就可以住进来。当时很多内地企业也来海南办公司，还不知道做什么，就先派人去把公司注册下来，再找业务。当时整个海口也找不到那么多办公室，它们一看琼台公司有房子出租，就纷纷交了订金。这时范日旭再把客户交的订金拿去支付给建筑公司，让他们收到订金开始干活，其余的钱验收后再支付。老范带来的十万元钱，只是租办公室、发工资，可以说完全是空手套白狼地把房子盖起来的。说是来投资，实际上他还是用个体户的思维演绎了一个精彩的创业故事——虽然手法是个体户手法，但是此刻如果没有公司，你就没有信用，渔民、租户和建筑公司都不会相信你。公司成为取代个体户的新的创业和商业力量。

20世纪80年代的创业者当中，60年代出生的人居多。他们已经和40年代、50年代的创业者有着很大的区别：创业者的文化素质有了很大提高，而且很多人不再是从零开始创业。中国经济体制改革从农村开始之后，土地承包模式像燎原的大火，很快燃遍全国，几年之内，人民公社就被乡镇政府取代。农民生存问题、基层政权问题解决之后，政府终于把国有企业改革列入议事日程。首先是让承包模式进入国企，全国掀起厂长经理承包经营浪潮，给了很多企业家、创业者自由度，充分发挥厂长经理的积极性；其次是很多农民企业家通过承包乡镇企业涌现出来；最后是知识分子、科研人员大规模涌向几大经济特区，创办各类企业。

1964年出生的唐万新是这个年龄段创业者的典型。1986年，唐万新在新疆创业，当时22岁。他多次和我聊过他的创业动机和方式。他非常聪明，但是很不喜欢大学的学习方式，第一次高考上了华东石油学院，还没有毕业就退学回到新疆，后来又上了新疆石油学院，但读书期间却对地球的起源和自然辩证法产生了浓厚兴趣，读了很多这方面的学术著作，也写了不少这个领域的专业文章，一直希望在这个领域找到自己人生的目标。然而研究需要钱，他需要挣钱来支持研究工作，于是，靠借来的400元人民币，唐万新和几个朋友一起，创办了"朋友"彩扩社。用彩色胶卷拍照片在20世纪80年代还属于年轻人的时尚奢侈品，他们利用新疆和广州的利润差，在新疆收取胶卷，到广州洗出照片来赚取价差。没想到从此之后，唐万新再也没有机会继续他的自然辩证法抑或理论物理学术研究了。唐万新的创业史从400元起家的个体户模式开始，承包过国有企业旗下的经营部，也把自己的企业挂靠在政府或者国有机构旗下过，更从事过制造业、种植业、商品贸易、加工业、服务业、技术研发、实业投资、资本运营、金融业，甚至国际投资融资、海外并购，等等。他多次创业，多次失败，经历了许多次创意实施和许多个创造性故事，创造了中国早期创业者许许多多的经典和传奇。他首创民营企业大规模开垦土地、从事农业产业化；第一个买进航空母舰"明斯克号"，改造为军事主题公园；第一个创办战略投资公司，把国际上先进的战略投资、战略并购、战略整合带进中国市场；他开创民营企业大规模海外并购的先例；第一个创办金融混业经营平台……从尝试各种商业行为到创办新疆德隆，再到几乎家喻户晓的"德隆系"，30年的商海沉浮、几起几落，他几乎经历了这个时代创业精英们所经历的所有行业、商业模式以及创业模式。

"60后"与"40后""50后"比较，有了很好的创业条件。首先，他们的文化素质普遍较高，大多通过了1977年、1978年开始恢复的大学教育和高考，走向社会的时候，又遇上20世纪80年代那个充满激情的火热年代。改革开放打开国门，引进了大量发达国家关于工业文明的思潮和市场经济的理念，让中国从发达国家身上看到了差距，认清自己落后的现实，才有了发愤图强、振兴国家的理想；其次，"60后"创业之后很快遇上中国发展资本市场，赶上了利用资本市场来发展企业的机会；最后，新世纪以来，中欧商学院、长江商学院、北大、清华都开办了高水平、国际化的工商管理班，这些本来就好学、综合素质很高的创业者再次获得了系统学习西方工商管理知识的机会，从而懂得如何通过掌握发达国家现代管理理念和方法来提高企业管理水平。因此，"60后"已经不是简简单单地为了生存而创业、为了生活而挣钱，中国改革从农村到城市给了他们很多创业机会。

虽然有了各种创业平台，但是真正意义上的市场经济环境还没有形成。创业者素质虽然提高了很多，很多人是大学本科或者研究生学历，但由于还没有构建系统的以工商管理学科为核心的知识体系，还是以赚钱为基本目的，也不懂什么愿景、公司战略、公司治理等，所以这个阶段的创业行为还处于初级阶段，以产品为中心，以贸易为盈利模式，生产制造简单的初级产品，以满足中国经济巨大的短缺需求为创业手段。

"60后"创业者受到创业环境的限制，创业地点主要集中在五个经济特区以及沿海一带，甚至大量的产业集中于和开放相关的加工业。广东一带创业者最大的特点就是利用当地100年前下南洋的强大的华侨资源，给他们带回信息和商业机会，开拓商业视野，提高商业技巧。大量海外华人及资本在中国大陆成立了合资公司，让中国大陆的亲戚朋友成为股东兼职业经理人。

创业从资本开始

20世纪90年代，中国的创业潮真正风起云涌，最重要的动力来自1992年年初的"邓小平南方谈话"。

在经历激情荡漾的20世纪80年代之后，中国的改革开放由于国际国内多方面原因，出现了许多争议和分歧，大众的创业激情也受到较大的打压。1992年年初，邓小平在将近90岁高龄时再次勇立中国改革开放的历史潮头，以大无畏的气魄到南方视察上海、广东等地，掀起改革开放的浪潮。虽然中国资本市场在1990年已经创立，但由于面临诸多方向上的争议，并没有真正活跃起来。邓小平视察南方期间，专门视察了深圳证券交易所，针对股票市场发表了"坚决试"的观点，从而推动了中国资本市场的大发展。

"邓小平南方谈话"之后，中国经济发展迎来了第一个高速增长的十年。60年代出生的创业者获得了更好的创业时机和不一样的创业方法。当时最大的经济事件是发展资本市场，它彻底改变了中国经济的发展模式。

首先，一部分国有企业通过股份制改制，建立了现代公司制度，懂得了运用股份有限公司这样的经济组织形式来开展商业运行，懂得了用好资本市场来重新配置社会资源，让企业经营者知道，原来市场经济的好处不仅是可以自由从事商品生产和贸易，还有一种非常有利于商品经营的公司组织模式，另外还有更加神秘莫测的资本运营。

以万通为例，1991年冯仑聚集"万通六君子"创办海南农业高科技投资公司时，他们没有干过一天的农业和高科技，炒了几块地皮之后，就在北京的郊县怀柔买了3000亩（200公顷）地，成立了北京万通。海南利用"邓小平南方谈话"掀起的第一拨股份制浪潮，并没有让以冯仑为首的"万通六君子"嗅到里面的巨大商机。他们和海南负责股份制改革的管理者其实非常熟悉，冯仑和当时主管股份制审批的海南体制改革办公室主任迟福林都是改革这个圈子的，如果他们意识到这样的商业机会，就不会到北京去创办万通。海南一夜之间冒出了上百个股份公司，通过发行股份创造了募集巨额资本的奇迹，等冯仑他们明白过来时，已经有点晚了。好在他们很快反应过来，海南的机会错过了，但内地的股份制改革速度没有海南这么快，于是他们把眼光瞄向北京，迅速在北京布局资本、运营平台，将在怀柔投资购买的一块还没有缴完土地出让金的地块评估作价，创办了北京万通股份有限公司。他们本来想一下注册八亿元，创办一个高起点的股份公司，但是到1993年的时候，海南、成都、武汉、沈阳一些地方的股份制大跃进已经出现了很多问题，财富的聚集已经不是用企业利润的积累形成创造内生性发展，而是通过梦幻一样的故事和"运作"就可以达到创业的目的。于是，他们马上调整策略，把八亿元改成三亿元，迅速完成募集之后，很快把公司运营起来。可以说，资本的魔力严重地伤害了基本的创业原理。我亲身经历和参与的海南顺丰也是在这个时期利用资本市场的经典案例。

前面提过，范日旭早年在长春从缝纫机厂离职后开过饭馆，搞过游戏厅，开过录像厅，后来到南方中山、顺德一带倒卖化肥、冰箱等产品的配额。1988年，他带着十万元"巨资"登上海南岛。虽然一直都通过滨海新村房地产项目、各种贸易、创建出租汽车公司做着空手套白狼的业务，但真正让他在短时期内聚集巨额财富的却是资本市场。

1992年"邓小平南方谈话"之后，中国开放了广东和海南作为股份制试点，我代表范日旭创办的海口顺风出租车公司，通过短短半年时间的腾挪，就几乎用变戏法的方式成功创办了海南顺丰股份有限公司，使范日旭成为1.48亿股份的实际控制人。当我们发现资本运作可以快速挣钱、聚集财富的时候，靠一点一滴积累赚钱的方式就被老范彻底抛弃了。当时公司的一位创始人完全看不明白这一套让人眼花缭乱的戏法，愤然离去。随后，我们就凭借自己在中国率先掌握的这套技巧，南征北战，先后投资于湖南、湖北、长春、北京、厦门等地，到1995年，三年时间控制了三个半上市公司，如果按当年的市值来算，一定是当年中国首富，只不过那时胡润还没有来到中国，中国还没有开始财富排行。这三年时间积聚的财富，超过了范日旭十多年间从个体户到万元户积聚的财富的百倍、千倍。

由于财富集聚速度太快，从1992年到1993年短短一年的时间，海南创办的股份有限公司设立的总股本超过100亿。由于上海、深圳两个证券交易所批准了一批试点期间设立的定向募集股份有限公司首次公开募股（IPO），海南的几只股票新能源、琼珠江、琼港澳、琼化纤、琼民原都从一元的原始股炒到几十元，新型财富增长完全颠覆了传统的财富内生增长原理。由于这样的财富效应，当时只要是海南发行的股票，全国各地的钱都会蜂拥而至，竞相购买，一抢而光。由于我和范日旭是海南顺丰股份有限公司股票发行最重要的两个当事人，很多人找我和老范私下买顺丰的股票，我们俩不得不跑到位于海甸岛的中国（海南）改革发展研究院躲起来，避免和外界联系。

但到后来，由于工作草率，投机性很强，加之环境变化太快，大量募集来的资金都投入到海南房地产泡沫里去了。很快，由于政府宏观调控，银行信贷资金被强制性抽回，这些股份公司募集来的资金几乎全军覆没，淹没在浩浩荡荡的房地产市场，变成成片的烂尾楼。

早期的资本创业模式一开始就来了一次潮涨潮落的热烈和残酷。海南所有的定向募集股份有限公司最终只有一个企业创造了奇迹。那就是大名鼎鼎、20多年来一直顶着各方争议艰难发展到今天的海航集团。

海航集团是中国改革开放历史上运用资本创业模式非常成功的杰出企业之一，2017年在《财富》世界500强中排名第170位。虽然海南省航空公司创办于1989年，但一没资金，二没专业人才。1990年，新上任的海南省委书记和省长到北京要人才，挖来了六员大将，创建了海南世界银行办公室和兴南集团。这些人才里包括原中农信副总裁王刚（总裁为王岐山）、江西省委副秘书长王洪昌、国家民航总局的陈锋、北京雪花电冰箱厂的王为民等。兴南集团创办之后，出资1000万作为创办海航的基石资金，但是这些资金连一个飞机翅膀都买不了。按当时的历史沿革，海南航空还不如海南顺丰，海航的历史业绩完全不可能支持他们成为一家符合条件的定向募集公司，但在海南，任何不可能都能成为可能。海航在制作招股说明书时，我们也在制作招股说明书，当他们的招股说明书做好之后还发到我手上，问我们是否愿意投资，成为创始股东，但老范当时完全没有看在眼里。

就是这么一家和我们同时获得批准的定向募集股份有限公司，完全靠资本运营创业，很快成为上市公司，又迅速抓住机会在境外发行B股，成为AB股同时发行的上市公司。有了资本助力，他们没有目光短浅地把钱投资于房地产，而是真正用在了创办航空公司和购买、租赁飞机上。很快海航又获得了国际投资大鳄索罗斯的投资，这也是世界著名投资方第一次投资中国企业。

从1992年创办股份有限公司至今，海航从一家地方航空公司快速发展成为一家集航空、物流、科技、旅游、金融、投资等产业为一体的大型国际化集团企业。海航拥有数千亿资产规模，跻身世界500强，不仅开创了通过资本创业的奇迹，20多年来也一直在国内国际资本市场长袖善舞，通过娴熟的投融资动作、国际国内并购等资本运营技巧，成为非常特别的成功范例。

创业，不一定都从零开始

绝大多数创业都是从零开始的：有一个想法或者创意得到别人认可，或者一个科学实验、一个技术成果得到资金支持，于是开始落地实验。但是在中国的改革开放过程中，很多创业不是这样，而是借国家经济体制转型的东风，在巨大的存量资产和既有企业的基础上，通过企业产权制度改制，从完全的公有制彻底改制为股份制，从而实现创业。

1992年"邓小平南方谈话"之后，中国开展了一次大规模的释放信用、拉动投资的行动，结果很快造成产能严重过剩，需要通过大规模的宏观调控来阻止通货膨胀的蔓延。中央政府从1997年开始，对所有国企的改造以"抓大放小"的方式，把大量中小型国有企业、集体企业层层下放，同时采用"关、停、并、转"的方式进行收缩。这个过程实际上蕴含了巨大的商业机会，那就是通过各种形式将国有企业私有化。主流媒体一般不会这样表述，我们比较忌讳私有化这个词，但实际上，在20世纪90年代所有关于这些产权制度改革的模式，基本上都有外国资本或者咨询机构、金融机构参与，他们在任何场合的谈判都涉及私有化。这些国有企业都有以下共性：

1. 规模普遍偏小，从几十人到几百人不等；

2. 负债率普遍偏高，一般都在70%以上，很多高达100%；

3. 产品单一、技术落后，已经没有市场竞争力。

对于这些企业，如果再用原来的体制管理，除了继续从财力上投入之外，还有各种各样的麻烦需要政府去处理。对于这样明知不可为还得为之的事情，政府已经不堪重负了。

那么对这些企业如何处置呢？实在不行的，实行关闭，其他有的合并，有的停产，有的转制。政府方面制定了很多处置政策，但在实际操作过程中，几乎穷尽了当时可以采用的一切市场化和非市场化手段，最终在客观上造就了一批优质企业和优秀企业家。这同样是在当时环境下的创业行为。

当时采用的方法主要有以下几类：

1. **职工全员持股**。为了公平起见，所有的股份全部由企业员工买断，企业内部根据在企业担任职务的高低和岗位的重要程度确定内部分配比例。这种模式在山东最普遍，也最成功。

2. **少数企业高管通过外部融资获得企业控制权**。这种模式透明度不高，有很多内幕。

3. **所有企业员工根据实际能力出资买断企业股权**。这种模式导致很多员工因为企业操作不当或者后期经营不善，不仅没有获得资产带来的收益，反而把多年辛苦的积蓄搭了进去。

4. **所有企业员工承担企业债务，实现对企业的控制**。这种模式关键取决于对企业的估值和政府债务核销的力度，总的来说，政府是让利者，希望通过这种方式消除负担。

5. **企业内部高管和外部企业联手，里应外合，由外部资本控制企业，企业高管获得部分股权**。这种模式出现的问题最多。企业经营者最清楚企业的情况，往往会在政府面前诉苦，利用政府和经营者之间的信息不对称，让经营者以较小的风险和代价获得利益。

6. **企业员工或高管通过企业破产清算，重新买断清算后的资产，再次恢复经营**。这种模式在发达国家比较普遍。发达国家中，只要债权人认为企业存在债务风险就可以申请破产，即使企业还在正常经营着也不例外，而中国有些国企即使早就该破产，政府和银行也还在不断输血维持其生存，实在撑不下去，才会进入破产程序。

如此多的方式成为20世纪90年代后期中国资本运营的手段，也是那个时期最具特点的创业模式。它让一大堆濒临破产、具有大量不稳定因素的企业获得新生，在改制后焕发了活力。今天深圳、上海的一大批上市公司都是那个阶段改制的成果，包括如今在电子显示器件领域的龙头企业京东方，也是在那个关键的年代通过职工持股改制成为股份有限公司，才把这个前苏联援建的156个项目之一拯救了下来。

中国的特色就是走了另外一条路。20世纪90年代后期国有企业的"抓大放小"在2003年戛然而止，各级政府设立了国有资产监督管理委员会，停止了中国国有企业改制或者私有化进程。因为到了1998年至2002年，全国掀起了一股巨大的国有企业和资产并购浪潮，已经渐渐超越了"抓大放小"的设定范畴。"国退民进"转化为"有进有退"。

前苏联伴随政治制度的变革，实施了经济制度的改革和国有企业私有化，而中国却在政治上守住了社会主义制度这个底线，同时停止了国有企业私有化进程，成为把社会主义和市场经济融为一体的国家。而在此期间完成国有企业转制的幸运儿成为了制度转型过程中成功的创业者，但也有许多人在操作上没有把握好一些环节，成了国有资产的侵吞者。

这方面有一个已经渐渐被遗忘的人，就是仰融和他的华晨集团。1992年，突然有一个公司在美国上市，国内一片愕然，那就是华晨中国汽车。当时整个中国连《公司法》都还没有，也没有几个人知道股份公司为何物，因此国人感到非常吃惊。我以为自己已经是股份制方面的专家，对华晨在美国突然上市也居然完全不知，也自觉惭愧。这一年，中国才开始推动九家国企到香港上市，有一家美中咨询机构也刚刚在北京召开了一次中国公司到美国上市的研讨会，怎么突然就有一家中国公司在美国成功上市了呢？

此后十年，仰融在中国产业和资本市场一直是关注的焦点。他们的金杯汽车挽救了国有汽车品牌，他们自主开发的中华牌汽车，被认为是自主知识品牌的成功典范，此外，他们居然又成功引进了宝马品牌，合资生产世界名牌汽车，让业界出乎意料。但后来仰融却因为涉嫌侵吞国有资产被逮捕，这位通过资本手段实现成功的创业者，终止了再创造奇迹的道路。若干年后，他希望再度出山，兴师动众地派人到天津宣传他的汽车梦想，最后成为一纸空谈，烟消云散。仰融没有成为利用资本手段创业的最终成功者，反而成为了反面典型。

如果任由20世纪后期中国开展的那场由于国有中小企业改制而实现的私有化发展下去，中国的经济制度也许会走到另外一个方向。从2008年成立国务院国有资产监督管理委员会开始，中国的企业改革发生了一个根本性变化。在这之前，以德隆系为代表的一大批民营企业开始大规模收购国有企业，不算金融机构，仅仅一个德隆，就并购了新疆屯河、天山水泥、重庆綦江齿轮、重庆红岩汽车、陕西重汽、陕西齿轮、南京二机床等。除此以外，陕西鼓风机、徐工集团、中国重汽等一大批优质国有企业也已经在德隆系的并购清单里。

从创业投资到创业融资

20世纪90年代后期，中国资本市场出现了一个新物种，叫创业投资或风险投资。我对这方面最早的认知是在1996年。我的老朋友王树当时在广州，告诉我他离开南方基金，到了广州太平洋技术创业投资有限公司，也就是IDG在广州的风险投资公司。当时风险投资在中国还是新鲜事物，王树来北京出差后，才告诉我风险投资到底是什么。那时我在北京担任万盟投资管理公司总经理，主要是从事并购咨询业务，也就没有深入研究风险投资。当时王树把熊晓鸽介绍给我和王巍，熊晓鸽专程到万盟来拜访，但王巍对此不感兴趣。后来王巍把他的美国朋友刘曼红介绍给我认识的时候，我们才对风险投资有了进一步的了解。刘曼红于1997年左右从哈佛大学回到国内，在中国人民大学专业从事中国风险投资研究和推动工作，被称为中国风险投资研究第一人。

这个时期，美国纳斯达克股票指数一路上涨，直到5000点，成为资本市场的神话。同时，互联网刚刚传到中国，一股新的创业浪潮在中国兴起，同时也开创了中国"70后"创业的时代。

通过IDG的示范和刘曼红等人的传播，中国著名民主党派领袖、中国民主建国会主席成思危在全面理解了美国科技创新、科技投资以及纳斯达克市场机制之后，给"两会"建言，建议创办中国风险投资体系，第一次系统地把科研、创业、投资三者结合起来，在中国起到了非常重要的推动作用。香港准备创办创业板，也有效推动了中国创办第二版股票市场的积极性。

我和万盟的同事们也成为香港创业板和中国创业板市场的积极推动者。我们集体创作了一本书，叫《第二版市场：新兴企业的创业良机》。我也在1999年第一个把风险投资的概念带到云南，在云南省政府批准下创办了云南第一个风险投资公司——云南高新创业投资有限公司。2000年，我自己独立撰写的第一本专业书籍《中国的纳斯达克》出版了。

虽然由于2000年美国高科技泡沫破灭，中国创业板没有创建起来，但是创业和投资作为一个完整的知识体系和投资融资市场体系进入了中国，使中国结束了原始的、传统的创业模式，创业投资公司、创业投资基金也相继发展起来。在创业投资的推动下，中国的技术创新和技术进步也得到了长足发展，创业者的水平和创业项目的质量与之前的创业行为相比有了质的进步。但由于仍然没有建立起科技、研发、风险投资、资本退出渠道这样的完整生态，中国的创业投资还处于起步阶段。以我在云南的创业风险投资基金为例，风险投资基金从创立到投资以及后续的整个过程都反映出那个阶段的幼稚。

第一，创业投资基金的设立不符合规律，必须要打上中国国情的烙印。

创业投资基金应当由具有创业投资基金发起设立和管理经验的基金经理人来设立。1999年，我已经有了八年的投资融资和资本市场经验，但是没有一个组织和机构认证我的能力、专业知识以及管理经验，因此我没有合法资质。当时整个中国也没有一个有资质的创业投资基金经理。我们这个基金不是按照这个方式来设立的，必须由政府来审批，于是云南省政府由一个副秘书长牵头，组织银行、大学教授、经委、工商局等机构的学者和官员一起来审议我们的可行性报告。来评审的人实际上也没有一个真正懂得什么叫风险投资，走了一圈程序之后，省长就在副秘书长呈送的报告上签字同意了。有关部门知道省长批准之后，以为这是一个可以募集资金的机会，几个抄袭我们方案的报告也递了上去，省长一看，怎么会有这么多热衷于有"风险的投资"呢？不行，赶紧刹车，所以批准了两家后就不再批准。因此，这种风险投资基金从一开始设立就不科学，注定不可能成功。但对我来说，明明知道这种方式是错的，但是用正确的方式能设立吗？不可以。市场化的机制在非市场化的体制下，被扭曲的只有市场。

第二，基金的募集和投资也不是市场化的行为。

省长批准之后基金就获得了"准生证"。但是钱在哪里呢？合格的风险投资基金的LP（有限合伙人）在哪里呢？严格地说，一个也没有。作为一个合格的风险资本投资人，他的资金来源首先应该是因为没有好的投资而取出的闲置资金，也就是来自今天所说的高净值人群。那个时候，中国的高净值人群还不多，用于投资的资金不会是负债资金。但在实际募集的时候，国有企业的资金来了，银行的钱来了，没有一笔投资符合风险投资基金LP出资人的角色。

第三，基金的治理结构。

私募股权基金的核心是信用，是代理制。风险投资基金概莫能外，是出资人把资金委托给有基金管理经验的基金经理，由基金经理全权承担基金信托责任，把财产所有权和财产管理权分开的一种治理模式。基金经理以少量出资、承担无限责任的普通合伙人的形式来行使基金管理权。但我们在设立基金的时候，基金投资人没有一个讲这个道理。投资人认为，钱是我出的，我当然要管理，不然我就不出钱。于是，基金就被颠覆成了普通的投资公司。我这个唯一有投资融资和资本运营经验的人当然就被边缘化了。

一开始就错，就不可能有正确的后续过程以及结果，必然以失败告终。

从1999年到今天，快20年了，中国已经有数万亿私募股权基金，但至今也没有几个完全符合基金的设立标准。现代市场经济秩序的成熟需要一代代人的努力。

创业投资不成熟的同时，科研机制和科研成果的孵化和转换也不成熟。中国科研体系从立项、科研经费、评审、小试中试、专利申请到市场化应用，在那个年代同样受制于非市场因素，更加不成熟。有多少项目具备投资价值呢？当初在设立和筹备云南风险投资基金的时候，我们在云南考察了一大批项目，20年过去了，除了一个叫绿A的螺旋藻项目还存在之外，最好的项目就是后来被卖掉的云南滇虹药业，其余的没有一个活着。

就算基金成功设立了，也找到了不错的项目，成功地投了资，被投资的企业也上了市，但在那个时候，创业板还没有设立，主板市场还没有实施股权分置改革，你的投资依然无法按照市场价格退出。所以，早期吃螃蟹者很多都是被莫名其妙地毒死的。

由于有了创业投资的驱动，这一轮创业者的创业行为才真正被定义为创业。这一轮的创业大潮主要有以下表现：

第一，和传统的创业行为大多属于被动创业不一样，这一轮创业普遍是主动创业。

在深圳、海南这样的经济特区，许多年轻创业者获得了企业经营的经验，也在资本市场积累了创业的资本。房地产行业成为这个时期主要的创业领域。由于城市化进程加快，居民收入提升，房地产行业的市场需求大增。同时，由于早期房地产市场全国性统一的开发模式没有建立起来，开发商可以直接从国有企业、政府部门通过土地协议获得可开发土地，同时不需要太多的资金就可以启动房地产项目，通过商业银行的开发贷款、建筑施工企业的工程垫资、建筑材料的支付拖欠提供启动支撑，房子还没有盖好就可以预售，从而获得预售收入，因此全国各地的房地产创业如雨后春笋般发展起来。

房地产行业的创业模式里还有个特点，就是经常有大型房地产企业的高管做到一定阶段，掌握了行业的创业规律后，很快就自立门户。比较经典的案例就是曾经非常著名的万通集团。万通创业于海南，早期也是什么赚钱做什么，但真正发展起来是他们在1993年海南房地产调控之前转战北京，创办了万通股份有限公司，位于西二环的万通新世界广场在1996年的北京房地产市场卖出了天价。然而，万通集团当年创业的六君子很快分道扬镳。潘石屹离开万通，在中国华诚集团的支持下创办了红石房地产公司，后来改名SOHO（中国），开始高管创业生涯；后来易小迪离开万通，也创办了房地产企业。

第二，过去的创业更多是基于商业机会的发现和把握，创业者要么有资金，要么有经验，要么有特殊的资源，而这一轮的创业者主要是拥有技术或者创意。

1997年的宏观调控主要是压缩过剩产能，还有一个主题就是朱镕基总理掀起的机构改革。政府机构的压缩使大量的公务员选择下海，很多公务员选择到大型民营企业担任高管，也有不少掌握着不错的市场资源、政府资源的技术人才选择直接下海创业。

第三，过去的创业者一定要干到一定规模和一定程度之后才考虑找投资人，同样，投资人也要看到创业者做出什么之后才可能考虑投资，而这一轮创业行为凭着一份商业计划书，什么都没有干就可能获得投资。

当时没有今天的风口之说，涉网就是最大的风口。很多上市公司都想参与互联网，只要哪个上市公司宣布投资互联网，股票就一定大涨。很多人不懂互联网，但是都懂得互联网的原理，可以想象互联网的未来，都可以编出一个互联网的商业故事。只要是从美国回来、专业是计算机的留学生，写出一个商业计划书，就有可能获得上市公司的投资。

一个我曾经帮忙出过主意的荒唐故事足可见那个年代投资的疯狂。有个记者出身的朋友获得了在澳门创办电视台的权力，但他完全没有资金，于是利用记者，尤其是财经记者妙笔生花的写作技巧和故事编造能力，模仿凤凰卫视的成功模式，写了一个非常漂亮的商业计划书，制作了在那个年代非常精美的PPT。他们把商业逻辑讲给我听之后，我差一点也动了心。其中的内容包括他们如何设计这个电视台的节目内容，如何成为中国电视媒体内容走出去的窗口，如何取得中国广告客户的信任，如何超越凤凰卫视，在中国有更大的卫星电视落地的范围，未来会有多少用户，每个用户的关注度可以创造的广告价值是多少，每年的活动收入有多少，甚至这个公司每年的业务收入、利润收益都算得清清楚楚。

我告诉他们，这个阶段的商业计划是找不到正规的投资人的，最好的投资人就是那些没有多少文化但赚了很多钱、发了横财的土豪。他们居然就靠我的这个建议，在四川找到了这样的投资者。因为这类投资者难以获得上电视的机会，也难有和杨澜、曾子墨这些气质美女打交道的机会，如果能够成为美女主持人的老板，想想都美妙。投资几千万，不仅美好，还能赚钱。结果美女还没有看见，钱也没有赚到，几千万投资就进入参与筹备。这帮段子手拿到钱之后，租了很豪华的办公室，装修得大气磅礴，给人的感觉就是第二个凤凰卫视即将横空出世。架势摆开的同时，融资还在继续。居然有一个见惯了国际大场面的著名投资基金被忽悠了进来，但是很快，创始人就消失了，卷了多少钱、跑到哪里去，谁也不知道，第二个凤凰卫视至今也没有看见。

第四，这一轮创业行为最多的是来自互联网以及互联网相关的产业，实际上是以互联网为核心的创业大潮。新浪、搜狐、网易、腾讯等互联网门户网站获得巨大投资而成功崛起，以电子商务为核心的各种专业网站也成为创业热门。但是几乎所有测试过可以通过互联网提供业务信息、实现业务交易，然后在互联网上进行结算而获利的商业模式没有一个成立。今天能够活下来的行业网站基本上只能靠会员费支撑网站的日常运营和维护。

第五，由于互联网盈利模式还不成熟，创业的成功率大大低于失败率，创业投资也损失惨重，由此也催生出中国第一次互联网泡沫。

从1997年到2000年美国互联网泡沫破灭之前，受美国互联网文化的影响，中国每天都在传播着互联网神话。国内最早的互联网创业者中，盈海威公司就是其中闪烁的明星，创始人张树新成了炙手可热的互联网领袖。可是很快，没有找到持续盈利模式的盈海威就消失了，巨大的投资打了水漂。互联网企业来得快去得也快的现象，让大家感受到了高科技的残酷。

后来大家发现互联网门户网站不好干了，又去投资创办互联网应用公司，结果互联网应用尚无盈利的商业模式。但是大家又发现到处都在创建互联网的基础平台，发现创建这一平台的系统集成公司很赚钱，结果一哄而上去创建系统集成公司，没过多久，系统集成公司基本上和基建行业的包工头一样，谁都可以干，利润率下降得非常厉害，没有软件开发能力的系统集成公司也活不下去了。

总之，以计算机为操作终端的互联网生态从硬件到软件，再到系统建设以及应用，成为这个时期最大的创业场景。几年拼下来，绝大多数创业者成为了陪葬品。

创业的激情、冲动和盲目

公元1999年走完最后一天，世界进入了一个新千年，中国的创业也进入一个全新的时代。这个时代和世纪更替一样，创业被赋予更新的意义。

一个新的年代观向我们走来，"80后"创业者进入我们的视野。2000年，1980年出生的孩子20岁了。"80后"在中国乃至世界上都是一个特殊的群体。"文化大革命"结束时，中国承载了众多人口所带来的经济和社会压力，于是实行了严格的计划生育政策来控制暴增的人口。"独生子女"成为中国1980年以后出生人群的时代烙印。

"80后"身上到底有什么样的时代特征呢？

第一，他们的父母大约出生于1955年至1965年，几乎是中国最不幸的一代父母。他们经历了贫穷、上山下乡，没有机会受教育、深受"文化大革命"毒害，他们的婚礼就是请一帮亲朋好友吃一顿，闹一场；婚房不是和父母挤在一起，就是单独的一间出租房，养活自己都有些困难，必须时常"啃老"。

第二，形成了"1+2+4"的家庭结构。一个孩子，两个父母，四个爷爷辈。父母忙于生计，拼命挣钱养家，更多是让爷爷奶奶、外公外婆承担带孩子的义务。四个老人呵护一个孩子，于是溺爱、骄纵、任性让"80后"从小被称为"小皇帝"。

第三，"80后"长大后，他们的父母终于乘着改革开放的春风解决了温饱问题，有的创业成功了，即使没有当老板，也有了不少的收入。于是他们节衣缩食，把自己失去的希望寄托在孩子们身上。"80后"走出国门，奔赴美国、加拿大、澳大利亚、新西兰、日本、英国等发达国家留学。这一代留学生几乎不会像改革开放后第一批出国者那样，要去餐馆刷盘子、打小工。

我本人就是一个典型的"80后"的父亲。我们自己最青春、最应该学习知识的年华被"文化大革命"彻底耽误了，我为了生计而拼命学习、工作，挣钱养家，老一辈除了结婚时简单的家当，几乎什么也没有给，自己必须从零开始。结婚、生孩子、闯荡江湖，我总想开创一番自己的事业，完全不能体会当父亲的乐趣，也完全没有时间来陪伴孩子，只有眼看着孩子长大了，才用自己奋斗挣来的钱让她能够来北京上贵族学校，到国外留学时可以安安心心读书。我只能尽一个父亲的职责，而不能建立父亲和孩子之间的情感关怀和深切的爱的连结。

虽然很多"80后"比父母幸运，能够上大学，就业环境也今非昔比，创业机会和选择也非常丰富，但是"80后"孩子的生长环境是特殊的，这个年龄段有叛逆心理的比较多。当然，"80后"里还分"85前"和"85后"，相对于"85前"，"85后"要幸运得多。

第四，中国经济大发展带来的巨大增长和对劳动力的需求，带来了不错的工作机会。这一代人读书、就业、创业都可以非常从容。

第五，他们没有兄弟姐妹，孤独也独立；他们受政治影响甚少，父母不了解什么传统中国文化，仅仅受爷爷这一辈的耳濡目染，所以对于中国的意识形态、传统文化涉及不深，也没太多历史包袱和情怀；对外开放与走出国门，让他们被西方思潮浸淫，成为东西方文明的"交叉感染者"。

我的女儿就是这样的一个典型。她从新西兰奥克兰大学大众传播专业毕业回国，我很希望她能够在中国蒸蒸日上的影视传媒行业领域找到属于自己的职业天地，但是她已经严重不适应国内这种嘈杂、紧张、浮躁的生活和工作环境，无论如何也要远走他乡，移民新西兰。她已经融入了新西兰这样一个资源丰富、生态良好、与世无争、平淡安静的生活环境。

"80后"创业已经进入新千年，他们创业的时代也非常适合这一代人的个性。这个时代中国传统产业的创业机会不多了，制造业、加工业、传统贸易都不是"80后"的机会。新千年是世界经济从第二次工业革命向第三次工业革命加速转换的时代，"80后"的创业机会最多的就是新时代、新经济带来的。互联网、移动互联网、文化传媒、创意产业、金融投资、游戏制作、电子商务这些领域都出现了大规模的创业机会。和父辈的创业领域不同，这些行业几乎都被称为知识经济，创业者的文化知识和素质成为这个年代创业必须具备的条件。

当然，"80后"这一代人的创业比他们的前辈有更好的条件和环境。

2000年，美国的科技泡沫破灭，代表科技领域最重要的晴雨表美国纳斯达克指数从5000多点的高位跌至2000点以下，但在大洋彼岸的中国却掀起了创业投资的高潮。在全国政协副主席成思危先生的倡议下，国家决定建立以中国创业板市场为核心的创业投资生态，通过体制改革推动科技创新和科研成果转化；大力发展风险投资，让更多社会资本和金融机构、金融人才投资于科技创新领域，同时，创办创业板资本上市融资交易市场，形成完善的创业资本投资、孵化、退出机制。虽然由于种种原因，创业板市场没有及时推出，但是创业投资基金却在全国各地风起云涌地建立起来。再加上新浪、搜狐、网易等一批互联网门户网站创办并上市的成功示范，以及IDG、红杉资本等一批具有代表性的风险投资基金的标杆作用，"80后"创业者走进了我们的视野。

我的小老乡、"80后"创业者张天是典型的独生子女，重庆名校巴蜀中学的学霸，作为高考状元考进北大国际关系学院。北大读书期间，他成为北大模拟联合国秘书长。模拟联合国诞生于美国，现已风靡全世界，以哈佛大学全美模拟联合国大会最为著名。很多大学有类似社团组织，它们通过这个组织活动，开创了大学生参与更多社会实践，尤其是国际事务社会实践的模型，非常有效地加强了全世界大学生之间的沟通和交流。毕业之后，参与过模联，成为大学生们求职简历的亮点。

张天毕业后没有让模联成为他的过去，他居然把公益的社会活动改造成为商业模式，成为全世界第一个把模联当成创业平台的"80后"。几年时间里，他和几个20岁出头的创业伙伴把这个活动搞得风生水起。2006年，我以他的创业导师身份在北京中信国安城观摩了他们的活动。我问他为什么选择这么远的酒店，他说北京市区内的酒店装不下1000多个来自世界各地的"联合国代表"。

进入学生们的"联合国大会"，来自世界各国的学生们齐聚一堂，"参政议政"，共同讨论世界政治、经济、生态、文化秩序建设等议题，场面蔚为壮观。整个会场除了我这个不速之客，再找不出一个30岁以上的人。

凭着每年寒假暑假国内国外的几场活动，张天的公司收入数千万元。这位年轻的董事长所表现出来的自信、聪明、超强的组织能力以及国际经验，让人耳目一新。

但是他们身上"80后"不成熟、有些小傲慢、桀骜不驯的性格特点很快就导致了合伙人之间价值观、思维模式、团结协同方面的分歧，一旦这些分歧出现的时候，他们缺乏包容和谅解的态度就暴露无遗。内部分裂、合伙人自立门户令张天的创业激情和创办国际著名教育集团的梦想受到挫折，上市计划也被迫放弃，草草作价数千万元，把公司卖给了著名的上市教育集团，变现之后，自己成为一名职业投资人。

张天的创业历程不算失败，但也不算成功。创业者的激情遭遇一次挫折之后就失去了坚持，从企业家转型投资人，这本来无可厚非，但如果放在"60后""70后"身上，可能会吸取创业过程中的教训，继续耐心经营，或者把公司出售之后重新选择一个创业机会，再次开始。以他的经验和聪明，以及已有的一次创业经历，再创业应该不困难。我觉得不到30岁就成为职业投资人，已经不再愿意从事实业经营，是这一代人的特质，难怪中国的金融从业者、资本运营者普遍低龄化。

"80后"还有一个重要的标签是"富二代"，主要是因为中国改革开放之后的第一批创业者到了新千年后渐渐退出第一线，很多"40后""50后"企业家开始把企业传承给他们的第二代，这一代人被称为"富二代"。从"90后"开始，"富二代"比例越来越大，成为一个社会现象。多次获得中国首富称号的万达集团董事长王健林，他的儿子王思聪，就是一个受关注度极高的"富二代"。

对于"40后""50后"这一代企业家来说，他们几乎都是白手起家的创业者，经历了非常贫困、艰难的人生，他们的创业经历都是一部辛酸史。他们大多只有一个孩子，当年结婚生子的时候也是创业最繁忙的时候，往往很难有时间去照顾孩子，更无法体会孩子带来的乐趣。他们只有一个愿望，就是拼命挣钱让孩子过上好日子，不再贫穷、不再受苦。所以，富裕的"80后""90后"和他们的父母相比，几乎都是含着金钥匙出生的，到上大学时，也几乎都会选择去美国、英国、加拿大、澳大利亚、法国等发达国家留学，次之也会选择俄罗斯、韩国、新加坡这些国家。但是问题也随之而来："80后""90后"学习的专业和接受的知识与他们的父辈有着天壤之别，父辈从事的产业多为房地产、制造业、加工业、建筑装饰这些传统行业，而"80后""90后"走向世界、走向社会的时候，接触的都是互联网、高科技、环境保护、医疗健康、文化教育、高端制造、金融投资这样的领域，资产形态、公司形态、商业模式、盈利模式都不一样。所以，一些富二代选择接班，更多富二代则选择创业。当然，由于荒废学业、父母溺爱或者教育无方，非常不争气、成为纨绔子弟的富二代也不在少数，他们既不能接班又不能创业，无所事事。这个社会现象引发的关注和争议越来越大，主要围绕以下问题：

第一，富二代到底应该选择接班还是创业？

第二代接班传为佳话的有浙江的茅氏父子——方太厨具的茅理翔和茅忠群。茅理翔是典型的白手起家的创业者，他从前店后厂开始，从生产打火机到燃气灶点火器，后来转型做方太抽油烟机。他的独生子茅忠群毕业后就到父亲创办的企业工作，并逐渐接手父亲的事业。方太品牌在创业者儿子的经营下，从抽油烟机到厨房用品，越做越大，既没有大规模从事资本运营，也没有展开投资多元化，始终围绕着家用电器领域的生产制造，成为中国厨房用品领域的著名企业。

我和方太家族有过短暂的交往。1999年，我们和茅理翔谈好，担任方太的财务顾问，帮助他们股票发行上市。我到宁波去的时候，茅忠群刚刚接班，一二代传承正在进行。父亲还在企业，母亲负责公司财务，茅忠群负责日常经营。白白净净的茅忠群当时还显得非常青涩，但是看得出来，这个外柔内刚的接班人非常有主见。本来我们以为，上市这么重大的事情父亲决定就可以了，我们和他们的顾问协商，父亲也同意了，但是儿子认为他没有想清楚为什么要上市，采取了软抵制的方式，并没有和我们签署顾问合同。后来我观察到，方太集团直到今天也没有上市。从那个时候到现在，近20年来，茅忠群领导下的方太在产品生产、服务、创新的环节做到今天这个规模，已经非常不错，既没有偏离原有的业务路线，也没有因为一定要走资本经营的道路而片面追求企业资本规模，成为中国富二代选择家族传承做得最好的典型之一。

山西海鑫钢铁集团曾经是山西钢铁行业的著名民营企业，由于一个意外，父亲李海仓被刺杀，年仅22岁的儿子李兆会临危受命，临时退学回国接替父亲担任董事长，在亲戚和老员工辅佐下经营企业，不到十年，企业破产，成为接班失败的典型。最近有消息传出，已经把企业卖给建龙钢铁的李兆会因为两亿多债务到期未偿还，被警方限制出境。李兆会的失败首先是接班太突然，临危受命，完全没有准备和过渡，他也不清楚自己是不是适合接班；其次，他身边确实也没有一个能够帮助他客观理性分析的智囊团队提供科学的咨询。

一正一反两个案例，说明千万不要轻易下结论。富二代到底该选择接班还是自主创业，不是一个可以简单回答的问题。我认为这个问题既不取决于儿女，也不取决于父母。这其实是一个非常专业的家族传承问题，关键要看这个家族是希望产业传承还是财富传承，如果是产业传承，父母们就应培养孩子对产业的兴趣和管理能力；如果是财富传承，就应该想办法让职业经理人来经营家族企业，或者把家族企业发展成为上市公司，成为公众企业。当然还要看富二代到底能否胜任这个传承的角色。总体来说，两代人之间的分歧是很大的。

中国已经有越来越多的家族企业，相关问题已经成为重要的社会问题。然而大家都把着眼点放在富二代身上，对于整个家族的经营严重缺乏理解。目前市场上已经出现专门经营家族的公司，我们称之为家族办公室，但普遍不是由高水平的职业金融家在经营。因为中国现代金融创立的时间太短，还没有形成高水平的资深金融家群体，目前的家族办公室几乎都由"80后"中的一些优秀人士创办，还难以达到经营一个家族的能力标准。

我认为，中国已经是时候创建家族管理平台，把一个家族的前世今生发掘出来，以家族为基本单元来设计和创立家族未来的整体发展战略了。只有把一个家族作为一个基本单元进行整体设计，同时设计好家族从精神到文化再到财产的创建和传承模式，这个家族才能健康地发展。一个没有庞大的富裕阶层群体支撑的国家，文明程度很难提高，而富裕阶层群体的建设一定是以家和家族为单位而展开的。

第二，富二代到底应该怎样创业？

不管出于何种原因，不希望接班的富二代大多数还是喜欢创业的，既然选择创业，富二代创业一定有自己的特点。我觉得这个群体首先是非常有个性，对父辈创下的产业要么看不上，要么不想被父母约束；其次，毕竟时代不一样了，父辈创业的时候可选择的领域太狭窄，如今创业的行业视野非常开阔；最后，当年的创业者大多是被动创业，一点一点干起来，一辈子没写过一份商业计划书。如今的创业什么都没开始，就可能因为一份商业计划书拿到创业资金。

对于富二代来说，创业的压力没有那么大，资金有父辈出，创业不成功可以再来。他们可以从事和父辈相关的产业，比如父辈是做房地产的，他们就可以做房地产销售公司或者装修公司、景观设计和施工，近水楼台先得月。

还有一部分富二代的考虑也很有代表性。他们认为，父母已经用他们的创业经历证明了他们的成功，作为第二代，如果躺在父母的成功平台上去接班，不能证明自己的能力，所以他们愿意选择自己去创业，如果创业成功，可以继续干下去，甚至和家族企业整合，同时也证明了自己的实力，即使接班也心安理得、从容不迫；如果自己创业不成功，也不会因为自己能力不佳而给家族企业带来损失。

第三，第一代创业者的企业和财富到底该不该传承给第二代？

传承是一个很沉重的话题。"富不过三代"是中国人的古训，但是在农耕社会，所谓的富不过就是多有几亩田而已。今天来讨论这个话题，对于中国社会来说才真正具有意义。因为改革开放之后，中国人才有了资产性收入和财富。

作为一个家族企业或者以家庭为单位的社会组织，每个家庭都希望自己的资产顺利传承给下一代，甚至希望下一代把自己开创的事业继续下去。

问题的解决已经越来越迫在眉睫。传承这个话题对于中国来说已经进入第二个十年，需要传承的人群基数和资产基数越来越大，市场刚刚开始关于"传承"两个字的传播。由于来得突然，目前还没有一个科学系统的机制来应对这个巨大的市场需求。对于这个问题，一方面是如何理解"传承"二字，家族掌门人要面对家族企业与资本的各种问题和发展。另一方面，对于如何传承家族企业和家族资产，大家普遍缺乏理解，关键是中国没有一套已经建立起来的市场化、法治化的传承模式。

首先是"传"，这是家族财富原始创立者的使命和责任。应该建立科学的

"传"的思维。企业或者家族财富应该怎样传给下一代，传什么东西呢？

其次，所传的东西是企业、资本、银行存款、固定资产、技术工艺秘诀，还是艺术品？

最后，传给下一代的目的是什么，是希望他们继续发扬光大，还是让他们有优渥的生活，对于财富的再传承没有什么寄托？

把"传"的思路理清楚之后，就要理解"承"。承，既是承载，也包括生生不息、代代相传。父辈是这个时代的承载者，也是下一代的传送人。承载者要知道自己有没有承载能力，会不会把上一代传给你的东西弄丢了，同样需要科学的思维和体系。

目前国家对家族传承问题还没有考虑，还没有一套法律和政策体系，仅仅依靠市场还是不够的。对于这个系统性、科学性的问题，我在本书后面有关章节里还会专题讨论。但是从技术层面上，我觉得需要把传承当成是一件大事情，创业者在创业的时候就应该考虑，而不是已经创业成功，成为有产者之后再来安排和计划。

我的观点是，不仅需要传承，而且需要及早地制订传承方案和法律体系；要清楚传承的财富内容，还要清楚传承的目的；要针对传承目的和承载对象，设计科学的传承方案。很巧的是，"创业""传递""承载"三个词在汉语拼音里面都是"C"开头的，可以研究创立一个"3C"系统，非常必要。

时间过得很快，"80后"作为话题的一代还没有结束，又一代新人成为热点话题，那就是出生于1990年以后的一代人，被称为"90后"。到2018年，中国的"00后"也已经成年了，前不久已经有"00后"创业者把"80后"都称为"老前辈"了。大多数"90后"在2012年大学毕业，正好在这时，党召开了第十八次全国代表大会。2014年，国务院总理李克强提出了著名的"大众创业、万众创新"的号召，被称为"双创"。于是，大量的"90后"刚刚毕业就被卷入滚滚的创业大潮。正好移动互联网时代到来，以移动互联网为基础的产业生态提供了巨大的创业空间，一时间，中国掀起了一个前所未有的、由各级地方政府推动的创业浪潮。各省、市、自治区一直到县政府，都把推动落实"双创"作为政府的日常工作，制定针对性政策，提供各种资金支持来形成"双创"氛围。由政府提供物业、财政提供资金、市场参与运营的各种孵化器如雨后春笋般破土而出。据不完全统计，中国推动"双创"以来，光孵化器就已达到7900多家，投资总额更是难以计算。

为什么会出现"双创"，到底如何评价"双创"？很快就有不同的市场声音出现。中国经济经历长期高速增长之后，GDP增幅降到了7%以内，这个增幅给新一届政府带来不小的压力，于是，政府提出了客观看待经济增长的"新常态"。为了应对"新常态"，应对经济下行的压力以及应届毕业生的就业压力，政府鼓励大家创业，这也符合移动互联网时代的发展趋势。尤其是在此期间，世界上最大的电子商务平台阿里巴巴在美国成功上市，马云一次又一次激情四射的演讲，激发了中国年轻一代的创业梦想。阿里巴巴平台上成千上万的网店成为一个又一个创业单元，网店从中国开到世界，网购也从中国买到世界各地，跨境电商开阔了电子商务的市场视野，也成就了一个个创业故事，成为改革开放40周年到来前夕中国经济最为壮观的风景线。阿里巴巴的所在地杭州甚至几乎成为中国新一代创业者的"延安"，围绕互联网、移动互联网产业生态的各种创造和创业业态纷纷涌向杭州，使杭州这个南宋都城，风光秀丽的西湖之滨、波涛滚滚的钱塘江畔、温文尔雅的人文之地，迅速上升为中国最具创业创新氛围的一线城市，"北上广深"变成"北上广深杭"。

我个人是不太主张大跃进搞"双创"，尤其不主张应届毕业生大规模创业。这几年大规模创业失败的案例增长速度非常迅速，原因是多方面的：

第一，创业本身，不管从事什么样的行业和投资规模，都必须具备产品、市场、公司、资本四个条件。

不管谁创业，首先必须要有产品，不管是实物产品还是虚拟产品，初创者必须要有产品设计能力。即使卖商业模式，商业模式也是产品。

产品必须要有市场，不论什么产品，没有市场就不能成为商品。产品不等于商品，如果没有卖出去，没有交换价值，产品描述得再好，生产制作得再精美，也没有意义。

只做好产品也不是成功的创业者，还必须有从事产品生产经营销售的载体，这个载体就是公司。不管人多人少、规模大小，公司经营得不好，产品也很难经营好。很多人善于设计制造产品，但却不善于经营公司。

公司也有载体，就是资本，资本不论大小都需要经营。有人善于经营公司而不善于经营资本，也有的人善于经营资本而不善于经营公司。

因此，产品、市场、公司、资本四个要素是最基本的创业要素，应届毕业生是很难同时处理、平衡好这四个要素的。

第二，创业者需要评价自身是否具备成为企业家的条件。

企业家是天生的！成功的创业者和企业家只是他们身上成功创业者和企业家的潜力被自己或者这个市场发掘了出来。

"双创"开创了一个很好的市场、政策和环境氛围，有利于很多具备创业和成为企业家条件的人获得机会，最终成为成功的创业者和企业家。但同时，"双创"也诱惑大量不具备这个条件和能力的人进入创业误区，最后害了自己，也害了投资人，导致很多创业者成为创业"啃老族"，把父母或爷爷奶奶的钱作为风险资本、天使资本扔进了水里。怎么才能让创业者进行精准的定位呢？我可以告诉大家，作为创业者和企业家需要具备什么样的素质和条件，但这往往是一种说教。如果鼓励大家站在高高的岩石上前仆后继地往创业的大海里跳，用大量人的淹死来换取极少数人创业的成功，是否代价太大？

我更主张所有创业者都要从打工开始。你可以想当将军、当元帅，但是大家都要从当士兵开始。当好了士兵才会知道自己适合当什么样的士兵，即使当士兵也有不一样的兵种。创业也是这样的，在一个创业的主体里面，也有各种各样的角色，无数的创业行业、环境、大小规模和不同的阶段都有不一样的要求和岗位，千差万别的创业者就需要进行精准的定位。

以我几十年的从业经历，尤其是投资银行将近30年的经历，见过了无数成功的创业者和企业家，基本上也可以总结出作为成功的创业者以及企业家所需要的素质到底有哪些。其中最重要的是人的思维模式。如果把人的思维模式作为一项考核标准来分析和评价是否可以成长为成功的创业者和企业家，是非常有意义

的。我见过的所有成功的企业家不外乎都有这样一些特质:

1. 情商很高

情商比智商重要。要能适应各种环境,善于和各种各样的人打交道。高情商就是你在任何场所和情境下出现的时候,都是让人最舒服的状态。我不是研究心理学的,但我知道情商属于心理学范畴。情商高的企业家我见过很多,我认为情商高是基因决定的,后天虽然可以训练,但是不管怎么训练,也不及天生的情商来得那么自然。

我的第一个老板范日旭就是一个情商极高的企业家,我和他在一起时,随时都可以看到他淋漓尽致地展现高情商的表现。他从来都不会板着一张脸示人,总是充满笑容。不管任何时候,他在任何人面前都不会因为我是老板、我是亿万富翁而居高临下。

唐万新也是高情商。他有极其严肃、霸气外露的一面,但是他的情商往往不是自然流露,而是一种精心安排。我永远不会忘记2006年1月在武汉高级人民法院的那一场审判,我在现场最期待的就是唐万新会如何在法庭上进行陈述。他当时没有念稿子,而是怀着极大的坦诚,配合无辜的表情,让人不接受都不可能,一点不失尊严的表达让在场所有人无不折服。他没有吴晓辉在法庭上那种假装无知的状态,或者孙政才那样拿着稿子念的城府。

2. 善于表达

每个企业家都爱说、能说。虽然很多企业家不善言辞也可以成为优秀的企业家,但为什么不能成为能言善辩的企业家呢?

善于表达不一定是口若悬河、滔滔不绝。很多人能说会道,但不是在吹捧自己,就是在贬低别人。多数口若悬河的人都不会给别人留下什么好印象,所以有"言多必失"的古训。会说的人首先要抓住适合表达的最佳时机,该表达的时候错过了最佳时机,再充分的理由也许都变成了废话。所有需要表达的内容一定要逻辑严密,经常有人长篇大论,听得我不知所措。你会发现他在发表言论的时候已经有不少不当表达,但没有任何收敛的意思,直到酣畅淋漓地讲完,把事情搞砸还不罢休。可以说,善于表达是创业成功非常重要的法宝。

3. 执行力强

不管是自己做还是安排人做，每一件事情都要做到底；遇到任何事情和困难，积极想办法解决，而不是放弃要做的事情；执行中要勇于担当。

创业的过程就是不断出现问题和不断解决问题的过程。出现问题第一时间去想解决问题的方法，然后按照方法不停地去落地，这个路子走不通就走下一个，这种方法不行就用另一种。千万不能还没做就对自己说这个方法不行。

解决问题最多的是和人打交道，不是创业者自己和人打交道，就是需要安排创业伙伴去打交道，这个人不行就要找那个人，一直找到能够把这件事情做成为止。找投资人也是这样，虽然投资有同样的规则，每个投资人在讲投资的时候都是书上那一套，但是在市场里，资金形态和投资者的心态都不一样，决策机制也不一样。作为创业者，千万不能认为投资者都是一样的，只要认定你的创业项目具有成功的可能性，就要把投资人的门槛踏遍，不找到资金绝不停止。

4. 良好的心理素质

创业也好，管理企业也好，需要有很好的心理素质。面对内外各种各样复杂的局面和突发性事件，要能沉着、冷静面对。

心理素质是天生的，也是煎熬出来的。遇事不多的人，遇到一点小事就会非常紧张，心里总有针挑一样的感觉，惶惶不可终日。创业者，尤其是初创者在这个时候一定要进行自我心理纾解，因为别人不知道你的心理状况，也没有人知道你的心理承受能力。这个时候你自己一定要有底线，有心理准备，即使什么都做不成，只要活着，一切都可以重来。

当然，创业成功光有这些素质是不够的，但却必不可少。这些素质其实在三岁的时候基本上就能看得出，从三岁到成人的整个年龄段都可以作为考核测评的基础，因为它们很大程度上是天生的。后天最重要的工作是根据人的素质以及对事物的兴趣和爱好，进行精准的定位和配对。

第三，对创业者本身也需要准确的定义。

传统的创业行为就是当老板的观念，一个创业主体就是一个资本或者控制性资本，其他人都是打工的，或者是职业经理人；家族企业里，家族以内的都是老板，家族以外的都是打工的。但这些观点这些年已经被重新定义，尤其是本世纪开始，伴随互联网的发展，以互联网为核心的新经济业态大量出现，资本与创业者经常是组合模式。创业者本身并没有资金资本，不是自己掏钱创业，而是与创业资本进行对接的模式越来越普遍，尤其是拥有技术、专利等知识产权的人进行创业的时候更是如此。创业者、创业企业、创业资本都发生了很大的变化，尤其当跨行业、跨学科的创业行为出现时，需要各方面的人才参与，有人拥有专业技术，有人拥有市场资源，有人拥有另一个技术背景，有人拥有资本市场经验，多种学科、多种资源才能够支撑一个成功的创业行为。这已经不是单靠一个创业者就可以开创一个成功的事业，而是需要团队来共同创业，这就改变了创业的定义。于是，由若干个合伙人共同创业，都是老板，就成为一个普遍现象。宝塔式资本结构和治理结构被平行式资本结构与扁平化治理结构颠覆。

随着中国经济结构的升级转型，第三产业也就是服务业的比重越来越大，服务业最大的特点就是轻资产，不需要太多的投资。货币资本在创业行为中所占的分量是不高的，创业者人人都是老板的可能性很高。

从创业的角度来讲，改革开放40年之后，中国的创业还会保持持续高速增长的势头，同时也呈现出非常有特色的创业形式：

第一，传统行业领域的创业行为大大减少，主要集中在餐饮、食品、农业和服务领域。

第二，新一代移动互联网推动的创业生态带来巨大的创业机会。

中国正在加大IPv6新一代移动互联网的构建，新一代移动互联网有容量更大、速度更快的特点，加上5G的通信技术，云计算、大数据、人工智能会构架出新一代移动互联网功能生态以及更加成倍增长的应用场景。大资本、大企业会不断扩大它们的市场份额和投资空间，同时新的应用机会对传统技术、传统商业模式、传统盈利模式的颠覆性创新，又会创造更加丰富的创业机会。创业形态、创业生态还会被继续颠覆，因此也导致单打独斗的创业行为很难存活，单一软件和单一硬件的创业机会几乎没有，大量创业机会都是从一个个互联网产业生态延伸出来的。例如，在IPv6时代，万物互联构成的物联网将会普及，万物互联的基础生态不可能是小型创业者做的，在软件和硬件上都会产生大量的产品需求，创业者就可以大规模寄生在这些产业生态上，找到自己的生存方式，从而取得成功。

创业平台

创业平台是什么？企业。要么是公司制企业，要么是合伙制企业。很多人在创业环节最容易忽视的就是公司的设立。我们有很多技术专家、行业专家、产品专家，尤其是行业大爆发和创业大爆发的时代，什么行业的人都在创业，包括影视明星、科学家、离职公务员、退伍军人、大学教授、经济学家，等等。我经常发现很多人是不同行业领域的专家，但不是合适的企业家和商人。他们可能有资源、有创意、有专利技术、有商业模式，但没有公司经营经验、公司设计经验、投资融资经验和企业管理运营经验。我在和发达国家若干大大小小的企业家打交道时，发现发达国家创业者和中国创业者有一个很大的区别，就是中国创业者不太懂或者不太关心创业平台、创业载体以及平台的设计、经营和管理，而发达国家的创业者和经营者在这方面的综合水平与能力普遍高于中国创业者。

第一，所有的创业行为都需要平台。

创业平台或者创业载体是每一个创业者的必备要素。要么是公司制企业，要么是合伙制企业。除了基金公司、律师事务所、会计师事务所这样纯服务、纯管理型的企业采用有限合伙制之外，一般都采用公司制。很多创业者认为，公司不过就是我们创业者从事合法经营的一个营业执照而已，只是注册一个执照来开展创业经营行为，结果闹出很多笑话。创办企业一定不能等同于只领一个执照，一定需要深刻理解公司的所有要素，这些要素都是科学。

第二，所有创业行为都需要投资人。

投资和投资人就是创业和创办公司最重要的要素。创业者有自己出资的，也有自己不出资的，也有自己出一部分，其余由投资人来出的。

那么什么情况下自己全部出资？什么情况下自己部分出资？什么情况下自己

完全不出资呢？

不久前，一个中央戏剧学院毕业、后来在中央电视台做主持人的朋友创业，她发现中国少年儿童学习艺术、表演和戏剧的热情很高，市场很大，因此通过很长时间的准备，决定利用她的经验、专业和资源，自己投资创办一所少儿艺术幼儿园。师资准备好了，课件准备好了，市场调查也做完了，也有很多朋友支持她，表示愿意把孩子送来学习。很快幼儿园注册完成，找到场所装修之后开业了。生意不错，小朋友、家长们反映也很好，但是，由于在开业之前没有好好做商业计划书，也没有好好测算到底需要多少投资，投资到什么时候可以达到盈亏平衡，她自己出了一部分资金，找了一位大公司出来的朋友做投资人，这位投资人出了很少的钱，占了30%的股份，但是原始出资根本不够支撑到现金流为正。于是，这位创业者只好自己不断往里面投资，后续投资到底算作股东借款还是增资扩股，他们都不太清楚。除此之外，这个艺术幼儿园经营不到一年，投资不到1000万人民币时，已经开始有盈利了，现金流为正了，同时也开始有专业的投资人对这个幼儿园兴趣，希望投资参股。这个时候是不是需要接受投资？需要接受什么样的人投资？到底需要多少投资，这些投资进来怎么估值，占多少股份比例呢？又是一大堆问题接踵而至。

总体而言，中国初创创业者基本都缺乏创业的系统商业知识，许多不成功的创业不是没有产品或者产品不好，不是没有技术，也不是没有市场，很多人输在创业初期不懂系统的商业和公司常识的起跑线上。

第三，所有创业行为都需要设计治理结构和组织结构。

很多人认为，公司治理和公司组织结构在初创的时候不重要，这些更多的是成熟企业的事情。但我一定不会这么认为。公司治理结构实际上是一个公司在创业和存续期间规范投资者、决策者、经营者之间关系的顶层设计和制度安排。再小的公司，治理结构的设计也一样重要。小公司、初创公司有可能是一个人的独资公司，也有可能是多个投资人的公司，也有可能是这些年比较时髦的通过众筹组建的公司。但不管是什么公司，首先要理清投资人和经营者的关系。自己投资、自己经营、只有一个股东的情况，虽然不存在股东会，但需要根据公司规模的大小、人员的数量来考虑是否设立董事会。虽然是一个人投资的公司，但是如果设立了一个董事会，制定了董事会的议事规则，在治理结构上把投资者的角色和董事会的角色分开，投资人在董事会里只承担董事的职责，董事会的角色就有可能超越股东和投资人的角色，这样在决策的时候，就有可能因为集体决策机制避免投资经营的失误。

东西方企业在经营中最大的区别就是治理结构，随着工业化几百年的历史沉淀，除了家族控制、家族管理的企业，西方的治理结构都是非常成熟的。而中国虽然在1993年颁布了第一部《公司法》，但是20多年来在公司治理方面始终没有引起企业足够的重视，甚至包括上市公司。许多上市公司虽然建立了股东会、董事会、独立董事制度以及监事会等，但是经常形同虚设。

第四，不是上市公司也有资本运营。

资本是一个神秘也很神奇的东西。马克思的《资本论》虽已把资本论述得淋漓尽致，但随着工业革命的发展和科学技术的进步，资本从早期工业革命时期的生存状态到今天也发生了翻天覆地的变化。我们对资本的认识、理解，也不能停留在马克思论述资本的时代，需要对现代资本的定义、规律、作用、意义以及资本市场、资本主义有新的认识，对资本这个已经生存了几百年，且规模越来越大、古灵精怪的事物，赋予新的意义。

但中国的创业者大多数对资本没有客观、科学的认识，不是基本不懂，就是过度解读和过度理解。其实一个创业行为从公司注册开始，就已经进入到资本运营阶段了，任何一个公司创业都有注册资本和实收资本。一旦有了实收资本，就代表已经把你投到公司的钱资本化了。中国创业者对于资本的认识大部分没有到这个阶段。人民币虽然还是人民币，但这时已经成为公司资本的表达形式，在财务报表上体现为实收资本，是公司这个经营载体的实际内容。没有实收资本，或者实收资本是负数，公司就基本失去了意义。

实收资本当然不仅仅是货币。货币会和技术、专利、知识产权以及团队这些无形资产共同构成公司资本。

公司经营什么，需要多大的资本规模、资产规模，资本的构成中货币资本占多少、无形资产构成的资本占多少，都是非常细节也非常致命的问题，很多人不会把握这些规律。

　　在传统行业，投资建一个新项目相对容易测算。《资本论》成书的时候，也是传统产业刚刚起步发展的时候。建一座纺织厂，首先要考虑棉花从哪里来，采购棉花的成本是多少，能够有多大的棉花供应量。然后是需要投资多少钱买土地、盖房子，需要多少台纺织机；生产出来的产品卖给谁，价格是多少；需要多少技术工人、工程师、辅助人员，每人每年工资总额是多少。根据产品生产能力和价格算出产值和收入，扣除产品生产成本，可以计算利润，计算现金流，计算流动资金周转、货物周转，最后算出来需要投资多少钱，这些钱中需要多少资本金，多少贷款。这些相对好测算。资本在这些传统行业里的运行轨迹也非常简单，资本家要做的就是尽可能提高劳动生产率，降低成本，剥削劳动力，创造剩余价值来维护资本家的利益。资本和劳动者形成简单的雇佣关系、劳动者和资本家的关系。在传统行业里，不管是种植业、养殖业、生产加工业还是服务业，基本上都是循着这个规律在发展，资本运营也是这种简单的运作规律。但是到了工业革命相对比较发达的阶段，单一的资本开始向着多元化资本发展，资本的社会化倾向越来越突出，一些非货币经营要素发展成为无形资本和有形资本，共同构成资本和公司价值，并且由于公开资本市场的出现，资本从私人资本、家族资本发展到社会资本，资本形态丰富多彩，资本运行轨迹日益复杂，资本运营的手段与金融工具结合后更加灵活多样，以资本为核心，创建出体系完整、法律健全的资本市场体系，资本运营本身成为一门科学。另外，产业经济在科学技术的推动下，也在发生一次又一次颠覆式变化，以计算机为核心的技术广泛应用，让计算机这样一个复杂的技术成果成为每一个大众都可以使用的工具，互联网创造了一个虚拟的社会、一个虚拟的时代、一个虚拟的产业。

　　以计算机为核心的互联网颠覆了传统工业革命的产业生态，这个产业生态和传统的工业革命时代的产业生态相比发生了革命性的变化，它有这样一些特点：首先，互联网的产品是虚拟的，甚至看不见、摸不着，比如软件。在互联网时代，软件已经无所不在，但是没有实体感；其次，互联网企业都是轻资产，没有工厂、没有厂房，对物质原料的消耗可忽略不计；再次，互联网产业很难用简单的原料、生产、加工、销售去解构，和传统产业的产业链关系完全不一样；最后，互联网进一步发展到移动互联网时代，互联网与移动终端的所有人未来还会与所有的物互联，不仅在不断构建互联网时代的全新产业生态，还在不断改变工业革命带来的所有产业形态，已经不是在传统产业体系内的转型升级，而是在互联网系统下的改造和重构。这些变化，让传统产业下的创业模式、公司结构、资本结构、治理结构都会发生巨大变革。所以，创业者往往很难综合地、科学地理解和掌握资本市场这个科学体系以及基本常识。创业者不重视或者过度重视都是不对的。

目前创业者在创业阶段，对资本这个领域的常见误区主要有以下几点：

1. 公司还没有成立就想着什么时候上市。

这是对资本市场的过度反应，被资本市场玷污了创业的价值观。不管是什么样的项目，最后有可能走到多远，是中国的独角兽还是世界的独角兽，首先应该考虑的是如何通过资本的投入把企业做好和发展，让自己满意，让投资者放心。从创业到成功走向正常经营已经有很多工作需要去做，充满艰辛和风险，至于上市不上市，什么时候上市，应该是水到渠成的事情，而不是早早就规划出来。

2. 不知道和什么资本打交道。

资本有很多类型，按阶段来分有天使、创业资本、PE阶段的资本，还有并购阶段的资本。此外还有偏重不同行业的资本，有的投资传统行业，有的投资高科技，有的只投资细分行业。另外投资机构还分基金类投资机构、纯粹的投资公司、产业投资者和从实业发展出来的投资人。投资者和创业者跟谈恋爱一样，也是一个相互选择的过程，创业者一定要学会选择什么样的资本。如果是相对成熟的创业行为，对投资者很容易讲得很清楚的创业项目，一定不要去找天使资本，可以去找相对成熟的资本；技术性很强的创业者一定不要找非行业投资基金，因为不能在技术上达到很专业的认知的话，大家很难找到共鸣。

3. 过高估计创业的项目价值。

创业项目最困难的事情是给项目定价，尤其是初始定价。客观地说，任何时候都没有一个给创业项目定价的标准，不管是传统行业、互联网行业还是服务业，关键是创业者的心态。从我的观察来看，我遇到的创业者绝大多数都高估了自己的创业价值。从创业者的角度来说，每个创业者都热爱自己的创业项目和创业使命，因此高估自己创业项目的价值完全可以理解。但我的观点是不要太追求首次融资的价值评估，关键是把握资本使用的规模和融资节奏。第一阶段需要多少资金就谈多少融资，要清楚这个阶段资金需要达到什么目的，这些资本进来会获得多少股份。

4. 不懂得选择什么样的资本作为创业者的合作伙伴。

这是一个永恒的命题。创业就像初婚或者初恋，人生经历很浅，生活阅历不够，自己是什么样的人还没有明白，就不太懂得找什么样的伴侣作为婚恋对象。草草结婚生子的话，离婚率很高。中国目前处于一个全民创业时代，创业机会爆发，创业者的信心也暴涨，各种创业形式层出不穷，创业资本也是五花八门，但这一点必须注意。

创业是从零开始，这个阶段真正的资本只有两类，一类是天使基金，一类是创业投资基金，也称之为风险投资基金。但是我们的创业者往往不是在创业之初找天使基金或者风险投资基金，很多创业者的资本来源五花八门，有向父母要的，有向亲戚朋友借的，也有找男女朋友投资的，当然也有很多人第一笔钱来自自己打工的收入。我认为这个阶段的创业，最好的投资者一定是专业机构，应该把自己的创业意图制作成一个非常详细的商业计划书，首先要说服自己，这个商业计划书是真实可信的，然后拿去和专业的天使基金以及风险投资基金交流，听听他们的专业创业意见。如果他们投资当然好，如果没有投资，也听他们讲讲不投资的理由，根据这个理由来判断自己的创业计划是不是有缺陷。

5. 除了创业资本之外，也需要行业判断。

创投基金和天使基金不是神仙，他们也不是什么都懂。这就要看你的创业处在什么样的行业，根据行业属性来找符合、熟悉这个行业的投资者。当前这个时代是互联网高度发达的时代，互联网行业的创业行为和创业项目非常踊跃，同样，这个行业的创业投资基金也非常多。而且，这个行业的一些巨头，除了在业务上发展之外，外延空间很大，行业关联可以通过大数据进行分析。如果分析出哪个公司和阿里巴巴、腾讯、百度、京东这些互联网巨头有很强的业务关联，这些公司往往就会成为互联网巨头投资的对象。

6. 如何看待夫妻档创业资本。

夫妻创业近来不少，但是引起的纠纷很多，不论创业成功或失败都有纠纷，因为夫妻创业时，往往没有分清财产关系。不论妻子创业还是丈夫创业，或者共同创业，都要搞清楚创业公司的共同资本问题。

我遇到的一个典型案例是一对夫妻，丈夫的事业曾经非常红火，很看不起自己的妻子。后来妻子独立创业，双方共同出资，但是女方出资比例多，是大股东，而且公司经营主要依靠女方的专业和资源，公司很快发展了起来。当妻子的公司快速发展的同时，丈夫的工作却出现了危机。这个时候，丈夫提出要对妻子的公司增资，要当大股东，同时甜言蜜语地让妻子不要太劳累，多花时间陪孩子。女方认为丈夫很关心她，为她着想，就答应了。公司增资了，丈夫当了董事长，很快两人开始闹分歧，最后不得不离婚。离婚之后，妻子成了小股东，经营权被丈夫控制，一场官司打下来，妻子只拿到很少的财产。

不管这个纠纷是丈夫布局还是纯粹巧合，家族资本出资创业虽然和社会资本不同，但只要是创业，只要是投资，都要理性地对待所有投资人。不要因为血缘、情感扭曲了投资者关系，最后导致资本和血缘、情感都受到伤害。

7. 分析创业项目和资本的关系。

创业项目五花八门，但是每一个创业项目都会和资本打交道，小到开一个商铺、一个报亭、一个饭馆，大到创建大型工厂以及大型互联网项目，即使自己出钱，也要和自己的资本打交道。但一个大型项目，尤其是互联网、移动互联网这类的高科技、医药、创意和新经济项目，最大的不确定性，是不知道需要多少钱能够把项目做成功。

我参与过一个最典型的项目。经朋友介绍，我在三年前认识了北大数学天才张明盛，他16岁就考上了北大数学系，大学还没毕业，就靠自己的才华挣到了上亿的财富。这时张明盛觉得挣钱已经没有意义，于是把所有精力投入到大数据研究上。历时20余年，他通过语意关联对963个行业数据进行分析处理，形成了具有自主知识产权的独创算法，完全具有了人工智能处理行业数据的挖掘、搜索能力，具有非常大的市场价值。他的技术成果六七年前就已经完成，获得了中国网络信息领域最高权威的高度评价。于是他创办了北京万库标杆科技有限公司，要把这项技术成果转化为应用，某大型民营企业投资数亿人民币，成为张明盛的创业投资人。

我花了不少时间和张明盛多次讨论，终于理解了这个项目。2015年"两会"期间，原重庆市市长黄奇帆带着重庆市主要负责人到张明盛公司整整听了半天，这位号称"电脑"的市长当即决定要把这个项目引进到重庆，随后很快签署了一个合作意向书。重庆市政府拟投资100亿人民币，占改名后的万库标杆项目25%的股份，这也就意味着万库标杆估值已达400亿人民币，因为2014年中国出现大数据这个行业热点的时候，张明盛已经在这个领域辛勤耕耘了17年了。但是，重庆市和张明盛之间的合作一直到黄奇帆离任也没有落地，最终不了了之。我后来多次参与万库和重庆的落地对接，觉得关键是相互之间都没有找到各自需要的东西。张明盛讲不清楚这个项目落地之后能给重庆带来什么，重庆也没有搞清楚万库标杆落地重庆的应用场景和应用价值。

我在德隆组织设计过以混业经营为基础的综合金融服务平台，深知要为客户提供专业、精准的综合金融服务，必须依靠大量的行业研究。所以德隆创办了中企东方这样一个行业大数据研究平台，差不多100人的规模，每年投入数千万元的行业研究费用，不然就要找麦肯锡、科尼尔、罗兰贝格这样的世界级管理咨询机构提供价值昂贵的行业报告。由于我深谙行业大数据的价值，所以对万库标杆的价值高度认同。但是问题来了，万库标杆要规模化、市场化地服务于市场客户，就必须要上线，让所有人都能够在互联网上应用行业数据。而张明盛始终没有搞清楚万库这个项目到底需要多少资本，什么样的资本投入才能够赚钱并达到他的创业目的，从而实现这个有巨大价值的人工智能项目的应用。

通过多次交流，我发现万库的应用价值从大的方面来说有两个，一个是对机构客户（B），一个是对个人客户（C）。如果要让万库实现成果转化，必须上线才能拥有广大的客户。而大数据搜索平台上线首先需要建立大数据中心，投资大量的数据云存储系统、大量的运算服务器，再接入应用终端。这需要巨大的投资，如果投资者看不懂应用价值，就很难去投；但如果没有上线，依靠人工加智能，应用成本太高，就难以找到客户，无法形成盈利。所以项目和资本之间至今没有找到对接的频点。

一个耗时20多年、投入巨大人力物力财力的伟大项目，至今还在艰难地生存着，尚未找到使其成功的资本和落地的方法，堪称史上最奇特的创业行为了。张明盛出生于1969年，长期把全部精力集中在这样一个创业项目上，经常熬夜、消耗极大，令他看上去远远超过实际年龄。

第二章

创业的模式和设计

从事资本市场工作30年来，我虽然不是主要做创业投资，但也看到过无数创业项目，听见过无数的创业故事，认识过无数创业者，见识了无数种创业形式或创业的商业模式，及其在不同阶段和不同的模式上的变化。我想做一次系统的梳理，相信对创业者或者准备创业的年轻朋友们会有所启发。

创业模式和创业形式好像很难穷尽。我大体上把创业模式分为原创型、同质型、科技型、创意型、分拆型、市场型、关联型、资源型、整合型，通过这些形式及其特点和案例，我们可以找到一些规律。

原创型

原创型可以说是最普通的创业模式，同时也是最难的创业模式。什么叫原创型创业模式呢？我认为就是从事市场上没有的一种业务，或者是没有被商业化的业务。比如互联网业务是基于光纤与卫星、微波基站进行传输的一个网络系统，目前中国主要是通过中国电信、中国移动、中国网通三大运营商在运营，但市场中有很多网络需求、互联网需求甚至移动互联网需求是这三大网络运营商难以满足的，例如有些军事用途就不会用民用网络，尤其是很多边防军事区管理、演习、试验等，需要自己组织小范围网络系统，称为"自组网"。基于自组网的民用商业需求创办一个公司来经营，就是原创型创业模式。第一个共享汽车运营模式属于原创型创业模式，第一个共享单车项目也是原创型创业模式。

原创型创业模式最大的特点就是无中生有，或者是人有我无，从零开始。国外已经有了，中国第一个把这个业务做起来，也可以称之为原创型创业模式。原创型创业模式最大的难点就是无中生有的过程。这个过程需要有非常丰富的想象力，非常勇敢的原创精神。比如王兴先生创办的美团网，这种消费领域的团购商业模式不是中国原创的，是从美国兴起的。但在中国没有这种商业模式的时候运用这个模式，我理解为原创，因为如果只是简单模仿，没有原创精神，是很难成功的。就像民间打扑克本来不是一种商业行为，也不是一种娱乐性商业行为，但互联网把"斗地主""争上游""拖拉机"这些纯粹娱乐的游戏作为内容进行商业运营，就成了原创型创业模式。

没有互联网的时候，原创型创业模式主要在传统产业和其他技术领域，难度很大。互联网的出现对原有的传统产业经营模式进行了颠覆性变革，带来了人类社会最大的爆发式创业机会，大量的传统产业和互联网、移动互联网结合后，可以产生无穷的原创型创业机会。

2015年，我曾经考察过德国的一个原创型企业，创业者是德国宝马汽车从事汽车电子技术研发的工程师，他受汽车智能系统的启发，开发出了自行车智能系统，让人在骑自行车的时候，更加安全方便，有更好的骑行体验。这就是一个经典的原创型创业模式。但我觉得，欧洲人骑自行车主要是锻炼身体，体验乐趣，而中国作为自行车王国，过去中国人骑自行车主要是基于交通功能，最近发生了一个大变化；除了共享单车之外，中国的自行车大量成为城市快递的工具，不是消费品，而是经营工具、是生产资料。是不是可以根据中国自行车市场不同的需求，创办一个原创的外卖自行车互联网和智能系统公司呢？这就是原创型创业模式。

　　原创型创业模式主要依赖于产业革命带来的变革和进步。农耕文明历经千万年，从事的创业机会多为种植业和养殖业以及简单加工业和贸易。那时候的原创型创业机会就是把农耕时代自给自足的生产经营模式商业化，今天称之为资本主义萌芽时代的创业行为。

　　工业革命后，时代变革带来了巨大的原创型创业机会。蒸汽机发明、电力发明是对农耕文明商品时代的颠覆，炼铁、炼钢、轮船、汽车、飞机、铁路等带来爆发式的原创开型创业机会，之后的电子技术革命又一次带来新的原创型创业机会。随着技术变革的频率加快，产业形态越来越丰富，原创型创业机会同样有了更多爆发式、颠覆式的发展。例如互联网、移动互联网的出现，是在传统产业的基础上带来巨大转型升级以及相互融合，于是出现产业之间横向和纵向的渗透和融合，包括大数据、云计算、人工智能、物联网，都是以平台级的形态诞生，每一个平台系统都有无数的原创型创业机会。

　　原创型创业模式最大的特点就是你很可能是第一个吃螃蟹的人，但你往往不是最终拥有最多螃蟹的人。原创者发现和制造了商业机会，但是往往不成熟，没有成熟经验可以借鉴、模仿，投资者经常也因为没有可以比较的先例而望而却步。有一句俗语"长江后浪推前浪，前浪死在沙滩上"，就是这个道理。发现机会，勇立潮头，想成为战场上冲锋陷阵的勇士的人，也最有可能成为烈士。但如果你发现了机会又不去把握，也许这个机会很快就不是你的了。在互联网早期，全国上下都意识到利用互联网可以发展虚拟商业贸易空间，开创互联网贸易模式，也就是后来的电子商务。于是，各种综合的、专业的网站如雨后春笋般发展起来，每个行业都有若干个网站在从事电子商务。但最后，早期原创电子商务互联网站几乎全军覆没，最终阿里巴巴构建的电子商务平台能够脱颖而出，则是一个经典案例。

　　移动互联网出现时，行业内无数分析报告都认为搭载于移动互联网终端的APP应用是一种新型的原创型创业机会，于是大量资本蜂拥而至，各行各业的应用APP充斥在手机应用商店里。同样，浩若星辰的APP里，微信不是第一个原创APP，但却是最成功的社交APP，最后几乎所有其他类似微信的社交软件，没有一个生存下来。

互联网金融也是一个曾经非常时髦的原创型创业模式。但对于互联网和金融之间的交互作用以及利益主体、行业准入尚未形成一致性趋势的时候，代表互联网领域的专业人士过分夸大或者是阶段性地夸大了互联网的功能，一时间，以P2P为基本商业模式的原创型创业模式井喷，随之出现大量金融欺诈事件，数个百亿级P2P创业公司制造了新中国成立以来最大的金融欺诈案件，幸存下来的互联网金融公司寥寥无几。

科技型

对科技型创业模式最简单的理解，就是科学技术进步带来的创业机会。这种创业模式也是原创型创业模式的一种，由于带有强烈的技术特征，科技型创业模式非常具有典型意义。

我们早期对科技型创业模式的理解，主要是基于工业革命时代之后产生的大量技术成果。这个阶段从时间上基本在20世纪的后20年，也就是1980年到1999年。这期间，第二次工业革命到达顶峰，高端装备制造、新材料、电子技术、通信技术、生物技术都取得了很大的成就，诞生了大批科技公司。这些公司没有从GE通用汽车、西门子、杜邦、壳牌、丰田、福特这些传统产业巨头中诞生，而是在传统产业和新兴工业的变革交替中突然崛起，比如微软、苹果、脸书和亚马逊等。所以我在这里会分别对传统科技和新兴科技发展爆发出的创业模式进行简单分析。

传统技术创业早在20世纪80年代之前就已经达到一个顶峰，在传统工业领域进行技术创新已经非常困难。绝大多数创业公司只有在已经拥有的技术环节上通过以提高效率、降低成本和质量、缩短周期、减少用工为目的的技术改造、技术更新来创业。比如发动机，不管今天的发动机发生了多大的变化，但始终没有背离发动机诞生时的基本原理。1895年至今100多年来，发明第一台柴油发动机的德国曼公司如今还是世界著名的柴油发动机生产厂家，从第一台发动机到今天的发动机，历经很多次改进，从排放、充分燃烧、减轻重量，到增加强度、提高功率、减少能耗，有许许多多项技术革新，但是谁颠覆了它呢？至今没有。

真正的颠覆始于被称之为第三次工业革命的能源革命。能源革命首先是从以燃煤、燃油为主，变革为清洁能源和太阳能、氢能、风能等新能源。新能源的变革带来能源传输、能源转换机制的变革，由此带来以能源为基础的工业生态的变革。这些变革会因为新技术、新应用的不断发明和创造，带来爆发式技术创新的创业机会。

比如，以光伏为基础的太阳能技术这些年得到了迅速发展。随着技术进步，光伏发电从硅片到薄膜的进步带来了很多技术创新的创业机会；如何将接收下来的热能存储起来，又是一项需要不断发展进步的创新技术；如何提高热能的转换功率主要依靠逆变器，逆变器的研发和进步也是创业创新的机会；太阳能直接作用于家庭应用的时候，被称为分布式太阳能技术，目前这类技术在发展过程中，热能资源大比例浪费导致消费成本较高，严重影响了市场的推广，潜在创业机会巨大，我们就看到有来自德国的技术成果，可以把浪费的太阳能从80%减少到30%左右。

新世纪的科技型创业模式比起传统工业时代科技型创业模式，具有天翻地覆的变化。能源革命带来从单一能源依赖到多元化能源结构的变化，从基础技术研究到应用终端的研究都呈现几何级数的机会增长。而半导体这种基础材料在技术上的突破，给以互联网为核心的大数据、移动互联网、云计算、人工智能这些新型信息技术带来了巨大的想象空间。下游的应用催生了半导体基础行业的巨大投资和创业；芯片研发、生产、应用投资，芯片设备研发和投资也成倍增长。物联网时代即将随着IPv4向IPv6的平滑转换，以及5G通信技术的应用，建构新的互联网生态，万物互联所产生的应用级扩张，将形成更高级的科技型创业模式。

科技型创业模式的本质在于科技。但是一个永远存在的问题是，技术成果如何从技术优势走向应用，走向公司产品和服务，走向成功的企业和品牌。

再次回到前面提过的中国最早的大数据创业企业万库标杆公司。从1996年到今天，公司成立已经22年。我觉得这是一个举世罕见的从创业到现在拥有巨大商业价值和核心竞争力、但至今没有成功应用的公司。张明盛具有超前的意识，提前十多年就已经开始大数据创业，无疑是国内最早的；巨大的行业资源的投入动用了很多国家数据资源和行政力量，数学天才的核心算法及语意关联的技术价值也是独特的，然而项目至今给人的感觉就像发现了可燃冰，可以开采出样品，但什么时候实现商业化、低成本规模化开采仍遥遥无期。可见，最终解决应用落地、实现商业价值、提供给人们可以消费的产品和服务，才能笑傲江湖。

不久前我发现的一个企业也有同样的特点。上海赋民农业科技有限公司是我所见到的中国最优秀的农业科技公司之一。公司从最早开始创业到今天，也已经18年了，创始人李付中先生是一个技术专家，主要专业是计算机。20年前，李付中已经是国际著名计算机公司高管，年薪百万美元。他发现中国农业水平很低，立志要把他的技术运用于农业科技。使命和情怀让他毅然辞职，开始研究农业产业化与技术创新，成了农业科技公司的创始人。历经18年，他结合国情，将企业打造成中国首个把种植业、计算机、人工智能、大数据相结合的高科技、数字化农业科研企业。但是我们发现这个非常具有优势的公司还没有找到盈利模式，不知道怎么赚钱。他们具有技术优势，可以规模化、工厂化地生产有机蔬菜瓜果；他们也有成本优势，我把他们的成本和美国同类公司进行过比较，之后美国公司就不再和我联系。但为什么不能把产品源源不断供应给市场呢？这就是科研人才、技术人才创业的共同问题——对于商业模式设计、盈利模式设计以及市场渠道、企业经营管理都不擅长。

类似的情况我在将近20年前曾经遇到过很多次。前文提到过，1999年，我第一个将风险投资概念和机制引入云南，在政府支持下，创办了云南高新创业投资有限公司。我以为云南有许许多多得天独厚的科技资源，尤其在生物技术领域，因为它有特殊的地理位置和地质构造，以及世界稀有的气候条件。我们从大量的科技企业中考察、挑选了不少创业公司，包括后来被国际巨头并购的滇虹制药。给我印象最深的反而不是那些生物技术企业，而是一个电信供应商。那家企业名叫卡苏欧卡国际通信系统有限公司，是一个互联网接入系统供应商。世纪之交，正是中国大力发展光纤通信的时候，大规模建设光纤通信网络，行业里的优秀企业是"巨（龙）大（唐）中（兴）华（为）"，而云南这家公司曾经承接了从美国绕道日本进入中国的接入技术。早在1997年最辉煌的时候，他们就在窄带接入领域成为云南仅次于几家烟厂的利税大户，结果因为内耗，创始人被抓进监狱，查了两年无罪释放，回来要重新开展接入技术市场的时候，中国已经从窄带进入宽带了，卡苏欧卡再没有了技术优势。它由于人为的原因，持续经营被中断，丧失了技术优势，最后导致企业破产清算。这个案例说明，技术型企业必须要持续经营，需要不断有持续的技术研发，才能在市场保有生存的机会。

我当年在云南考察的很多科技型企业除了滇虹药业之外，几乎都没有活下来。那时云南省政府为了发掘独特的生物资源优势，成立了一个专门的机构"一八办"，就是列了18个生物科技项目，由政府直接安排资金扶持，除了绿A螺旋藻这个项目今天还偶尔能在市场上看到之外，几乎都销声匿迹。

科技型创业模式从改革开放到现在，经历了科技体制改革以及各种鼓励措施、扶持政策之后，已经取得了很大的成绩。但是作为一种创业模式，它有着自身不一样的规律。

首先，是对科技的定义和界定。 中国每年都产生很多科技成果，这些年国内发展迅速，很多早年出国的科技人才也纷纷带着技术回国创业，不管是传统产业还是第三次工业革命、第四次工业革命的技术成果，科技型创业的首要因素是科技本身。在科学技术爆发式出现的时候，中国也迎来了利用科技进行创业的最好的时代。但是，创业者一定要清楚自己的技术成果是不是可以作为创业的技术成果。虽然我们都知道，中国已经成为全球专利增长和数量最大的国家，但是中国的技术和知识产权成果转化率一直都不高。而且不少技术成果本来就不适合转化，也不是可以应用的；很多技术成果不是直接用于应用终端的，还有很多还需要再投入、再研发，才能够进入应用领域或者产业化。

其次，科技型创业一定要分析清楚准备用于创业的科技成果是不是有市场，技术成果到产品的生产技术是不是成熟，工艺是不是过关，有没有可以生产的设备，产品量产后有没有成本优势，产品技术的知识产权有没有保护措施，等等。 我看过无数的可行性研究报告，都是没有经过市场检验、按照可行性研究报告基本格式编制出的标准文本，很多项目最终的结果和报告写的东西相去甚远。

去年我应一个朋友邀请，去看一个号称要把市值做到万亿级的高科技项目。这个项目的出发点是在所有家用以及工业电器在关掉电源开关后，电器设备仍然处于耗电状态。据统计，每年这种耗电会消耗一座三峡电站的发电量。于是，几位半导体科学家研究很多年，研发出一种智能化瞬时断电装置，只要安装在所有电器上，关掉开关就不再耗电。我去现场考察之后发现一个问题：这个项目的技术门槛不高，所用的芯片也不是高等级的，一旦产品化、市场化之后，如果有很好的效果和市场预期，很容易被模仿。当时他们就说产品马上就要面世，希望投资者能够尽快投资，不然错失良机。如今大半年过去了，产品没有任何音信。

最后，科技成果是科技型创业模式最重要的要素，但是在现代市场经济里面，科技仅仅只是要素之一。这是很多科技型创业公司创业成功最大的障碍。很多科技人士过高估计了科技的作用和价值，忽略了一个企业成功所必备的资本、团队、公司、市场等多种因素。估计在中国因为非技术原因失败的科技型创业企业占这类企业失败率的50%以上。科技成果首先必须做成产品或者服务，被市场认可之后，还需要创建这个技术产品的载体，这就是公司。一个公司需要资本、团队、销售、公司治理、组织体系、经营管理，还需要设计科学的商业模式以及持续的盈利模式。其实在科学技术之外，其他因素，比如公司治理、公司运营、产品营销、投资融资也是科学。

同质型

同质型创业模式是最常见、最频繁出现的创业模式。我认为的同质型创业模式，是在各种产业形态完全成熟的情况下的创业叠加。从原则上说，今天已经存在的所有行业都有创业机会，但是你如何把握呢？不论这些已经有的行业处于行业朝阳期还是夕阳期，是红海还是蓝海，创业机会一直存在。

大部分创业是同质型创业。同质型创业最大的特点就是看似容易，实际上很有难度。

因为在你创业的时候，所要从事的这项业务已经存在了。不论是生产制造还是种植养殖，不管是工业还是农业，你创业时可以把你要从事的这个行业搞得清清楚楚，你有可以参考、可以比较的对象。

比如做鞋，哪怕世界上已经有70亿双鞋，你也可以做第71亿双鞋。在这方面，我最尊敬的一位创业者就是谭木匠的创始人谭传华。很难看到或者经历谭木匠这么具有典型意义的创业了，把它放到世界上任何创业教科书里都不过分。

谭传华创业之前，曾经因为"文化大革命"期间调皮捣蛋，用炸药炸鱼，把自己的右手炸掉了，落下残疾。他做过民办教师，觉得难以养家糊口，就开始全国游荡，身无分文，靠着要饭几乎走遍中国。再回到老家万县（今重庆万州区）的时候，民办老师们都转正了，他还是一个无业游民。

他在走投无路的情况下开始创业。谭传华父亲是木匠，他传承了父亲的手艺，做了木梳拿到当年的万县码头去卖给坐船的乘客，自己做，自己卖。那时他唯一的想法就是用自己的双手劳动，做出梳子来卖给别人，挣钱养活自己。他没有任何市场概念，没有任何产品设计，没有任何投资计划以及厂房设备，也没有任何商业计划书，家里就是工厂。

万县码头边，谭传华把做好的梳子摆到地摊上，自己守在那里一整天，终于卖出一把梳子。人生挣的第一笔钱就是一把梳子的钱——两元人民币。他很有情怀，第一笔钱存放起来没有花掉，作为纪念。谭传华就这样一把梳子一把梳子地卖，为了卖得更多，他很注重质量；为了卖出更好的价格，他把梳子做得越来越精细。凭着最简单、最朴实的真理，谭传华的梳子越卖越多，人手不够就增加人手，由于自己是残疾人，他也尽量招聘残疾人。为了精益求精，他将一把小小的梳子做到了极致。

2000年，正在从事创业投资顾问的我发掘了几家企业，帮助他们改制上市，准备进入正在筹备的创业板市场，有朋友给我推荐了重庆谭木匠公司。我当时很好奇，问我的朋友：谭木匠的梳子是高科技梳子还是具有治疗作用的功能梳子？因为在我当时的概念里，没有特殊功能怎么可能符合公司上市的要求。没想到这个执着的谭传华竟然专程来到北京，给我推荐他的企业。

　　第一次见到谭传华时，我伸出右手，他却把左手伸过来，我才发现他是残疾人。他半个脑门儿都没有头发，留着一撮小胡子，一脸憨厚和谦恭。他把产品递到我眼前，震撼了我。我没有见过这么精美的梳子。听了他动人、朴实的创业故事，我就被他感染了，很快跟着他去了万州工厂的现场。那里基本上还是手工作业，厂房非常简陋，主要依靠密集的残疾劳动力，一把一把地做出了这个世界上最漂亮的梳子。虽然中国创业板筹备之后没有创建起来，但并没有影响我们的合作。在我帮助谭木匠完成改制和公司治理结构改造之后，它登陆香港股票市场，创造了很高的发行市盈率。

　　在各种木头梳、牛角梳充斥市场的时候，谭木匠心无旁骛地做出了世界上最漂亮的木梳系列产品。这么多年来，哪怕他早已退休隐居，今天的谭木匠也在几乎没有任何改变的情况下，依然是中国乃至世界上最大的高品质木梳系列产品生产制造企业，众多模仿者和假冒者从来没有一个超越它。

　　谭传华创业的时候，木梳已经在中国存在了几千年，他并没有凭空创造出木头梳子来生产。但是，在无数个生产简单木梳的个体户和企业里，大家都平平常常地生产梳子的时候，谭木匠生产出了别人难以模仿的产品，每一把梳子都精心打造，就是他成功的奥秘，简单到极致，就是伟大的工匠精神。

　　同质型创业的成功样板很多，非常著名的老干妈调味品以及褚时健创办的褚橙也都非常精彩励志。

　　褚时健创办褚橙公司的时候，也许并没有更多地去想后来的市场反应和品牌的成功，因为当时他已经低调得近乎被人遗忘。这位70多岁、重新选择生活方式的老人，不需要功名利禄。他领导的红塔集团曾经占领了中国香烟市场的半壁江山，巨大的成功阻挡了太多人、太多利益集团获取奶酪的途径，让他被残酷地赶下神坛，跌入深渊。刚出狱的时候，有许多烟草企业向他伸出橄榄枝，都被他一一拒绝。褚时健最终选择在他家乡的哀牢山租下被人遗忘的荒山，干起了和他曾经的辉煌毫不相干的柑橘种植，以此作为乐趣和退休生活方式。看似这么漫不经心的选择，其实大有学问。如果是长在房前屋后的柑橘树，好好打理一下并不难，但如果要规模化种植则有非常大的风险，土地租金、劳动力成本、生产资料投入都有可能最终因为产品不好卖、卖不出价格而亏损。中国已经有规模化的大型柑橘产区，比如江西、四川、重庆、福建等地，整个南方种植规模都很大，褚时健为什么敢这样做？

原因还是在于当年红塔集团的成功。红塔卷烟成功的秘诀，首先是重视烤烟的种植环节。褚时健当年的口号是"农田是红塔的第一车间"，他信奉香烟是种出来的，不是靠香精调出来的。所以，他非常注重种植的每一个细节，尊重种植业的客观规律，不要太多为了产量、为了效率而发生的人工干预。

2017年我经历了一个类似的创业故事，同样发人深省。年初，有位不相识的人慕名而来，说是给我推荐一个项目，要在重庆南川金佛山种植中药，同时开办药食同源的农家乐。在平时，我马上会婉言谢绝。但那段时间我因为长期熬夜身体透支，导致免疫力下降，和原首创集团的刘晓光同时患了口腔溃疡，结果他因为其他很多病因，进了医院就再没有出来，我们两个约定的合作还没有开始就终止了，而我被神奇的中医内服外治给治好了。因为感激中医中药，我决定去考察重庆的金佛山。

重庆金佛山是世界自然遗产保护地，是大娄山从云贵高原往东绵延到重庆南部高高隆起的部分，它垂直耸立，海拔从200多米到2238米，面积1300多平方千米，成为阻隔重庆南北的一道屏障。几次考察下来，我觉得这里藏着巨大的宝藏，有4900多种中药材，既有寒带品种，还有部分南药品种，在不大的地理分布面积内，拥有的物种数量密集度世界罕见。金佛山优越的自然条件成为中药分布的南北分界线。同时，始建于1937年的重庆市药物种植研究所亦位于此，至今已经有81年历史。自然保护区、种植资源、研究机构共同构成了金佛山发展中药种植的独特优势。但是多次考察下来，我认为这里不能轻易投资中药种植。第一，中国的中药种植已经严重过剩，谁要投资规模化种植都很难赚钱；第二，这里的自然、人文条件非常适合种植优质中药材甚至有机中药材。但是中国混乱的中药材市场没有标准，没有优劣之分，优质不能卖优价，同样会亏损。所以，金佛山的一流种植资源完全没有得到充分利用。各乡镇基本上都根据市场需要种植了一部分白芷，其余资源大量闲置，但如果要投资中药种植业，又会出现严重的同质化。这就是中国中药种植行业的基本生态。

怎样能在同质化的现实下投资这么好的中药资源呢？后来经过反复思考和交流，我们还是找到了方式。中国的中药材有不少用于出口，但不管是出口中国台湾、日本还是韩国、东南亚，都有严格的检测标准。由于中国中药材品质严重下降，达不到国际标准，很多海外机构都是来中国租用土地自己种植。于是我们想到的最好的同质型创业模式，就是去开发中国香港、中国台湾、日本等境外中药材的采购渠道，根据他们的品种需求和品质标准进行种植，以销定种、优质优价，最终做出品质和品牌之后，再来开发国内市场。通过这种差异化竞争战略，才有可能实现金佛山优质中药资源的科学开发。

创意型

创意型创业模式比较普遍。这种创业模式不是创造，不是科学技术，更多的是人们利用自己的形象思维，创造性地给一个产品、一种商业服务创造一种形象定义，然后再将这种形象定义通过一系列的销售行为实现创业目标。

比如普洱茶。从茶的定义和商业化来说，它已经有上千年的饮用和商业化的历史，一直到20世纪七八十年代，都只是一个普普通通的茶叶品种。但随着中国人的消费升级，消费观念发生变化，开始从注重消费的有无到注重消费的优劣，于是，精明的商人开始对普洱茶赋予各种人文气质，挖掘各种题材和故事，产生出各种创意，基于各种创意的普洱茶创业就应运而生了。通过推广，人们知道了普洱茶有生茶、熟茶之分，生茶熟茶有不同的功能；有古树茶和台地茶之分，古树茶又分为六大茶山；还有春茶和秋茶，等等。然后创业者们又根据不同的年代赋予了普洱茶不同的年代故事。一系列关于普洱茶文化故事的挖掘、商业逻辑的铺垫、创意的产生，就产生了一个个普洱茶的创业故事，成就了一个个创业企业。

在工业革命时代，成功的创意型企业很多，可口可乐就是一个典范。不管媒体也好，江湖也好，传说中的可口可乐配方实际上对于消费者来说已经没有任何意义，没有一个消费者是冲着可口可乐的配方去的，可口可乐已成为一种时尚和习惯。这个产品和这个公司的成功之处其实就是一个经久不衰的创意。

最典型的创意行业就是广告行业。这个行业不仅创业本身需要创意，而且从事的业务就是创意性业务。互联网时代，传统广告行业遭遇巨大的冲击，传统广告媒体发生颠覆性转变。过去主要集中于电视、报刊、路牌、楼宇的媒体资源，而今被不断产生的新创意媒体取代，广告公司的竞争不仅是广告客户资源的竞争，更是互联网生态下媒体创意资源的竞争。广告的创意已经不是广而告之，而是精准投放的创意能力和大数据的挖掘能力。

我国创意型创业模式大规模诞生于这些年国家力推的文化产业发展战略。早期创意型文化产业的代表作首推云南丽江的大型民族舞台歌舞剧《丽水金沙》，以舞蹈诗画的形式演绎了纳西古国神秘的文化与艺术。它自2002年上演以来，天天演出，每天一场，每年几百场，有数千万元的收入。歌舞剧既通过独具民族特色的表演给游客带来了民族文化大餐，又创造了很好的经济效益。这场歌舞的地方组织领导者、时任丽江市委书记的欧阳坚也因此成为中国文化产业改革和发展的典型，后被提拔为中宣部副部长。2000年，我在新画面公司创始人张伟平家里第一次听到他和张艺谋要合作打造有地区特色的大型山水实景歌舞的创意，这就是《印象刘三姐》。这个创意在张艺谋等人的操作下取得了巨大成功，并由此带来了"印象系列"的创意，成为中国创意创业的一道风景线。

马斯克创办的特斯拉也是一个创意型创业的典型。特斯拉创办的时候，中国正在以社会主义优越性的举国之力推动新能源汽车的发展。中国汽车产业在改革开放的过程中吃过大亏，于是很希望在新能源汽车时代来临之际弯道超车，走进世界新能源汽车前列。然而，整个中国都在研究电池、电机、电控和轻量化的同时，马斯克创办的特斯拉却是以市场定位为先导，颠覆传统汽车技术研发和汽车产品开发模式，从创意着手，从满足市场需求层次入手，再来整合设计和技术资源，用美国人经典的市场模式让特斯拉横空出世，一下就把中国整个新能源汽车领域远远甩在后面，成为一个成功的创意创业企业。

中国这些年最出名的创意创业大师莫过于常常每天都是新闻的乐视创始人贾跃亭。我个人认为贾跃亭是一个非常具有理想主义的创意型创业天才。从乐视网开始，为了让内容和消费者紧紧绑在一起，他不仅生产内容、购买内容，还生产超级电视，把电视机和互联网以及内容绑定，形成互为协同的产品生态。这个创意是一流的、天才级的，不仅增加了消费者和企业、产品的粘性，同时也大大提高了商业效率和市场竞争力。但是创意型创业不能仅仅是理想的、没有边际的，还必须是理性的，理想和理性结合才能把天才延续下去。仅仅是延续理想和创意，背后一定充满陷阱。为了做内容，他们成立了乐视体育，既要赚钱，还要和乐视生态协同，于是一个连一个生态构造的理想就超出了理性的界限。

创意型创业的基本特点是需要具有独创性的创意人才，这类人才通常不是学习来的，他们都是天才，具有创造性思维。但往往具有创造性思维的人又充满好奇心，思维非常跳跃，很难把创造性思维直线转换成为产品、公司和价值，因此许许多多伟大的创意都在创业过程中夭折了。

我认为自己是个极富创意性的人，根据基因检测我也是属于具有创造性思维的人。作为一个投资银行家，我的创意不适合由我去执行落地，但是我的很多创意潜移默化地给别人、给企业甚至给国家创造了机会和价值。很多东西并没有给我个人带来任何经济价值和收入，也有很多人说我傻，不会赚钱，但对我来说，能够给更多人谋利益、给社会和国家带来更有价值的东西，比自己赚了多少钱意义更大。

这里可以分享一个我的创意过程。2017年4月1日，中央宣布设立雄安新区，并且把雄安新区的设立作为深圳、浦东之后中国的"千年大计，国家大事"。这件事情在全国引起巨大关注的同时，也有很多人持怀疑态度，争议也很多。我从陆续看到的雄安新区设立思路中，发现雄安新区的设立模式和以往任何一个新区都不一样。首先是土地问题。按照以往的经验，雄安新区的土地会马上飞涨，全国各大开发商会一窝蜂去抢地、炒地。结果所有人到了雄安新区后大跌眼镜，因为一年前这里就已经冻结了土地的批租。于是所有人都在考虑同一个问题，用过去的经验理解雄安过时了，雄安新区的"新"是未知的。结合习近平总书记的另一个观点"房子是用来住的，不是用来炒的"，我初步分析，雄安新区开发的土地、房子开发模式、城市规划建设模式以及未来社会治理模式都会创新。按照领导们后续的一些关于雄安新区的说法，雄安新区远期规划2000平方公里，首期开发100平方公里。如果按照房子不卖的原则，意味着所有土地开发、规划建设都不是由企业和市场行为筹集资金。大体测算一下，第一期100平方公里（大约15万亩），每一亩土地开发成本如果要100万，就需要1500亿。地下基础设施、地面基础设施、楼宇建设就需要数千亿。这么大的投入，如果仅仅靠政府财政，会是一个巨大的负担，加上投资周期和出租回收周期，是一个很难操作的投融资模式。

我觉得这个时候需要一系列的金融创新。不经意间，我把一个相关的简单创意通过微信发给了河北资本研究会发起人史玉强先生。作为他们研究会的顾问，为河北资本金融出谋划策也是我的职责，我没有想这个创意和赚钱有什么关系。很快，史玉强先生给我回复说很有新意，并马上给我和河北财政厅专门参与雄安新区财经工作的成员组建了一个微信群，希望我对自己的创意进行深化，并给河北财政厅的同志进行解读。几次线上线下的解读之后，我的完整创意思路就呈现出来了。我的创意是：

第一，政府通过大约450亿的投资获得可供开发的30平方公里土地使用权，以此作为资产池，设立雄安土地信托基金。如果政府愿意让雄安百姓获得更多财产性收益，可以在土地征收环节，直接把需要支付给当地土地使用权拥有者的土地补偿金转换成为土地信托基金。

第二，在此基础上，以450亿资产作为权益，面向金融机构和合格机构投资人，发行1000亿人民币以上的房地产投资信托基金（REITs），用于雄安新区100平方公里建设，基金管理公司通过其他融资渠道就可以满足100平方公里的建设资金了。

第三，第一期建设完成后，开始对外出租。产生收益时基金到深圳或上海证券交易所公开挂牌上市流通，让溢价后的投资人逐渐退出，引入社会公众参与投资交易。

创意到此，就可以通过金融创新解决"房子不是用来炒的"规则，既没有通过土地出让拉高房价地价，也解决了市场化资金筹集问题，减少了国家财政负担。如果这个创意启动，整个雄安新区的投资融资问题将全部迎刃而解。但是，这个创意的内容远不止于此，通过基金管理公司的投资结构和管理团队的专业结构设计，可以把基金管理公司作为承担新型社会治理工作的平台，把政府的许多商业、经济、市场职能从政府机构平移至基金管理平台。这样基金不仅扮演了投资融资的角色，还承担了社会治理综合改革的角色，由此推动共产党领导下的社会主义公有制经济政治和社会治理改革的深化和创新，把雄安新区的投资融资创新和经济、政治、社会、文化、生态五个全面推进结合起来，完全可以探索创造出"雄安模式"。财政厅由此积极推动向更高层领导的汇报，而史玉强更是和我共同署名，整理出一篇文章在国务院内部刊物发表。

在创意产业方面，我们不得不佩服美国这个国家。中国的电影院里，有时几乎每周都会上映一部美国商业大片。目前的商业大片已经完全不是20世纪那些越南丛林片了，几乎都是把美国式英雄主义加上现代科技与真人混杂在一起，不断采用工业化生产方式，把好莱坞、漫威创意出的蜘蛛侠、变形金刚、美国队长、超人等IP组合在一起，构成美国独具竞争力的创意影视产业。计算机、人工智能、VR技术与未来社会的超级想象，让美国把世界各国的商业电影水平远远抛在后面。

除此之外，还有太多的类似创意不一一列举了。创意人生给我的启发是，所有创意型创业模式中，最重要的是创造性思维模式，另外还需要科技和专业的支撑，而不是科幻或凭空想象。

中国的创意型创业者大多为这个领域的知识分子，包括电影、电视、广告、传媒、主题公园、音乐、舞台剧、话剧、相声、小品、动漫、游戏、时尚、工艺、设计、文化、教育、体育、医疗健康等领域。这些领域的创业者很多是各行各业的专业人士，往往都是形象思维、激情澎湃的人才，如何把他们的专业和创业结合却是他们最不擅长的事情。像是我早期和张伟平的对接，如果有科学的设计，他和张艺谋不一定会闹得不可开交；赵本山、刘晓庆、赵薇、杨丽萍、郭德纲这样一些非常有商业价值的艺术家如果多懂得一些商业、企业、资本经验和知识，不至于犯一些错误。同样，中国文化产业、体育产业、影视产业有这么好的市场，但是为什么产业化水平很低？除了有关体制机制的问题之外，还因为这些领域的专业人士太缺乏正确的系统商业知识和经验。当我们看到好莱坞电影产业链条里制造出来的工业、科技、艺术加上商业资本打造出来的一体化产品时，才发觉中国这些行业的水平还差很多。

分拆型

分拆型创业模式比较容易理解，是指一个经营主体把延伸出来的业务机会分拆独立出来投资经营，诞生另一个业务形态的创业行为。举个最简单的例子：一个房地产公司投资开发房地产业务达到一定规模时，把自己开发的房子再投资组建一个物业管理公司来管理，这个物业管理公司创业成功后，除了为自己管理物业之外，还为其他不动产管理物业。分拆型创业模式虽然有之前投资经营的成功，但毕竟是一个新的商业模式和盈利模式，是独立的经营主体，有独立的团队、财务，同样是一个新的创业行为。

分拆型创业行为非常普遍，许多多元化集团公司都是这样发展起来的。很多企业因为把握好了分拆型创业的规律，获得了成功，同样也有很多企业因为不恰当的分拆走上了不归路，不仅分拆不成功，而且把母公司也拖垮了。分拆型创业虽然有分拆前企业经营的成功经验，母公司也有投资能力，创业相对容易，但是为了让企业投资经营者更加理性，我还是在这里把这类投资行为称之为创业。

分拆型创业其实是企业经营者根据所经营的企业生态关系，也就是产业链和价值链的关联关系而开展的创业模式。有的是上下游纵向关联，有的是横向关联，有的是业态关联；有的关系近，有的关系远。尤其在大数据时代，我们可以通过大数据看到更多清晰的行业关联关系，可以根据这些行业的关联关系来考虑分拆型投资创业模式。

万达集团是从事房地产起家的企业集团。早期王健林在大连创业的时候，主要从事住宅产品开发，后来开发商业地产，发展城市购物中心。开发购物中心的时候，他发现开电影院很赚钱，因为开电影院使用的物业不适合其他商业业态，租金很低。电影院这种业态有一定的地理半径，一个购物中心最多只有一个影院。开始时，万达电影院是美国的时代华纳电影院线在经营，后来中国出台的产业政策不允许外资经营电影院线，时代华纳只好退出，于是万达就在自己的不动产内投资创建了万达的电影院线。万达的电影院线也赶上了中国电影产业高速发展时机，成功分拆创业后，又从电影院线开始再次分拆创业，投资创办了万达影视制作，再后来并购了全球最大的电影院线。

经营城市综合体是万达集团一次质的飞跃。单纯的购物中心带来了巨大的客流量、物流量，也带动了购物中心周边的土地价格，聪明的王健林发现与其让周边商业繁荣，不如自己营造商业环境。因此万达开创了集购物中心、写字楼、酒店、住宅为一体的城市综合体模式，同时还延伸出万达商业经营百货的跨界分拆经营模式。不断地分拆把王健林推上了中国商业的顶峰，也因此成为中国首富。但是，王健林的分拆也有严重的失误，那就是万达觉得他们有巨大的客流、资金流、信息流、商品流，而阿里巴巴是在这些都没有的情况下创业成功的，于是他们也投巨资创办了万达电子商务平台，但烧了多年钱之后，一直没有找到属于自己的商业模式，这个创业就是分拆型创业失败的典型。

在购物中心行业里，最早的创业成功者不是万达，而是广东商人陈智所创办的铜锣湾百货。陈智从经营百货起家，后来在国外发现购物中心模式把购物、餐饮、休闲等多种业态集中在一个大型的多功能不动产里面，就把这种业态第一个带到中国，开创了中国的多功能购物中心模式。但是陈智的投资实力不够，他自己不开发房地产，只是与开发商合作开发经营购物中心。开发商有钱有投资能力，但是不懂购物中心的设计、业态规划、招商、运营管理。于是，陈智抓住这个机会，不断扩张购物中心版图，最快的时候，平均一个月就有一家铜锣湾购物中心开业。陈智和他的团队都是一群拼命三郎，陈智本人几乎24小时不睡整觉，用他自己的话说，几乎就是睡"钟点觉"，太困了睡一会，睡一会又醒过来接着工作。因为他们同时有若干个工地在装修施工。企业本来绷得很紧，大家的体力都到了极限，陈智还是不满足于购物中心规划设计经营管理这个服务业态，又延伸至商品经营这个环节，分拆创办了铜锣湾百货。但经营没有多久，铜锣湾百货现金流断裂，陷入困境，不仅百货无法持续下去，还直接连累了本来发展势头非常好的购物中心业态，同样是血淋淋的教训。

房地产行业里的分拆创业非常多。开发商分拆出来做物业管理、酒店经营、商场经营很容易理解。我遇见过这个行业分拆创业最多的企业，除了以上的分拆类型之外，还延伸到了基建、建筑材料甚至采石场，除此之外，还有自己的装修公司和物业管理公司。看起来是肥水不流外人田，希望把每一个链条上的利益都揽入自己囊中，但是内部的关联交易会带来很多麻烦，同时还会因为管理半径太大、跨界要求太高而出现专业性不强的缺点。

制造业的分拆创业模式也非常普遍。第二次工业革命开始到现在，从早期创业走到今天的几乎所有企业都经历了多次制造业分拆创业的过程。有的从零部件起家进入到整机行业，有的从整机行业分拆出来进入了服务行业。

1911年由托马斯·沃森创立于美国的IBM公司，目前是全球最大的信息技术和业务综合解决方案供应商，是一个完全轻资产的技术型服务公司。但是公司早年创办的时候，主营业务为商业打字机，然后发展为文字处理机、台式机，后来成为世界著名的笔记本电脑生产制造企业。2004年，IBM把个人电脑业务全部卖给中国的联想集团，从一个最早期的制造企业通过多次分拆型发展之后，最后做了一次彻底转型，从制造业转型进入服务行业。

马云的阿里巴巴在演绎分拆式创业方面也是非常精彩。阿里巴巴创业成功之后，根据市场细分出来的需求，又投资创业发展了天猫这个品牌；根据阿里巴巴平台上巨大的支付数据，他们创办了支付宝这个交易金融公司；根据巨大的现金流，他们创办了云峰基金；此外他们还根据大量客户的交易信息，延伸到股权投资这样的业务领域。

转型式

转型式创业行为和分拆式创业行为一样，都是企业发展过程中的创业行为，是发展过程中的企业根据各种原因审时度势，对企业发展作出不断的战略调整和转型。转型式创业行为比分拆式创业行为难度要大。分拆式创业行为往往在技术、行业、团队、市场等要素上有许多关联，通过这种关联的过渡，分拆式创业行为的成功率相对会高一些。

转型式创业是指企业发展到一定阶段，由于各种原因决定不再从事原有发展业务，转而发展和原有业务基本没有关联的业务。虽然从企业来说，同样的投资主体和相关的企业经营者都存在，但是由于新的业务和过去的业务完全没有关联，投资者和经营者进入一个自己完全不熟悉的业务领域，存在许多不确定性，所以我仍然把这种投资经营行为称为创业行为，也可以称为第二次创业。

记得有一次我拜访国内曾非常有名的家用电器经销商大中电器的创始人张大中先生，张先生的大中电器和国美、苏宁都是国内著名的家用电器经销商，要论资历，在北京这个市场，大中电器比国美资历更早，但是国美电器却后来居上，最后用30多亿现金并购了大中电器。我在拜访中，看见张大中办公室用很醒目的标语激励团队，要卧薪尝胆，转型投资。张大中告诉我，曾经有人劝说他上市，他当时完全不熟悉资本市场，没想到后来居上的国美利用上市公司的优势超越了自己，最后完全不在一个级别上竞争，只好忍痛割爱，把大中电器卖给黄光裕，自己决定转型创业，从事资本运营。但事实上，我们也没有在资本市场看见张大中的影子，他反而被国美聘回去做了职业经理人，转型资本市场也成了一个梦想。

转型式创业最大的两个问题是：第一，为什么要转型；第二，转型到哪里？

这是工商管理学术领域一直在关注和研究的两个问题。为什么转型呢？有太多的原因。

行业饱和了，企业的行业发展空间不大了，需要转型；家族企业经历了一代人，没有继承人，新的一代对老一代从事的行业没有兴趣，需要转型；企业遭遇竞争对手的严峻挑战，很难在相同行业和竞争对手竞争，需要转型；企业经营不善，遭遇严重亏损，无力回天，需要转型；企业经营者遭遇突然变故，失去对企业的经营掌控能力，需要转型，等等。总之，不管什么原因，企业必须转型。

企业转型由于要放弃原有的已经熟悉的客户、熟悉的市场、熟悉的技术、熟悉的商业模式和盈利模式，实际上相当于一次重新创业。因为转型而导致的创业和从零开始的创业仍然有区别。它大体上有两种模式，一种是先把原有业务出售，公司、团队整体出售，通过出售后变现的资本重新投资，开始新的业务；另一种是原有的业务还在继续开展，同时从公司里安排一定资本开始新的业务，一旦新的业务进入持续稳定阶段，就将原有业务关闭或者出售。

不管用什么方式，转型式创业最重要的还是对转型行业的选择。

首先，选择转型的行业最好与原有行业跨度不要太大，原有经营业务的相关经验、资源、客户或者品牌等可以被继承。比如，从事餐饮业的最好在餐饮行业内进行调整或者转型。中国有一家曾经很火的餐饮企业"湘鄂情"，由于经营不错，成为餐饮业为数不多的上市公司。但上市后，遭遇十八大后的"八项规定"，这家以相对高端客户为经营目标的餐饮企业遭到重创，直接大规模关闭原有餐饮业务，通过并购引进了游戏业务。但原有的董事会、管理层对游戏业务完全不熟悉，这家公司很快陷入困境。

IBM公司通过出售原有个人电脑业务，从重资产转型成为轻资产公司，虽然也采用了对原有业务的出售，但是新的IBM公司继承了信息产业这个行业的技术和经验，仍然是这个行业的咨询服务企业，使得企业转型能够平稳过渡。相对来说，国内著名的电脑企业联想集团的转型就非常值得探讨。

联想是从个人电脑行业起家成为全球最大的个人电脑制造商的。联想集团最鼎盛的时候，在行业内的转型始终没有走出一条适合的转型之路，在平板电脑、手机领域一直没有发展成为强有力的制造商，转而大量投资于直接投资领域、并购领域以及农业产业化，渐渐离开信息行业的主流地位，而在投资、并购领域或者金融领域，联想也没有占据数一数二的地位。

其次，转型式创业不宜采用激进的方式，应当渐进而行，要保持资本和经营的连续性。在新的业务没有形成之前，最好不要终止原有业务的开展，不适合卖掉原有业务之后，再来选择转型的领域。

这些年中国最大的行业转型就是房地产行业。十年之内，由于房地产行业竞争激烈，行业集中度提高，中小型房地产公司很难生存，陆陆续续有不少房地产企业从该行业退出，进入其他行业。

由于房地产行业也是一个强相关行业，在这个产业链里，房地产已经处于价值链的顶端，房地产开发商的转型一般不会往建筑、装饰、景观、建材、设计这些行业转，而房地产行业的企业家除了行业相关领域的经验之外，转向其他行业往往也困难重重。

福建厦门当代集团曾经是厦门本地的地产开发商，地产业务在本地做得风生水起。后来为了把房地产公司做上市，收购了山西上市公司大同水泥，当代希望通过这个收购，把地产业务装进上市公司，实现曲线上市的目的。收购之后，大同水泥改名当代东方。但是由于政策限制，房地产商基本不让IPO，即使借壳上市的大门也是时开时关。而厦门当代收购大同水泥之后，房地产借壳上市的大门就再也没有打开过。于是，大同水泥这个上市公司作为壳资源一直躺在市场上睡大觉。我曾经因为找壳公司，认识了当代集团实际控制人王春风。他既不愿意把壳公司让渡出来，也不清楚怎么经营这家上市公司。但是，敏锐的王春风已经有了强烈的进入金融资本市场的愿望，几番交流之后，同意和我的团队共同打造一个资本平台，帮助当代集团由房地产向资本市场转型。仅仅两年时间，我和我的团队在当代集团的基础上，一边守住集团的房地产底线，一边大举进军资本市场，连续收购了厦华电子、国旅联合等上市公司，通过上市公司平台，使厦门当代集团从一个单一的房地产开发商进入影视、文化、体育、互联网行业。资本市场的"当代系"就这样产生了。这个转型虽然完成了，但对于如何利用上市公司平台把文化、影视、互联网、体育经营好，真正实现产业和资本的全面成功，由于厦门当代集团过去没有太多的产业储备以及在产业领域的经营经验，这个问题至今未解决。但是至少，厦门当代集团在短短几年内企业规模、资本市值以及市场影响力已大大提高。除了在资本市场长袖善舞之外，在产业领域也整合成功，厦门当代集团就是一个从房地产通过资本市场向其他产业领域成功转型的典型。

房地产转型动作最大的还是万达集团。王健林通过房地产商业模式的创新，以批量式建设万达广场城市综合体的方式成为中国首富。居安思危的王健林一直在谋求转型，以至于到了2017年，成为麻烦不断的问题首富。2017年他在年会上信誓旦旦提出万达很快就不是房地产企业，却不但没有大踏步走出房地产转型之路，还在对外投资、海外并购上受到批评和关注，让万达的转型成为舆论焦点。

这就是我说的房地产企业转型之忧。因为曝光率很高，万达也没有什么企业秘密。我认为万达的转型战略设计本身就有问题。万达集团是一个巨大的重资产企业，不管往哪个领域转型，首先要选择的是行业。大企业转型一定要选择大行业。只有大行业才能支撑起大企业的转型战略。然而，万达转型的行业选择就是错的。

1. 投资电影。

万达选择投资电影的时机和方式一点问题没有，但是对于中国电影这个行业来说，直到2017年全年，中国整个电影行业的票房也不过500多亿。对于需要转型的万达集团来说，这个选择未免显得体量不太对称。

2. 投资体育。

如果投资电影还和万达广场的业态有些许关联的话，投资体育产业则看不出万达是在进行转型的战略选择。体育产业同样是值得投资的产业，但是这个产业的特点是行业相对分散，难以对行业进行整合，世界500强企业名单里也没有一个体育企业。也就是说，体育产业也难以承载万达集团的转型。

3. 投资旅游娱乐业。

这个行业也是万达重金投入的行业，但不管是云南西双版纳项目还是长白山旅游娱乐项目，这些投资虽然名为旅游项目，但其实称之为旅游地产更合适，主要投资收益还是要依靠房地产。

实际上，万达的战略转型中几乎没有看到一个行业的选择是可以支撑起转型这个战略方向的。

转型式创业从某些意义上来说，有时候比从零开始创业还要艰难。原因就是转型创业者认为自己已经有成功的企业基因，做这个行业成功，换一个行业也能成功，往往这种盲目的自信就是转型式创业的坟墓。

2018年开始，可能是中国房地产行业转型里程碑式的一年。由于行业严重分化，大型地产商经过并购整合，行业已经高度集中。国家开始研究房地产税，使得大量持有不动产的资产配置模式感受到寒冬来临，房地产行业只租不售可能成为一个趋势。很多中小型房地产公司选择出售之后转型，也有很多纯粹的住宅地产商转型发展以产业为导向的房地产市场。房地产开发商转型对开发商而言是一个非常严峻的选择。

市场型

所谓市场型创业模式也比较容易理解，一个市场对一个产品产生市场性需求的时候，市场的需要就是你的创业机会。所以，市场型创业是指在一个市场体系出现对一种商品足够大的需求时，抓住市场需求，及时把握创业机会的一种创业模式。由于知识时代和信息时代的产业变化、迭代、转换越来越频繁，市场出现新产品的需求也非常频繁，只要及时敏锐地捕捉，遍地都是创业机会。

私募巨头KKR集团（Kohlberg Kravis Roberts & Co. L.P.）的朋友给我讲过他们在投资领域的故事。他们投资伊利的时候，发现中国畜牧场严重不足，中国消费市场对于牛奶的奶源需求越来越大，市场需求就是投资牧场的机会，于是，一帮在大企业从事奶牛养殖的高管离开国企，创办奶牛牧场。当奶牛牧场发展到一定阶段的时候，又发现中国的牧草不够，满足不了奶牛牧场发展的需求，于是，种草的市场机会又出来了，KKR集团又投资了种草的企业。

如果说原创型创业行为创造了市场和市场需求的话，市场需求也创造着创业机会。

市场是一个很奇特的东西，它有范围。一个小区一个村子，就有一个小区和一个村子的市场。新中国成立之后，形成了省、市、县、乡（镇）这样的行政区域，由于大政府、强政府这样的行政体制，虽然我们强调市场在资源配置当中起主导作用，但是政府掌控着巨大的金融资源、国有资本资源和行政、经济政策资源，导致中国市场的区域特征非常明显，市场型创业机会与此有非常重要的关系。市场被分割为一线城市、二线城市、三线城市这样按行政区划和经济指标相结合的区域。一线城市出现的创业机会也可能只适合一线城市，三线城市出现的创业机会也许就只能在三线城市。比如，20世纪90年代初我刚到北京的时候，满北京的餐饮几乎都是北京家常菜，餐厅大门口都贴着类似"丰俭由人"这样的招贴，要找一家川菜馆非常难，全北京有多少家川菜馆很容易知道。后来由于北京的外地人口越来越多，餐饮市场需求发生变化，开川菜馆的创业机会就来了；再之后中国美术馆附近开了一家湖南菜，几乎全北京名人都跑去吃；随着北京外来人口越来越多，全国各地、世界各地的人都来了，就出现了许许多多的餐饮创业机会，甚至依靠这个市场培育出"湘鄂情"这样的上市公司。

市场型创业机会除了市场的区域性之外，还包括市场的行业性、行业市场的时效性等很多规律，也就是现在大家常说的"风口"。

关于"风口"，一个典型的说法是"只要撞上了风口，猪都会飞"，就是指一旦一个市场型创业机会来临，怎么做都有可能成功。这些年政府推动"大众创业、万众创新"，使中国出现了前所未有的创业激情，创业过程中的"风口"现象、"独角兽"现象、"小目标"现象（指王健林在接受专访时的一句话，表示要先定一个小目标，比方说先挣它一个亿）层出不穷。当中国影视行业进入快速发展阶段时，投资影视公司、影视关联项目成为风口，大量煤老板、矿老板以数千万甚至数亿的资金涌进影视行业，最后绝大多数投资血本无归；移动互联网用户市场达到巨大规模的时候，利用移动互联网应用软件创业成为风口，于是无数个APP创业团队的商业计划书井喷式爆发，最后也是死的多、活的少；移动互联网催生出"共享"模式，于是共享单车很快在没有任何创新和核心竞争力的情况下泛滥成灾，各种共享模式也随之兴起。风口很容易引起创业者的跟风，因为它来临的时候，对创业者有很大的吸引力，带来很多的想象。一方面，作为风口，可以满足市场和创业者的好奇心；另一方面，风口来临时，大家都在同步竞争创业机会，谁也没有成为这个风口的"领风者"的时候，给人的幻觉就是谁都可能是那只被风吹起来的猪。而且技术、行业、产品、市场迭代速度非常快，风口来临的频率也越来越高，这一阵风刚刚吹过，下一阵风又吹来了，尤其是媒体不断渲染马云、马化腾、刘强东们的创业故事和成功语录，使得追风少年成群结队涌向风口。"梦想总是有的，万一实现了呢"几乎成为追风少年的集结号。

市场型创业模式对于中国创业者来说，是一个巨大的福利，因为中国有巨大的人口基数，任何一个市场创业机会出现，都可以拥有巨大的市场容量。四川人、重庆人爱吃泡菜，传统的泡菜都是用萝卜、白菜、青菜这样的素菜作为食材，后来不知是谁发明了荤泡菜，居然就有一家重庆的公司生产制作出泡椒凤爪这么一个单一产品，不仅创业成功，还成为上市公司，这就是中国巨大的市场容量带来的创业魔力。

我曾经在论证一个将澳洲活体牛整体贩运到中国再进行屠宰的创业项目时，发现在重庆投资创建屠宰基地就比北方利润高。原因是在重庆屠宰后，毛肚就可以卖出1000元，如果在澳洲屠宰，不仅卖不出钱，还要支付环境污染成本，在国内其他地方也赚不到在重庆的这么多钱。

所以，市场型创业模式对于创业者来说永远充满活力。不断变化的市场中，很多创业机会在消失，也在产生新的创业机会，只要随时紧跟瞬息万变的市场，就不用害怕市场机会消失。

十九大给中国的创业者带来了新的市场机会。从大的时代来看，十九大宣布中国进入一个新的时代。这个新的时代是全方位的，首先是中国社会主要矛盾的变化带来的市场机会。中国的主要矛盾从人民日益增长的物质文化需要和落后的社会生产之间的矛盾转化为人民日益增长的美好生活需要和不平衡不充分的发展之间的矛盾。这个矛盾的变化意味着中国的创业市场将会从短缺经济、需求经济向供给侧转变。所有创业者瞄准的市场，不是有没有的市场，而是好不好的市场。从高速度向高质量的转变意味着整个市场质量的转变、市场机会的转变。制造业领域的创业必须选择高端装备产业市场，装备制造必须朝着信息化、人工智能化转变。以汽车产业为例，传统汽车产业市场主要是用燃油动力进行传动，不断在速度、性能、能耗、设计、配置这些细节上创新和进步。由于第三次、第四次工业革命的来临，技术的推动带来需求市场的变化。汽车产业已经开始从能源到信息、驾驶模式、智能终端发生变化，传统汽车可能会渐渐退出历史舞台。新一轮的汽车市场的出现，会带来整个产业链和产业集群市场的变化，原有的汽车产业链、投资者、产业集群、经营者，有的可能传承、转型，但是许多新的和传统汽车完全无关的创业者会脱颖而出，重构汽车产业生态。新的汽车产业生态什么时候出现，目前的产业生态可以持续多久呢？我们不得而知。汽车使用燃油到现在已经100多年了，目前取代燃油动力的是锂电池，同时还有混合动力，以及正在研发的石墨烯、氢能源等。多元化的汽车能源市场藏着无数的创业机会。

2018年"两会"过后，两个非常重大的决策带来了巨大的市场型创业商机。一个是在博鳌亚洲论坛上，习近平主席宣布中国扩大对外开放的四大举措：第一是大幅度放宽市场准入，外国资本投资中国银行、证券、保险的投资比例可以到51%以上，放开外资金融机构在中国设立子公司、分公司；第二是创造更有吸引力的投资环境；第三是加大知识产权的保护；第四是主动扩大进口。这四项政策一方面使中国经济扩大对外开放，有利于创造更多的市场机会和中国企业的创业机会，另一方面也会促进中国改革的深化，由此创造出更多的市场型创业机会。

博鳌亚洲论坛会议几天之后，习近平主席在庆祝海南建省办经济特区30周年庆祝大会上再次向世界宣布，中央支持海南全岛建设自由贸易试验区，支持海南逐步探索、稳步推进中国特色自由贸易港建设。这个改革开放政策的宣布，给海南省带来非常大的市场空间，将再次吸引大量的创业者和创业资本涌向海南，分享这一难得的创业和投资机会。

关联型

关联型创业模式和分拆型创业模式有些相似，但还是存在区别。分拆型创业模式是指企业在经营过程中，把已经延伸出来的业务作为一个业务单元独立去投资发展产生的创业行为，而关联型创业主要是互联网、大数据时代会流行的创业模式。

张明盛先生花了20年心血开发出来的963个行业大数据语义搜索平台，曾经给我们展示过行业大数据的关联关系。他们通过对生产减肥食品的企业碧生源所涉及的行业语义关联的大数据，搜索得出减肥食品的各种关联数据，通过这些关联数据，可以得知整个大数据状态下减肥行业的行业生态，进行行业生态分析，可以挖掘出高频行业产品和企业、价格、市场等若干数据。碧生源股东或者企业能通过这种行业数据关联关系，考虑投资创办关联领域产品，这种投资不仅能给碧生源带来很好的投资机会，还能通过这种关联关系，给既有的产品链带来业务拉动。

事实上，阿里巴巴已经开展了关联型创业模式的投资。他们通过阿里巴巴这个电子商务平台，掌握了巨大的商品数据库，再根据这些数据，投资创办自营的菜鸟平台，是一种典型的关联型创业模式。

我担任了中国汽车工程研究院股份有限公司的独立董事，这个研究院是中国汽车行业内专门从事汽车以及汽车零部件、材料准入的检测机构。汽车和汽车零部件进入生产制造目录前，都必须经过若干指标的检测，汽车整车还必须经过防撞试验，他们就掌握着汽车行业研究制造的所有新动向，因为检测数据和中国汽车研究院具有非常直接的垄断性关联关系。根据他们的数据进行创业和投资就有巨大的精准性。

互联网时代的关联型创业机会丰富且精准。万库网已经建立了行业大数据搜索平台，实际上这是一个人工智能平台，通过这个行业大数据语义关联平台，我们可以轻松、精准地挖掘出每一个产品、每一个企业、每一个行业的行业关联，这是一个巨大的行业生态图谱。根据这个图谱，可以发掘出无数产品、企业、行业的语义关联关系，再根据关联关系来制作商业计划书、研究商业模式和盈利模式就会非常精准。

比如，碧生源这个企业主要生产减肥茶。通过行业关联的语义数据，就可以搞清楚中国所有减肥茶的品种、性能、产品、市场、企业数据，搞清楚市场竞争关系，由此决策企业发展，制定企业战略。如果碧生源产品的市场空间已经不大，就可以通过行业大数据的关联关系，找到最适合的关联产品，通过进一步研究分析，在原有企业的基础上开发新的产品领域，这个产品可能是减肥器械、减肥服装、减肥培训或者其他减肥功能食品等。

最有机会找到关联大数据的一定是互联网企业，尤其是大型互联网电子交易平台，比如阿里巴巴、京东、美团网、唯品会等公司。这些互联网领域的巨无霸已经开创了一种新的关联投资模式，他们通过掌握海量数据的优势，发掘和他们各自关联的产品、企业、行业数据，通过分析之后进行关联投资。据分析，腾讯对外投资形成的市值已经超过腾讯自身的市值，学术界对于这样的企业新物种提出了种种质疑，希望干预这种互联网垄断行为，但是作为投资者和创业者，一定要参考或者关注这些互联网巨头们的行业关联关系，聪明的创业者甚至会研究这些互联网平台放射出来的关联数据，根据这些数据来创业。例如，2015年，我的加拿大朋友给我推荐了一家小型奶粉生产企业，公司的税前利润当时只有100多万加币，到了2016年，这家企业的利润已经增加到400多万加币。为什么一年之内会翻倍呢？因为中国的跨境电子商务企业在全球范围的渠道开发中，发现了这家优质的奶粉企业，因此它的销量很快上去了，供不应求。所以中国互联网代表的市场力量所传递出来的关联市场信息是创业者选择创业方向的一个很好的指引。

关联关系是一个非常复杂的产业大数据生态系统，包括产品和产品的关联、产品和材料的关联、整机和零部件的关联、产品和用户的关联，等等。我相信随着大数据和人工智能的发展，关联型创业模式会越来越精彩。

但是，同样需要把握的规律是，不管大数据时代创造的关联关系有多么精准，关联型创业也只能解决数据的精准环节，可以提高创业效率、降低创业成本、减少创业风险，但是创业本身还有人工智能和大数据解决不了的事情，比如商业模式的设计、盈利模式的设计、市场销售、技术和管理、产品工艺和质量、投资和公司创办、公司治理结构、企业组织和管理团队等，依然需要按照创业企业的规则操作。

关联型创业可以是已经成功的企业根据业务和投资延伸的需要而展开的创业行为，也可以是初级创业者根据行业关联关系去发掘创业机会，找到最佳的关联创业时机，以达到创业目的。需要注意的是，关联创业一定要适度。我不知道贾跃亭的创业是不是通过行业大数据来分析乐视生态的关联关系的。乐视网和电视机的关联很清晰，电视机和电影电视内容制作有很多关联，影视和体育运动、体育媒体也有很多关联，但是一个资本、一个企业如果不断这样关联下去，对资本的要求、财务的要求、管理的要求以及人才团队的要求就实在是太高了。

资源型

资源型创业模式也非常容易理解，是指创业者根据独家资源或者资源的独特性和稀缺性而产生的创业机会。这里所表述的资源是相对广泛的资源概念，包括自然资源、人文资源、科技资源，用今天时尚的说法也包括独占性IP。

从自然资源来说，中国的矿产资源、土地资源、森林资源、人文资源里既有非常丰富的资源，也有非常稀缺的资源，但是中国在如何利用资源类创业方面做得并不好。

东北有世界独特的人参种植土地资源，但是有著名的人参企业品牌吗？黑龙江有五大连池优质矿泉水，但是有一家著名的企业吗？中国有非常丰富的稀土资源，同样也没有成功的稀土企业；黑龙江又发现了世界最大的石墨烯矿产资源，一旦石墨烯成为重要的稀有矿产应用资源，我相信成功的相关企业很难是在中国产生。鲁西黄牛、秦川牛都是中国驯化了上千年的养殖品种，但我国的优良品种却在日本明治维新之后，被日本用现代科学技术加以利用，培育出日本和牛这样的品种资源。熊猫是中国的国宝，是可以代表中国国家形象的著名IP，但在这个独占性资源的开发领域，一部《功夫熊猫》却让好莱坞用中国IP赚足了中国的钱。

利用资源进行创业，首先需要重视的是对资源的理解和价值的挖掘，然后对资源进行分类，不一样的资源类型具有不同的创业模式和商业模式。大体上，资源可以分为自然资源、人文资源、科技资源、创意资源等。如何根据不同的资源类型进行创业呢？

九寨沟是一处世界罕见的自然旅游景观资源，在被人们认识之前，早已沉睡千万年。在开发之前，这里就是一处条件艰苦、人迹罕至的国有农林场，四川、重庆等地的知识青年在那里从事森工。有"九寨沟之父"之称的邓一先生给我讲述过这个旅游资源的发掘和开发过程，当年几经周折才成功地将它保护性开发出来，30多年来，它已经给这个地方带来了难以想象的巨大的经济利益。

前不久，有朋友发给我一些同样让人震撼的景观照片，如诗如画的美丽景色令人叹为观止，目睹这些照片的第一感受就是这里绝不输于九寨沟。看了背景资料后，得知这些照片就在九寨沟不远处一个尚未开发的地方。从旅游产品的品质来说，这个地方绝不亚于九寨沟，但最大的问题在于它和九寨沟资源完全同质化。对游客来说，看了九寨沟之后，怎么会还有兴致去看第二个九寨沟呢？如果这个景观资源不在四川甘孜，而是在山东、江苏，我相信它的命运就完全不一样了。

中国的电影导演属于人文、创意类资源。张艺谋和早年的新画面公司就是资源和创业者的关系。张艺谋是那个年代票房的保证，没有张艺谋这个人文资源，新画面公司很难在电影界产生影响。因为张艺谋，新画面在影视领域取得了成功，新画面的投资创业者张伟平成为著名的电影投资者，但后来张艺谋和张伟平分手，新画面失去了这个人文资源，它和张伟平也消失在电影圈。同样，华谊兄弟的成功和冯小刚也是一个资源和创业者的关系，但是华谊兄弟就很好地把握了投资者、企业和冯小刚这个资源的关系。但是，冯小刚也是一个有风险的资源，如果哪天王中军和冯小刚闹崩了，华谊兄弟不是就悬了？因此华谊兄弟迅速把冯小刚个人导演IP资源公司化、资本化，用资本市场的经营模式最大程度降低了个人IP资源依赖的风险。

由此可见，即使掌握了优质资源，创业也未必就能成功。

不久前我去考察中国著名的"五常大米"资源拥有地五常市。据说，五常大米按照地理标志的资源，只有60万吨产量，而市场上却有1200万吨的销售量，非地理标志资源产量是地理标志资源产量的20倍。这样一个资源混杂的状态怎么能够做到良币驱劣币呢？真正优质的五常大米如何才能做到优质优价呢？这个问题困扰了五常市委和市政府，连习总书记都关心五常大米这样的品牌。市委、市政府煞费苦心，想了很多办法来整合五常大米种植资源和维护种植加工秩序，力图通过产业链上下游的全链条整合来解决这个问题。

我进行初步考察后认为，五常大米产业存在两个巨大的问题：一是没有龙头企业，没有形成产品品牌和企业品牌的有机结合。就像茅台镇，如果没有茅台酒这个企业品牌，茅台镇是没有市场价值的，茅台镇的酒厂也不会有今天那么多。而五常大米只有地区品牌，没有企业品牌，这个品牌价值就会大打折扣；另一个问题是，五常大米不仅需要五常市这个地缘优势，还需要对土地进行集约化、规模化经营。没有集约化和规模化，很难有经营环节种子的保障、种植模式的保障、田间管理的保障。

对于五常大米，大家都没有好好去研究其资源的独占性优势，当这样一个得天独厚的资源优势被若干个经营主体分而食之的时候，必然导致恶性竞争的结局。几年前，我的一个老朋友带着中国互联网领域一大帮大佬，又从清华长三角研究院邀请了水稻专家，采用互联网思维，到五常市流转了几十公顷（1000多亩）土地去种植大米，种了一季，收获的大米连卖带送亏得精光。他们不聪明吗？他们没有钱吗？方法错误，谁也难逃失败的命运。

那么五常大米到底应该怎样经营，才能发挥出最大的资源价值呢？只有一条路，就是土地必须集约化经营。只有把土地集中到一个主体名下，由这个主体统一掌控从上游到下游的各个经营环节，才能保真，才能保证优质优价。土地集约并不是每个环节都统一经营，同样可以开展一个土地经营主体下的多个种植主体、多个加工主体、多个企业品牌的经营行为。在这个状态下，大家竞争的才是优质优价，而不是以假乱真、恶性竞争。

中国资源型创业的机会其实很多，但是如何把资源优势转换为创业优势、企业优势和产业优势，是一个大问题。由于大量资源与政府有关，而政府的职能虽然是掌控资源、保护资源、规范资源投资开发秩序，但是往往并不一定懂得资源产业化的科学方法和路径，往往会出现资源没有实现价值最大化的投资、开发和转化的问题。例如，我20年前就去调研、整合过吉林的人参资源，20年过去了，人参的产业化水平依然没有什么成功的整合方案；湖南益阳的黑茶，我也在2011年去调研过，也提出通过土地信托流转和黑茶产业基金的模式整合黑茶产业的方案，当时新天域基金知道我的方案之后，通过益阳市领导找到我要一起合作。他们说研究了两年也没有找到投资黑茶产业的切入口，认为我的方案是最好的整合模式，于是我把方案贡献出来，但是他们最后也没有去实施。云南这个世界上最神奇、生物资源最丰富的地方，几乎在每一个海拔台地上，都有独特的生物资源，香格里拉的冰葡萄种植、酿制资源也好，维西县的喜马拉雅蜂养殖资源也好，丽江的玛咖种植也好，程海湖的天然螺旋藻也好，普洱市的数万亩古茶树资源也好，美丽富饶的祖国大地有数不清的地理标志性资源，不是被破坏了生态环境，就是被掠夺式地过度开发，我们总是很难看到把最好的资源和最科学的方式结合起来的最好的企业和产品，当然，还有最佳的创业模式。

前面比较多地阐述了自然资源型创业模式，人文资源、科技资源的创业型模式空间就更大了。自然资源的空间是有限的，谁占有了，谁就拥有自然资源的垄断性，而科技和人文资源却是取之不尽、用之不绝的，甚至可以无限延伸。

以人文资源为例，美国把人文资源的开发和利用发挥到了极致。

1928年，世界上推出了首部有声卡通电影《汽船威利》，诞生了一个卡通形象米老鼠。90年来，华特·迪士尼（Walt Disney）公司不知通过米老鼠和唐老鸭这两个卡通形象赚了多少钱。这两个卡通形象完全是无中生有的形象创意，却通过现代公司的经营，成为一个最有价值的人文IP，从创意、设计、卡通影视产品的播映、推广，到衍生产品、迪士尼主题乐园，一条文化创意产业链的精心打造，背后的投资、经营、公司、资本等一系列的资本链、价值链的巧妙布局，无不匠心独运。把一个完全没有的虚拟形象打造成全球举世闻名的无形资产，充分显示了美国这个发达资本主义市场经济体系的高度成熟。回过头来看中国，我们有500多年历史的古典神话小说《西游记》，无论从哪个角度来说，小说中孙悟空的形象都应该是米老鼠、唐老鸭无法比拟的，但是从无形资产价值和市场化运营的商业价值来看，孙悟空和米老鼠唐老鸭又完全不在一个价值量级上。中国几千年的文明史创造的世界上无比辉煌的文化，无法用价值衡量，但美国建国不过200多年历史，一年创造的文化产业产值可以占到GDP的20%，中国却不到5%。

不仅如此，享誉世界的中国熊猫和宝莲灯也被美国市场打造成美国文化产业的IP，反过来在中国市场赚中国的钱。

出现这么大的差距有很多原因，我不是妄自菲薄，而是通过比较，让大家看到老祖宗给我们留下的巨大人文资源，是有足够的空间去想象、创造和发挥的。

这些年来中国最著名的两部卡通片，一部是《喜羊羊与灰太狼》，还有一部是《熊出没》。我们那么多伟大的人文IP资源没有开发出来，却开发出两个完全和文明积淀没有任何关联的形象出来，事实上，这些形象的投资开发也并不真正成功，不论价值观、美感，还是故事性和商业开发价值，和已有的资源其实没有可比性。同样，我们可以到时下比较流行的儿童读物柜台看看，各种年龄段的儿童读物非常丰富，但是畅销产品不管从内容还是出版，几乎大部分来自国外。

我们所熟知的乐高是由丹麦一个家族公司开发的IP，同样没有任何历史文化积淀，就是一个塑料拼接块的创意，把人类无尽的想象和我们生活中的用品、故事结合，风靡全球。依据这个创意，在英国上市的默林公司又开发了乐高主题乐园，同样非常成功。我曾经去探讨对默林的并购，他们告诉我，不愿意并购，但是欢迎投资，通过投资可以优先获得进入中国市场的机会。我把这个机会给了中国某个著名城市的文化产业基金，结果反应非常慢。后来我们直接联系默林的主席，看看怎么把乐高乐园引进中国，主席非常乐意地介绍了他们的亚太区CEO和我在上海见面，我们也才有机会交流在中国合作的具体方式。

如果说对把中国的人文资源开发出来转换成为创意产业、文化产业，我们存在能力不足的问题，那至少可以把发达国家类似乐高这样的IP资源引进中国，成为引进国际IP资源进入中国投资创业的商机，但是，中国在这方面的操作手段和机制同样非常不成熟。

又如，F1是世界三大体育赛事之一，另外两个一个是世界杯，一个是奥运会。但不一样的是，F1赛事每年都举办，而且是商业性质的。几十年下来，F1不仅是一个大型的汽车赛事和商业媒介，也是一个赚钱的聚宝盆。然而，在中国人的传统观念里，总是把F1理解为一个烧钱的奢侈游戏。所以，虽然F1在中国建设了世界上最好的赛车场，但让组织者百思不得其解的是，虽然中国有这么多的人口，上海也是中国经济最发达的城市，但F1在上海比赛的时候依然场面冷清，和在发达国家盛大的比赛相比，落差相当大。

因此，中国在如何利用资源型创业模式方面，还有太多的路要走。

整合型

整合型创业模式在表述上不一定准确，我主要想指的是中国改革开放40年来通过外引内联而产生的创业模式。改革开放初期，大量的国际消费品产业进入中国，一种模式是国外来创建独资企业，还有一种是创建合资企业。合资企业创建一段时间后，中方股东逐渐通过各种方式成为大股东，甚至把外资全部买断，从合资公司变成彻底的中资企业。这种模式40年来在不同时段有不同的整合形式，不仅大大推动了中国在产业领域的创业行为，还成为中国工业化过程中引进、吸收、消化外资的主要方式，也是中国走向世界制造大国的成功之路。

整合型创业模式最典型的案例就是青岛海尔集团。早在20世纪80年代初，青岛市将两个资不抵债、濒临破产的无线电企业合并在一起，成立了青岛电冰箱总厂。如果以原有的设备技术、员工团队以及产品和品牌，这个企业可能早就不存在了。他们从德国利勃海尔集团引进了电冰箱生产线，打出了琴岛利勃海尔这个品牌。这实际上是整合发达国家的产品、技术、品牌、设备资源，在短缺时代的中国做了一次创业，很好地把握了这样一个引进创业的机会。在那个年代，这是中国企业转型创业的一个普遍方式，主要产品是家用电器。在电视机、电冰箱、洗衣机"新三大件"成为中国年轻人结婚标配的时候，日本、欧洲、美国的主要家用电器产品生产线都进入了中国。海尔成为这个模式最成功的创业者，琴岛利勃海尔成功之后，先是扔掉了"琴岛"二字，后来又扔掉了"利勃"二字，最后的海尔把当初帮助他们成名的利勃海尔集团从产品、技术、市场都远远甩在身后。今天的利勃海尔集团依然存在，其在航空电冰箱这样的高端市场仍然在世界范围内有强大的竞争优势，但是在大众消费市场，海尔则成为世界著名家电企业。

这个模式在中国同一时代大规模引进，为什么今天只有一个成功的海尔呢？当时南京的熊猫电子、北京的雪花冰箱、四川的长虹电视都是走同样的整合型创业之路，但是在体制、市场的灵活性、产品的不断升级和管理水平的不断提升等方面，必须经历非常残酷的竞争才能生存下来。就像空调企业同样是相同的路径，为什么那么多企业都被后来居上的格力电器超越了呢？

　　汽车行业是另一种整合型创业模式，早期的江西五十铃引进了日本五十铃汽车的车型，重庆汽车制造厂也是引进生产线，让山城牌国产汽车一下转型到高端汽车制造领域并迅速发展起来，后来成为第一批中国到香港H股上市的企业之一。稍晚，世界各大汽车厂商纷纷涌进中国，不再采用品牌和技术输出模式，中国用市场换技术，却换来了世界著名车企到中国全部以合资控股的模式。而早期通过计划书、生产线引进模式的企业生存空间就失去了，外资品牌夺回其在中国市场的地位，这让中国汽车产业吃了大亏，于是才有了新能源汽车时代到来之际，中国提出要弯道超车的战略。

　　2001年中国加入WTO之后，中国和世界各国之间的贸易结构发生了巨大变化。世界各国的各类消费品由于关税降低而大举进入中国，大量中国商人获得了代理世界发达国家消费品进行创业的机会，比如服装、鞋帽、化妆品、保健品、医疗器械、日用化工品、食品，等等。中国因为代理型整合市场机会出现了一个创业高潮，后来又逐渐从代理产品进化到由中国生产制造，最后在中国进行研发，开始的市场还在国外，后来连市场都以中国为主，外商只剩下一个品牌，而赚着资本层面的钱。这个模式的创业行为导致了中国制造的崛起。目前这种创业模式同样存在巨大的创业机会。在这个方面更加成功的创业模式，就是当代理型创业走到制造、走到掌握中国市场话语权这个阶段的时候，中国企业就到了整体并购海外品牌的阶段了。

　　整合型创业模式涉及的行业非常丰富，各行各业都有，企业形态也非常多，有的是制造业，有的是服务业，有的是大企业，有的是小企业。创业者面临如此丰富的整合型创业机会时，最好从销售开始，等打开中国市场，有了市场基础和稳定的客户群体后，再来考虑在中国投资生产，利用中国相对有利的成本优势、物流优势、市场优势，使自己从产品贸易代理走向合资或者独资模式，从赚贸易的钱到赚资本的钱。没有这个意识，很难获得更大的成功。

　　如果继续挖掘，可能还会找出一些创业模式，尤其是互联网时代，传统的生产、加工、服务模式还在不断被改变和颠覆，各种层出不穷的创业模式也难以穷尽。我们需要跟踪和关注不同的创业时代所呈现出来的创业模式。但是，不管什么样的创业模式都有一个颠扑不破的真理，就是怎么赚钱。

今天的创业机会多了，新兴产业比传统产业的创业机会增加了很多倍，但是，由于各种原因，新兴产业创业的失败率也会比传统行业高很多，主要原因是创业的不确定性大大增加，还有一个原因是今天的创业市场钱太多了，创业行为对钱的依赖过高。许多创业行为仅仅凭着一套花里胡哨的PPT就拿到了创业资金，创业体验不是从先创业后有钱开始，而是先有钱后创业，钱怎么会不打水漂呢？

第三章

创业的商业模式和盈利模式

不管什么样的创业行为，都少不了赚钱的方法和赚钱的效率。赚钱的方法就是商业模式。在商业模式确定的前提下，怎么提高赚钱的效率和科学性，就是盈利模式。

2004年德隆事件之后，我内心处于极大的焦灼、失落和困惑之中。那么多充满智慧和激情荡漾的人聚在一起，德隆为什么还会失败？德隆的商业模式错了吗？德隆的商业模式很多是麦肯锡、罗兰贝格、科尔尼、SAP等世界顶级的管理咨询机构设计的。我在接受《中国商界评论》采访时告诉他们，德隆成于商业模式，也败于商业模式。通过德隆，我深深感到商业模式对一个企业的重要性，于是我给商界传媒集团的刘旗辉董事长建议，让他们开展一个评选中国最佳商业模式的活动，这个建议得到他们的响应，连续办了很多届，成为中国商界最有影响的活动之一。可惜这些年，因为刘旗辉先生身体的原因，这个中国曾经最有影响力的商业传媒集团渐渐淡出人们的视野。

商业模式是公司的心脏

任何一个创业者都会在创业的商业计划书里描绘和表达自己的商业模式。我也相信每个创业者都会认为自己的商业模式在逻辑上是成立的，但是为什么经营起来总是和设计的不一样呢？虽说相同的商业模式在不同的公司里，也会出现不一样的经营结果，公司经营的好坏由很多因素决定，但商业模式的作用是至关重要的，我把它当成公司的心脏，尤其是初创企业的心脏。

40年前，中国最早的创业者几乎没有一个人懂什么叫商业模式。中国那时对商业模式的理解最多就是怎么把东西卖出去，怎么把钱收回来。中国农村土地制度的改革，就是一次农业商业模式的变革。这个商业模式的变革，就是由原来人民公社集约经营土地，改变为按农户分块进行土地承包的经营模式的变革。40年之后，中央又通过党的十九大提出乡村振兴战略，这又是一次以农村土地"三权分置"改革为核心的商业模式变革，即如何在保证土地没有私有化的前提下，让农村土地经营模式适应农业产业化的要求，怎么把分散的土地经营模式改变为土地集约经营的模式。40年前的变革和40年后的变革都决定着中国"三农"的命运。

如果再往大一点说，40年前中国共产党的第十一届三中全会决定把党的工作重点转移到现代化建设上来，从此开启了由计划经济到社会主义市场经济的变革，也是一次巨大的、独特的"商业模式"变革。因为这个变革，才使中国走出100多年遭受的屈辱和贫困，成为今天的世界经济大国。从宏观来看，一个国家的"商业模式"决定这个国家经济的盛衰，对一个企业来说，商业模式也决定着一个企业的成败。所以，商业模式是一个企业的心脏的说法一点不为过。

改革开放初期，极端贫困时期的商业模式是极其简单的。有了土地的农民，有了自主耕种的决定权，能自己决定种粮食还是种经济作物，间作还是轮作，把水田改成旱地还是把旱地改成水田。这就是最简单的商业模式。但同样的模式，为什么有的农民就可以吃饱饭，有的还是不行呢？

自主决定种地的农民除了种地之外，不用像人民公社时期每天出工，时间就被解放出来。很多农民除了种地之外，开还始选择其他谋生的方式，有的贩卖农产品，有的开始从事简单的农产品加工，有的跑运输。于是，各种各样的小型创业模式发展起来，不一样的创业模式就有不一样的商业模式。

城市里面一开始没有那么自由，只有各种待业青年开始以个体户名义创业。个体户创业也是五花八门，有的摆地摊，有的开小吃店，有的做食品加工，有的搞建筑当包工头，有的利用不同地方之间的信息不对称搞贸易。同样产生出各种各样的商业模式。

摆地摊也是有商业模式的。在哪里摆，卖什么东西，卖给谁，产品是自己生产加工出来还是从别处批发来的，就是摆地摊的商业模式。中国最大的木梳系列产品生产经营者、香港上市公司谭木匠，就是从摆地摊开始做到了上市公司。同样是摆地摊，为什么谭木匠就能做到上市公司，而那么多人一辈子都在摆地摊？我觉得谭木匠和其他摆地摊的最大的不同点在于，他是从自己生产梳子开始的。他把自己生产梳子作为核心商业模式和竞争力，每天都在琢磨怎么把梳子做好，多年坚持下来，他在梳子生产制作过程中拥有了许多项专利，把简单的产品做到极致、做到无可挑剔。梳头和镜子有关，所以谭木匠后来又开发了小木镜，同样是用工匠精神做小木镜。开始都用黄杨木，后来黄杨木满足不了产品的需求，又开发别的材质，品质做好了，保证质量的稳定性，又从完全的手工制作到不断地提高自动化生产的能力。谭木匠最后从地摊走进商场柜台，从柜台销售再到创建自己的直营店，商业模式随着企业的发展不断调整、变化，但是，自主设计、研发和生产的这个核心商业模式始终没有变。

再比如擦皮鞋。过去城市不注重环境和市容管理，城市里到处都是擦皮鞋的，虽然很方便，但是影响城市市容，专门为擦皮鞋开一个商店又很难养活自己，于是，擦皮鞋的就设计出流动擦鞋摊这样的商业模式，随时擦，擦完了背着箱子就走。

从传统行业到互联网时代的共享单车，可以看到商业模式的变化对自行车生产行业的影响。中国曾经是自行车王国，计划经济时期，自行车作为"三转一响"（自行车、手表、缝纫机、收音机）之一，曾经是中国家庭的奢侈品。市场经济初期,自行车厂曾经非常风光,"飞鸽""凤凰"是中国家喻户晓的品牌,每天早高峰,密密麻麻的自行车河曾经是北京的一道风景线。随着中国经济的发展,中国也成为汽车轮子上的国家,道路交通的发达和私家汽车的发展,让一个个家庭都把自行车升级成了私家汽车。于是,自行车作为交通工具的功能基本失去,自行车厂家也纷纷破产转型。大家原本以为,自行车可能就在汽车产业的发展中渐渐消失,成为文物。没想到由于汽车产业发展造成的过度竞争,使汽车价格越来越低,买汽车几乎就像当年买自行车一样容易,结果再怎么修路也没有汽车增长速度快,交通拥堵成了世界性城市病。但是,如果让开惯了汽车的人卖掉汽车换成自行车,已经不太容易。于是,一个互联网时代的商业模式就应运而生:既不用卖掉汽车,也不用自己去买自行车,通过移动互联网的扫码支付功能,就能随心所欲地骑车、停车。消费需求的发现,产生出一种商业模式,让自行车这个濒于消失的物种死灰复燃。自行车产业再次发展起来,但这时的自行车,已经不是传统意义上的自行车的商业模式,只是"互联网+"商业模式的附属产品。

前面说到过行业大数据平台万库标杆公司,它用了20年时间开发963个行业的行业语义关联大数据平台,完成几年之后,一直没有找到合适的商业模式。创始人开始以为可以在拥有投资的基础上对接各大云平台,构建大数据运算基础,就可以上线为机构和个人服务,但在商业模式设计上一直没有找到合适的落地地区和投资人,谈了无数个合作机构,包括黄奇帆市长带领的重庆市政府,也没有落地。核心商业模式解决不了,这个行业大数据平台就是一个没有心脏的躯体,空有无穷智慧,无法产生价值。

计算机专业领域的李付中先生本来在世界著名软件企业担任高级职务,每年几百万美元年薪,日子过得非常惬意。但有一次他觉得中国有十几亿人口,却没有解决蔬菜这类基本消费品的食品安全问题,餐桌上已经很难吃到高品质蔬菜,直接危害到人民的基本健康。于是,他辞掉了待遇优厚的工作,自己创办了高效、高科技、数字化的农业产业化公司,潜心研究产业化、数字化、智慧农业,一干就是18年。这期间,他自学了作物学、生物化学、营养学等若干学科,再与他自己的计算机专业结合起来，从产业化的角度进行跨界实施。同时他还考察了世界各种农业高科技产业化模式，结合中国的实际情况，创建了以叶类蔬菜、瓜果、中药材为主要种植对象的数字农业示范体系。他们的产品效率高、营养好、成本低，完全具有竞争优势。但是18年来，李付中先生的上海赋民农业科技公司却一直打不开市场。我调研了企业，发现他们没有找到合适的商业模式。要大规模地把技术优势变成产品优势和市场竞争力，创造良好的财务业绩，必须要有规模化的产能，同时需要建立市场体系。这两个要素的创建首先需要投资，建立市场渠道和生产基地，这两点都是制约赋民农业发展的瓶颈。他们只能要么再做一轮融资，要么通过技术输出来获得收益。这期间，我们正好也看到两三个美国同类企业想要进入中国，给我们提出进入中国的条件和商业模式。比较下来，我觉得赋民农业在技术上完全不输给美国公司，同时在成本上还比美国公司有很大的优势。于是，交流几次之后，美国公司就消失了。

那么，赋民农业的最佳商业模式应该是怎样的呢？我觉得他们应该首先把自己定位于农业产业化在高品质农产品领域的技术服务公司，然后应该按照属地化原则，因地制宜，开辟中国一、二线市场，把自己定位于中国高端人群高标准蔬菜、瓜果产业技术服务商，再按照中国各地菜篮子市场的需求，与政府、区域化农产品渠道供应商共同打造属地化高品质果蔬品牌，而不是自己面向全国自主投资经营。

商业模式是需要设计的

不论做什么样的创业，必须在创业开始之前设计好商业模式，而且需要精心设计。我经常看到，很多创业项目的商业模式是经不起推敲的。

互联网进入中国初期，带给大家无限遐想，都觉得有很多创业机会。那个时候我们看到最多的创业公司就是给一个个机构客户创建内部接入系统，一个公司一个服务器，连接每一台电脑。这个业务称为系统集成。很多公司都做这个业务，很快，这个业务做完了，全国都被"集成"，大家就开始竞争应用软件这个行业，包括企业软件、金融软件、财务软件、工程软件等，软件上线之后又不断升级。互联网应用软件做得差不多了，又开始开发移动互联网软件。早期最成功的不外乎新浪、搜狐、网易这样的门户网站。它们的商业模式当然不是自己创造的，都是从美国学来的。门户网站的商业模式就是打破了传统报纸、电视、杂志的速度慢、受众被动接受、信息容量不高的局限，传统媒体的广告被移植到互联网，后来大家才明白，它们就是把报纸、杂志、画报从纸质媒体变成了互联网媒体。它们的商业模式非常雷同。但是，当互联网生态，尤其是移动互联网生态发生变化的时候，这些早期巨头的反应相对迟钝，既没有抓住阿里巴巴这样的电子商务机会，也没有抓住社交网络的互动机会，停留在网络媒体的僵化模式阶段。在从互联网向移动互联网过渡中，没有及时更新自己的商业模式，目前，门户网站的业务市场将逐渐被手机新媒体分化。它最大的变化就是发明了微博，终于开创了互联网社交平台。但是当移动互联网进入到3G阶段的时候，手机的数据传输速度加快，技术的进步带来移动互联网商业模式的重构，微信应运而生，腾讯异军突起。

　　PPP（政府和社会资本合作，Public-Private Partnership）是最近几年兴起的一种商业模式，这种商业模式发端于英国。2014年，我在英国考察项目的时候，英国朋友给我推荐了一个伦敦泰晤士河隧道项目，我研究了这个项目，觉得非常新奇，发现英国的基建模式和中国完全不一样，分为市场化盈利项目和非盈利项目。非盈利项目由政府发起，采用政府招标采购服务的方式，但是对于市场化项目，完全是市场立项，由投资人发起设立项目，经过政府、议会审核批准，由符合法律要求的有资质的企业自己投资，自行管理运营。这样的商业模式后来被引进到中国，一时间，全国到处都是PPP。但是中国为什么引进PPP这个商业模式呢？我认为有两个初衷，一个是中国大量的基建项目都是通过政府负债来实施的，每个地方政府都要完成GDP，必须加大投资力度，但很多基建项目是没有收益或者是很长时间才能收回投资的。地方政府没有负债空间，可能引发系统风险的时候，政府还需要投资来拉动GDP，他们就开启了利用市场化资本继续推动投资这样的渠道。

PPP模式的商业逻辑告诉我们，每一个投资项目都是有偿还保障的，至少要达到符合资产证券化的标准。但是，在投资饥渴的中国，一旦这个早已存在的商业模式被应用起来，很快就会泛滥成灾。原本需要由政府承担的债务转移到企业了，而国开行这种直接由财政部创建的银行，根本无须吸收存款，就直接以开发贷款的形式把大量资金放出去，承债主体也不可能是民营企业，若干家基建央企，如中建、中交、中冶、中铁工、中铁建等成为最大的受益者。于是，在全世界基建行业都不景气的时候，中建集团成为世界上最大的基建集团。整个金融市场一时间都在搞PPP，各地政府终于找到了投资来源，还不用自己负债，导致从省里到市里、县里、乡镇，都在千方百计申报PPP项目，争取加入。

但大量项目没有还款来源，要靠土地升值和财政兜底。几年之后，PPP项目到了偿还高峰的时候，我们的偿还来源在哪里？有一天这些爆出来的时候，能责怪英国人发明的PPP这个商业模式有问题吗？反而，由于中国基建行业的这些特色，使其并不熟悉国际基建市场真正的PPP模式和欧洲、北美等发达国家存在的巨大基建机会，不懂得国际基建市场规则，尤其是不熟悉国际基建金融业务模式，眼看着大量机会而难以捕捉。

2017年，在国际主流基建金融领域工作30年的一位女士从摩根大通辞职，准备和我们一起筹划创建国际基建基金。但有天她突然告诉我，自己被某大型央企挖走了，将担任该央企的国际板块总经理。对我来说，虽然有些遗憾，但是如果她能够为央企转型、进军国际基建市场发挥重要作用，我也为她高兴。

如果说传统产业的商业模式相对容易设计的话，互联网时代的商业模式对于创业者来说，就显得更加重要。

传统产业不外乎分为第一、第二、第三产业。第一产业是农业，农业就是种植养殖。如何种养，卖给谁相对容易，但同样是养牛，为什么日本是牛肉出口国，中国就是牛肉进口国呢？还是商业模式问题。日本产的都是优质牛肉，成本价格可控；中国的牛肉没有标准，价格低成本高，出栏数逐年下降，所以进口量逐年升高是必然的。第二产业是制造业。制造业的规律也很好理解，不外乎就是原材料、生产加工、技术工艺、市场营销、品牌和管理。第三产业是服务业，传统服务业包括生活性服务业和生产性服务业等。由于过去过于强调三个产业的划分，导致产业之间的融合度不够，第一产业由于利润很低、附加值不高，利益传递到第二、第三产业去体现了，于是第一产业的投入严重不够，产业水平非常低，同样影响了整个产业水平的发展。

互联网属于什么产业？如果把这个产业还归类为第三产业，我觉得是有问题的。第三次工业革命核心的计算机、互联网产业以及第四次工业革命核心的人工智能都有个很重要的特点，那就是跨界。不仅跨界，而且跨行业、跨产业。所以，那些搞产业经济研究的专家学者们，是不是可以重新论述一下产业理论，重新研究产业界定？是不是可以划分出第四产业呢？因为互联网、人工智能、大数据甚至区块链这样的底层技术，无一不是横跨一、二、三产业的。

所以，互联网、人工智能时代最重要的是商业模式的设计，或者是根据商业模式的设计再来组织创业的其他要素。

就拿前面提到的上海赋民农业科技有限公司来说，他们从事的是种植业，属于农业；但他们是工厂化生产，不是传统耕作方式，也不需要土壤，所以是工业；另外，他们大量使用现代科技，又有互联网技术，还有人工智能，又是服务业。

在互联网、人工智能时代，其实大量基础技术、底层技术都有了，关键在于发掘市场需求，然后根据市场需求设计商业模式，再根据商业模式来找到投资，创办公司。就像共享单车，没有任何一项技术是自己独有的，就是因为发现了前面讲过的城市拥堵这个问题，找到一种需求，进而设计了这个商业模式，然后组织公司创业。

滴滴打车也是这个概念。一方面很多私家车闲着，另一方面出租车满足不了市场需求，"黑车"猖獗。通过互联网网络信息平台把公司、客户、车主、卫星导航、支付等要素整合到一起，通过大量前期投资形成规模化，从烧钱到赚钱，都是商业模式先行而创业的。关键在于如何做好市场调研，细化市场的需求，包括市场空间、出行人的需求方式、可以接受的价格、研究现有所有租车模式、如何避免和传统出租车的冲突；另外，还需要调研闲置时间私家车的信息，车主为什么愿意加入到滴滴车的行列、和滴滴公司的合作机制、激励和处罚机制、收入结算方式、服务标准等，只有把各种可能涉及的要素都调研清楚，才能根据所有要素的信息来设计商业模式。如果商业模式设计不完整，项目就难以推进，创业就难以成功。但往往很多创业行为一开始是没有办法或者没有条件把这些要素调研清楚的。马云创办阿里巴巴的时候，构想设计的商业模式是他几次创业不成功的总结。他和团队把握到了阿里巴巴商业模式的存在原理，但是很多调研没有做，因为他所要面对的市场要素太分散，数据太不集中。于是在获得投资之后，阿里不断根据创业过程中发现的影响商业模式成立的不利因素进行修正。这个世界上也几乎不可能存在市场运行和最初设计的商业模式完全一样的创业经营行为，因为市场不断在变化，设计的模式和市场运行的细节总是有出入的。

创业时商业模式的设计是有要领的。首先是发现和挖掘需求，商业模式就是满足市场需求的能力。很多创业者经常会以某个国际国内技术发明或者技术专利作为创业项目，但是并不是所有发明和专利技术都具有市场需求。市场需求分为存量需求、增量需求，以及创新需求、升级需求等多种需求模式。供应减少、存量减少，即有存量需求；市场容量增大带来增量需求；创新需求是从原有的需求中生出来的新需求；升级需求是指产业、技术、市场升级带来的需求。商业模式的设计就是对需求进行充分分析理解后的设计和需求满足。没有经过设计的商业模式万万不可以创业，尽管并非所有成功的商业模式都是事先设计出来的。创业必须要设计商业模式，且商业模式在创业过程也会根据市场的变化而不断修正。其次，商业模式的设计一定是遵循商业逻辑的，商业逻辑是商业模式设计的大前提。商业逻辑不成立，商业模式就一定不会成立。

传统产业的商业模式

在根据需求设计商业模式的时候，需要理解满足这些需求的是什么样的产业形态或产业领域。第二次工业革命发展的时代，我们称之为传统产业发展的时代，这期间已经有相对固化、成熟的商业模式。但人类经济史上出现了一个怪异的现象：中国还在拼命追赶，完成工业化进程时，人类加快了由技术革命带来的产业变革，如互联网、移动互联网、云计算、大数据、人工智能、生物技术、新材料、新能源，等等。西方G7（美、英、德、法、日、意、加）在最有条件完成从传统产业向新的产业革命过渡的时候，迎来了老龄化高峰，而支撑新产业发展的重要因素就是以人为中心的市场。这样，最有条件进入新技术时代的西方反而落后于中国。于是，中国一方面需要在传统产业领域继续推进转型升级，走过工业化，同时又要发展新兴产业，还要把新兴产业和传统产业结合，创造出新的产业物种。

所以，新时代创业在发掘传统产业需求时，不仅要考虑传统产业商业模式的设计，还要考虑这个商业模式和新产业的关系。

今年上半年我到美国进行了十天的考察和合作交流，接触了很多美国人和华人，既有传统产业经营者，也有新兴产业的创业者。也正是在此期间，中美贸易阴云密布，摩擦不断，中兴通信被美国处罚，无法采购美国企业生产的核心技术产品和关键零部件。在此之前，国内认为中国在很多新技术，尤其是互联网、移动互联网的应用、人工智能、大数据很多领域已经全面赶超美国和其他发达国家。这时发生了中兴通信事件，凭美国在芯片上的优势，就足以让中兴通讯面临破产倒闭的危机，这从侧面说明中国的工业体系整体还远远没有达到发达国家的水平，我们还是应该脚踏实地夯实中国整个产业体系的基础，整体实现工业化，达到发达国家先进水平。

有机会参与中国乡村振兴战略商业模式落地的设计，也是我的幸运。

乡村振兴战略是党的十九大提出的发展农村、解决中国"三农"问题的国家战略。从1978年十一届三中全会以来，中国农村最大的变革就是农村土地从人民公社的集约化经营承包给农民经营的变革。40年之后，在这个变革的推动下，农业、农村和农民在中国经济的发展过程中发生了巨大变化，土地个人承包的综合环境已经变化，这些年来党和国家一直在探索"三农"问题的解决方案，但是始终没有找到最佳的实现路径。

乡村振兴战略是在习近平新时代中国特色社会主义思想的指引下对农村问题提出的一个战略体系，这个体系提出以土地"三权分置"改革作为核心，通过一系列的发展，要实现"农业强、农村美、农民富"的理想。

对于中国来说，这就是一个巨大的市场需求，但是如何将党和国家的这个战略需求落实在960万平方公里大地上的一个个村村寨寨呢？我们不仅需要从总体上认识和理解国家乡村振兴战略的体系，同时也要把这个体系具体落实在每一个地方。这个巨大的需求如何落地，就是商业模式的设计。而这个行业最经典之处在于，它是人类历史上最古老、最传统的行业。

人类都是从农耕文明走到今天的，工业化改变了农业、农村、农民的所有结构，城市化成为新的社会形态。但是，无论怎么变革，我们不能没有了乡村、没有了乡愁、没有了绿水青山的生态环境。我们既不能把所有乡村变为城市，也不能把城市再拆掉变回乡村。

所以，一个完全创新的乡村振兴战略模式的落地方案，既针对传统的产业领域，又必须要面对最新的产业经济形态和社会治理形态的要求。

在这个领域，我承担了浙江省衢州市衢江区乡村振兴战略落地模式的设计。

衢州市位于浙江省西南部，属于浙江不临海的中部地区，山清水秀。衢州市衢江区在生态农业、食品安全方面是全国的模范。他们率先提出希望通过土地流转，在联合国支持下，创建世界食品安全示范中心，以整体带动中国食品安全事业的发展。但是在实施过程中，区委书记吴江中实际上希望通过食品安全示范中心的建设，把规划面积内的地区创建成为美丽乡村。在和他经过三小时交流后，我才知道吴书记不是要创建一个食品产业园区，不是用土地招商的产业地产模式，而是要创建一个新的乡村模式，符合乡村振兴战略的思路，而当时大家还没有建立起十九大提出的乡村振兴战略的基本概念。随后，中央经济工作会议、中央农村工作会议以及2018年中央一号文件，非常有计划、有步骤地把乡村振兴战略的系统性框架呈现在我们面前。

2018年2月4日，中央一号文件《中共中央、国务院关于实施乡村振兴战略的意见》正式发布，第一次非常系统、全面地阐述了乡村振兴战略的重大意义、总体要求和基本原则，重申了"产业兴旺、生态宜居、乡风文明、治理有效、生活富裕"的总要求，同时明确了"三农"各个重大环节的相关政策，为整个中国"三农"问题勾画了宏伟的战略蓝图。我认为，乡村振兴战略是改革开放40年来，继农村土地承包制改革之后最为重要的改革措施，对于解决中国发展不平衡、不充分的社会主要矛盾，具有历史性意义。

但是，这么一个重大的顶层设计，具体落实到一个个县、乡、村的土地上，又会是一个什么形态呢？很显然，中央不能给出统一答案。按照中国特色，需要充分发挥各级政府的聪明智慧，开创性地结合自己的实际，进行个性化设计，培育出一批示范模式，再结合各地情况全面普及推广。

事实上，衢江区先走了一步。同时，吴书记又非常敏锐地领会到了中央乡村振兴战略的精髓。他已经想到如何尽快地把衢江世界食品安全示范中心项目和乡村振兴战略对接，融为一体。

2018年2月5日，我和杭州宋都房地产集团董事长俞建午一行赶赴衢江，向衢江区委和区政府报告世界食品安全示范中心的工作进度。我首先将这个项目和乡村振兴战略融为一体，希望将全球食品产业导入和衢江规划的这个项目空间深度融合；同时建议采用公共信托模式作为土地流转的法律和金融框架，在土地信托流转的基础上，对流转土地范围进行系统、综合规划。规划内容包括：空间规划、产业规划、生态规划、乡村治理规划、投资融资规划等，用全面综合规划，达到乡村振兴战略的总体要求。然后，通过宋都这个上市公司作为投资载体，和政府合资创办"衢江乡村振兴投资控股有限公司"，由控股公司再与政府、富国富民资本集团共同创建两个基金：一个是投资土地基础设施建设、交通、乡村建设、产业不动产的基金，另一个是投资全球食品安全示范中心所要引进的企业的股权，通过资本招商进来的企业，通过资本的纽带作用，使全球范围内符合安全食品示范要求的企业与衢江这个乡村振兴战略的区域深度融合，成为支撑产业兴旺要求的强大推动力。通过这样的商业模式创新设计，我们找到了乡村振兴战略的落地模式，引进了全球食品产业集群，带来了地方税收和农民就业，最终可以实现农业强、农村美、农民富的目的。

虽然衢州有衢州的特点，衢州模式不能简单地复制到其他地方，但是通过土地信托流转集约土地资源，通过综合规划解决产业和空间的关系，通过资本的纽带来连接产业、资本、乡村，是具有科学性和规律可循的。

系统的商业模式设计可以让中国乡村振兴战略在一个个村庄开花结果，也在全国范围内带来巨大的创业新机会。

看起来这是一个再传统不过的产业领域，种植、养殖、品种繁育、生产加工、仓储物流、产品销售也是传统产业链，但是，土地流转是金融行为，两大基金平台也是把农业产业化和金融结合；农业产业化引进过程中，涉及全球食品企业的并购、投资、整合；进入中国后，又会有一系列现代检测体系、产品追溯体系、人工智能种植体系、数字化农业栽培体系、生物技术和深加工技术体系等一系列属于第三次、第四次工业革命的技术，实际操作难度非常大，但我也相信未来的商业价值是非常巨大的。

商业模式的时代特征

商业模式不仅和产业、行业、科技的发展进步相关，还和社会进步以及所处的时代相关。对于中国的创业者来说，还要联系中国的国情与体制。

改革开放初期创业空间狭小，缺乏创业资本，也缺乏创业技巧和专业经验。那个时代不外乎搞些小餐饮、小贸易、小加工，主要商业模式就是利用体制不对称、信息不对称形成的产品差价、贸易差价来获得利润。20世纪80年代开始，中国对外开放，出现了海外投资，中国香港、中国澳门同胞以及海外华侨来中国大陆的经济特区创办市场、原材料两头在外的加工厂，这个时期主要是中外合资生产制造商业模式。80年代中期，中国为了搞活经济，刚刚创办的银行根据项目提供贷款，各种名目的生产制造项目在基本上没有抵押、没有资本金或者很少资本金的情况下，用最简单的商业模式创业。钢铁厂、水泥厂、家具厂、电风扇厂都在短缺经济状态下纷纷创建，后来又纷纷倒闭。那个时代比较具备现代经济商业模式特征的只有深圳、珠海、广州等少数地区。

中国经济大规模发展主要还是在1992年初"邓小平南方谈话"之后，中国掀起了一轮投资高潮。这一轮投资潮拉开了中国现代市场经济的第一幕，企业的创建终于有了有限公司、股份有限公司，有了股东，有了公司治理。之后是现代公司制的引进，1993年中国颁布的第一部《中华人民共和国公司法》对于推动中国现代市场经济的确立起到了重要作用。由于资本概念的引进，企业经营者可以用更多市场资金参与公司创建，项目的资金规模增加了，商业模式就开始丰富起来，创业者的经验也增加了不少。房地产市场需求的增加，吸引了在沿海城市的成功的早期创业者，他们带着资金、带着经验回到内陆开发房地产市场，开创了中国加速城市化的步伐。

2001年，中国加入了世界贸易组织，开启了贸易全球化时代，推动了外向型经济的发展。中国的加工生产模式渐渐在土地优势、劳动力优势的支持下，开始进入自主生产加工的新时代。同时，由于创业投资理念和机制的引进、科技体制改革的推动，以及互联网时代的到来，中国迎来了第一个真正意义上的创业高峰。传统产业创业的商业模式被新兴产业创业的商业模式淹没。

互联网、通信相关的商业模式也形成了巨大的创业生态，创业投资基金业发展了起来。除了传统经济部门，一些具有中国特色的非传统经济部门的创业行为开始出现，那就是中国的上层建筑领域。这个时代出现的创业商业模式主要是来自新行业、新领域，包括医疗、教育、文化、体育、卫生、科技这些过去被称为上层建筑的领域。

但这些领域改革开放的力度一直有限。受到各种内外部环境的约束，这些行业的创业机会也一直"犹抱琵琶半遮面"，产业发展不充分，丧失了很多创业和发展的机会，比如医疗健康部门。中国医疗健康体制改革一直充满争议，药品研发生产制造难以和国际接轨，一方面没有培养出具有竞争力的大型国际医药企业，同时也限制了中国在医药研究、生产和销售方面的能力。这个行业很少有从零开始创业发展起来的，基本上都是由过去计划经济时期分布在全国的小型制药企业发展起来的。在这个领域完全通过技术和资金获得创业的机会非常困难，主要是难在行业的准入门槛。所以这个行业的创业主要是专业人士，要么是国内的科研人员，要么是国外回来的药品研究人员。

整个医疗健康行业具有非常巨大的发展空间。这个行业分为中医和西医，西医进一步分为：医疗服务，包括检测、治疗、康复等；西药的研发和生产；医疗设备、器械、医疗辅助材料、医疗耗材；生物医药和医疗；抗衰老，等等。由于设置了基本上无法和国际市场接轨的行业规则，中国的这些行业在国际市场上竞争力非常低，没有出现一家具有国际水平的医药企业和医疗服务机构。

由于经验的缺乏，我们过去以为，可以在关系国民健康安全的领域放慢开放的步伐，等发展到一定阶段后再来开放。但从今天看来，这个方法是错误的。由于封闭，发达国家的先进技术和服务进不来，中国整个医药工业和医疗服务全面落后于发达国家。闭门造车地发展多年之后，才发现我们和国际上的差距，但是国内又被落后的体制和既得利益集团约束，导致中国已经具备巨大的消费能力的时候，出现大量消费外额溢的现象。中国每年通过出境旅游在海外购买的药品、器械和医疗服务的数量都非常巨大，难以统计。

好在改革总会冲破禁锢。2017年10月8日，中共中央办公厅和国务院办公厅印发了《关于深化审评审批制度改革鼓励药品医疗器械创新的意见》，共计36条。这个改革措施的出台，必将成为中国医疗体制改革的重大举措，也会给整个中国的医药、医疗设备、医疗器械行业带来巨大的投资创业机会。

中国在体育领域亦如此。体育在中国是一个国家推动的举国体制，优秀运动员都是国家培养出来的，市场化程度不高。近年来才从供给侧改革的角度大力发展体育产业，各种社会市场资本才开始重视体育产业的投资和创业。

党的十八大以后，在中央深化体制改革领导小组的推动下，中国加快了文化产业的发展。过去很多年是不提文化产业的，文化都是事业，导致中国在文化产业领域也是难以和国际接轨和竞争。这个领域包括广播电视、杂志图书、影音影像、艺术文物、报纸传媒，等等，至今大型的优秀企业数量也不多。

总之，随着时代进步和改革的深入，各行业会在不同的时代表现出不一样的时代特征和产业特征，行业里的商业模式也随着时代的特征不断变化。

以媒体和广告行业为例，在电视、报纸、杂志、广播时代，行业生态主要是传统媒体为核心的产业生态，到互联网时代，传播方式、传播时效和传统媒体完全不一样了。传统媒体由于行政的控制，市场资本很难进入，但是在互联网时代，行政控制手段大大降低，商业模式发生了很大变化，传统媒体一统天下的时代被新媒体取代，广告市场的高度行业集中性变成分散的广告业态，媒体的商业模式和广告的商业模式都随着市场的变化而发生巨变。

今天的世界，由于科技的高速发展、行业的相互融合、金融的高度渗透，商业模式已经呈现出全新的变化，最大的特点是横向跨界。传统产业的商业模式最大的特点是产业内部的纵向链条的设计，从原材料到生产加工、销售客户，相对是一个内在的商业运行体系。而新时代的科技发展和进步已经在很早期就和商业产生关联了，商业模式的设计不仅需要考虑纵向产业链和价值链的逻辑关系，还必须设计横向产业要素的资源对接和整合。

新时代商业模式设计最大的需求是解决公司生存和发展的痛点。首先是将市场的需求作为商业模式设计的起点。过去的需求设计是必需性需求，而今天更多是创造需求。由于传统的生产加工能力总体饱和，现代商业模式就是把消费者潜在的消费需求发掘出来，然后从市场上找到最好的技术、最好的生产、最好的品质、最好的团队、最好的渠道，把这些资源整合到一个完整的逻辑链条里面，商业模式设计就完成了。美团、阿里巴巴、滴滴打车、摩拜单车、京东、腾讯等莫不如此。

盈利模式是公司的血液

对于任何一个创业者来说，创业的商业模式极其重要，但仅仅有商业模式也是不够的，如果没有一个和商业模式配套的盈利模式，商业模式就不能成立，创业行为也同样不会成立。

这个观点在今天这样的创业时代，更加需要引起所有创业者和创业投资者重视。因为我们看到大量的创业失败不是死于技术，不是死于市场，也不是死于商业模式，而是死于盈利模式。

商业模式的成立需要商业逻辑的成立，同样，商业模式的成立也需要盈利模式的成立。

和商业模式一样，盈利模式是管理学研究的对象。但是在市场里，没有多少人去研究管理学概念。我观察市场实践多年，形成了一个观念：盈利模式是指一种商业行为或者一种创业行为赚钱的方法。不管这种创业行为是什么行为，都要考虑怎么赚钱，不以赚钱为目的的创业都是耍流氓。有的企业很赚钱，但是垮掉了，赚的钱都是应收款，现金流断了，纸面富贵了一把；有的创业公司现金流很充足，流水哗啦啦的，但是到年终结算也是亏损，成本太高。

以中国这些年开发的一些新兴行业为例，新能源汽车、光伏发电、风电发电以及氢能源等都存在这个问题。

我曾经参与过山东临沂沂星电动公交车项目，这个项目是中国最早的新能源汽车项目之一。在大规模量产之前，一辆纯电动公交车制造成本都要100多万元，而燃油公交车40万元就够了。如果不采取强制手段，市场价格相差这么大，怎么赚到钱呢？从商业模式的角度看，公交车都是固定线路，如果解决了续航能力、充电、换电时间、电机电控、轻量化等一系列技术问题，再加上补贴，电动公交车还是有利润的，可以大量发展，商业模式非常清晰。但是，电动汽车的使用寿命、电池的充电次数、国家补贴政策有多久的持续性都必须考虑进去，如果国家补贴下降甚至取消，还能够生存吗？作为创新型企业，这个产品没有经过多年的使用实验，电机、电池、电控装置都没有经过疲劳试验，没有试验数据，没有办法测算出来。重资产产品算不出来折旧率，利润率就不准确，盈利模式就只能停留在纸面上。

这种盈利模式受到客户的质疑，导致推动起来非常困难。公交公司不是慈善机构，不能贴钱为环保买单。

风力发电也是这样。我第一次看到风力发电是1998年在新疆参观中国最早的风力发电厂时。当时我认为那个企业很难赚钱，没想到它后来成为中国风电行业的领军企业，就是今天的金风科技。如果当年他们按照发电企业来发展运营，一定不会有今天。但后来他们做出了一个重要的转型，从风力发电企业转型为风电设备制造企业。如果纯粹做风力发电，要依靠补贴。虽然新疆有很好的风力发电的自然条件，但新疆不是用电大省，自身能源很丰富，电价不会高，盈利模式很难成立。由于金风科技很早就涉足风力发电，通过和国外风电设备制造企业合作，实现了风机国产化，成为风机制造企业，后来赶上了中国风电市场大发展的机遇，一跃成为中国最大的风电设备制造厂家，才找到了企业的发展商机。通过改变商业模式，盈利模式也随之改变。

特斯拉是电动汽车，创始人马斯克是电动汽车领域最成功的一个创业者。他在美国创业的时候也非常不顺利，也拿了很多风险资本，包括政府补贴。直到产品已经卖到全世界，企业都上市了，还没有找到盈利模式，一直亏损。这是典型的美国梦创业模式。但是几乎所有的投资者都相信特斯拉会赚钱，可以找到盈利模式。只要他们的企业规模达到盈亏平衡点，再加上新能源汽车领域的各项技术都在不断迭代、不断突破的过程中，有了市场规模，有了系统技术、企业研发、工艺体系，还有市场品牌以及持续的资本融资能力，他们一旦实现盈利，就会是非常赚钱的企业。

中国的贾跃亭也在学习特斯拉模式。他是在国内把企业做到巨大的规模，也建立了资本市场良好的信用之后，腾挪出大量资金用于全新新能源汽车自主研发。我在做国际并购的过程中，也通过朋友向乐视推荐过成熟的国际汽车品牌，推荐对象也是乐视的投资人，他们研究后放弃了。这时我就对贾跃亭投资新能源汽车的思路产生了质疑。如果他是要建立产业生态圈，为什么一定要在汽车行业这个最成熟的产业领域从创业环节开始呢？世界上有很多高端汽车品牌和平台可以并购，通过并购不仅有了财务业绩，同时可以满足进入汽车行业的所有需求。如果完全从头开始做，乐视和贾跃亭除了中国这个汽车市场和他们曾经拥有的信用之外，和马斯克旗下的特斯拉相比没有任何优势可言，而特斯拉已经上市七年，企业都还在亏损，贾跃亭能走出这个巨大的财富漩涡吗？

乐视复牌时的连续多个跌停已经把乐视和贾跃亭的所有信用透支了，被梦想窒息的中国股民和投资者或者这个市场还能看到贾跃亭的荣耀回归吗？虽然这个结局还没有到来，这个世纪谜团还需要时间去解开，但是对于创业行为和创业者来说，乐视和贾跃亭不应该成为怀揣中国梦的年轻人追随的楷模。我和乐视没有任何恩怨，也没打过任何交道，和贾跃亭也从未谋面，单纯针对商业模式和盈利模式，我认为任何时候，商业逻辑都会是最后的赢家。从最新的情况来看，由于融创孙宏斌的介入，贾跃亭玩了一把金蝉脱壳，割裂了自己和乐视的联系，让孙宏斌充当了一次冤大头。让人百思不得其解的是，贾跃亭一方面并没有从巨大的债务纠葛中解脱出来，另一方面还在努力实践他的造车梦想，在市场上继续完全依赖巨额融资来成就他的汽车梦。我认为，这始终是一个不符合商业规则的荒唐故事。即使未来贾跃亭依靠FF（法拉第未来）汽车大红大紫，成为踩着无数个因为他而赔钱的肩膀取得成功的英雄，这种成功和努力也是不值得歌颂的。

汉能集团又是另一个典型。2013年，汉能集团内部有人找我，看看是否可以合作，给香港的汉能上市公司做市值管理。那时，汉能业绩很好，但市值很低。我向香港同行咨询之后，他们建议我不要接触、不要介入。香港资本市场虽然是一个十分成熟的市场，但是非常复杂，水很深。后来汉能在香港的股票市值确实上去了，主席李河君做了时间最短的中国首富，然后就是众所周知的崩盘。

汉能集团在太阳能薄膜电池上的创业和投资是值得钦佩的，数以百亿的研发费和海外技术团队的并购让汉能集团在太阳能薄膜电池上有了最领先的技术和应用。如果没有当年汉能在丽江建造的金安江水电站给集团源源不断地提供巨额的创业资金，汉能集团很难坚持下去。汉能在太阳能薄膜电池上的创业投资在世界范围内看都是不错的选择。商业逻辑上，谁都知道太阳能产生的巨大能量取之不尽，用之不竭，成本非常低廉。但是如何把太阳能能量转化为我们所需的低成本能源，优于石油、煤炭、天然气、风力发电等，这是所有科学家都想做的事情。谁掌握了最廉价的应用技术，谁就会功德无量。但是巨大投入形成的产业能力什么时候能产生正的现金流、降低成本、提高效率、实现盈利，对汉能集团和李河君先生来说至今还是一个难题。目前，他们采用了和地方政府合作，与地方政府创办产业基金的模式，在各地创建薄膜电池发电厂，把技术和资本、土地、地方政府绑在一起，共同探索这个尚未解决成本、尚未创造正流量现金的项目，我为他们捏一把汗。

同样在能源领域，这几年有一家企业异军突起，仿佛一夜之间就成了世界500强。这家企业在国际能源领域频频出手，声名鹊起，它就是中国华信集团。

也许很多人不明白华信集团的商业模式，但是我从不多的了解中至少大体明白，他们是借助中国巨大的能源需求，通过石油天然气的交易产生巨大现金流，用足了现金流产生的资金和信用，实施并购、投资交易，把现金流当资本，获得巨大发展商机，从而成为世界500强的。这样的商业模式不具有可复制性，但是说明一个问题：有巨大现金流的前提下，只要科学运营，巧妙运用，虽然现金流产生的利润不一定高，但用活了流量，照样可以形成很强的投资能力和盈利能力。

传统企业的盈利模式经常很容易理解，也很容易设计。不管是生产制造还是服务贸易，最基本的盈利原理就是提供产品、获得收益。盈利模式不单要考虑盈利的财务模型和进行创业的财务分析，任何静态的模型和分析都是常量，实际创业过程中价格是变动的，成本也是经常变化的，这两个因素是决定企业盈利最基本的数字。但是，市场价格总是千变万化的，在分析创业行为的时候，一定要按照最低价格和可以想到的最高产品成本进行计算。这就是MBA教科书通常所说的敏感性财务模型分析。

除了价格和成本之外，还一定要安排好经营性现金流。不论你有多高的投资收益、产品价格差，是不是市场独角兽，现金流的保障是所有盈利模式的根本。现金的流出和流入都要有精心的财务把关。发达国家很多企业破产并不是因为企业产品、技术、市场出了问题，而是现金跟不上，不能有效偿还债权人的债务，尤其是一些刚性兑付的有息债务，一旦支付不了，企业就要宣布破产。所以发达国家很多企业不是因为亏损、不是因为不赚钱，而是因为现金流跟不上，盈利模式出了问题而破产。

新时代很多创业者是新经济创业者。新经济最大的不确定就是财务的不确定。很多创业者一创业就告诉大家需要烧掉多少钱，但烧了钱之后能不能实现盈利，或者现金流如何平衡，他并不清楚。

VR（Vitual Reality）不能不说是这个时代最新的创业业态之一。VR被称为虚拟现实，是通过计算机技术创造的虚拟的3D现实，通过特殊制造的VR镜，让人沉浸在虚拟场景之中。这个业态包括VR内容的IP制作、VR镜的生产两个主要研发和制造环节，这两个环节能否赚钱，主要是看IP的创意水平和VR镜体验场景的效果。一时间，各大购物中心到处开满了VR体验店，好不热闹。媒体也推波助澜，以为VR发展的春天来了，风口到了。但没有坚持几个月，VR终端店很快就销声匿迹。有的公司用VR开发了看房软件，直接通过互联网和移动互联网作为终端呈现出来；有的公司开发了VR超市，企图通过虚拟超市让消费者在网上购物更加方便。不管哪个环节，必须有稳定持续并具有一定规模的终端客户才可能盈利。但是，每一个终端客户都需要有很好的产品体验，达不到体验效果，客户的新鲜感过去之后，项目的持续性就消失了。终端不赚钱，IP软件开发就不会赚钱，设备生产也没法赚钱。体验效果达不到预期是很多原因造成的，可能是基础运营商提供的网络速度不够，可能是芯片密度不够，可能是IP还没有达到要求，也有可能是VR镜的体验效果还不行。那么VR这个行业到底是不是可以作为创业者的创业选择呢？答案是肯定的。但关键是VR的市场应用和需求到底有多大，还有哪些应用空间可以开发出来，这是一个渐进的过程。但是如果忽略市场的容量和开发速度，大量的创业行为拥挤在狭小的市场空间里，很多创业者就会因为找不到盈利空间而死在艰难的创业路上。

新媒体行业爆发后，各种媒体形式不断出现。网络直播这样的新媒体商业模式应运而生。它相当于无数个小型电视台从互联网和移动互联网领域生长出来。没有互联网的时代，电视台基本就是印钞机，互联网和移动互联网视频普及之后，网络剧作为一个剧种流行了，而更加流行的就是网络直播这个业态。网络直播投资非常简单，一套小小的摄像设备就可以，没有导演，也不需要制作，成本低廉。但是能不能成为一个持续的网红，聚集多少个粉丝给你创造点击量、和你形成互动，就要看持续的能力。要么靠唱功、要么靠颜值、要么靠会说或者搞怪，但是盈利模式是很难把握的。虽然成本不高，但赚钱才是王道。

传统媒体和新媒体的商业模式也发生了巨大变化，传统媒体的信息传输是单向的，即便有交互，速度也很慢，且信息不对称。传统媒体的盈利模式要看这个媒体的受众数量，数量越多，媒体效应越大，价值就越高，广告价值就越大，企业赚钱也就越多，他们就有能力把内容做好，形成经营上的良性循环。互联网的出现，尤其是移动互联网的出现，打破了传统媒体的统治时代。双向、多向、不定向的去中心化多媒体生态的出现，开始分散传统媒体的价值。首先是传统纸质媒体市场被分解，然后是电视媒体收视率下降，以微信作为交互平台的移动多媒体把数字、图像、视频作为即时通信的内容载体，把整个世界的人都变成了低头一族，甚至连美国总统都成了通过社交媒体来发声的总统。媒体产业的生态完全改变了，商业模式也完全被颠覆，盈利模式同样随之而变化。过去媒体主要是通过广告来盈利，而如今的媒体几乎都要依靠直接经营才能生存。

盈利模式与公司价值

传统产业创业从投资到盈利的周期相对较短，创业成功很快就能盈利，一旦盈利，企业就容易估值；盈利了，现金流为正，融资就不是难题。这个阶段需要的资金已经不是为了生存，而是为了发展。

传统行业根据过去的财务报表和未来的盈利预测很容易去计算公司价值，和投资人不过就是对市盈率的倍数讨价还价，但是许多新兴产业的创业行为是没有办法根据市盈率来估值的，所以被称为市梦率。

游戏软件公司曾经是资本市场借壳上市的热门题材，传统的游戏产品主要靠互联网平台的规模，就像斗地主，谁都会开发这个游戏软件，但是互联网斗地主软件必须绑在大型社交平台上才有意义。游戏软件开发公司有时候凭一个产品打遍天下，但迅速把一个产品奠定的公司地位发展成为有价值的公司不能仅仅依靠一个产品。一旦公司不能持续开发出新的有市场价值的游戏软件，这个公司的价值很快就会掉下去。

杨雪茹是深圳一个充满激情的影视媒体公司创始人。转型做影视之前，她已经是一个成功的创业者，经营医疗美容业务。据她自己说，有一次在深圳听我演讲，听得有些迷糊，本来完全不相信我讲的投资融资和资本运营技巧，以为讲的都是忽悠人的东西，但旁边有人对她的怀疑有些不屑，告诉她能够听到这样的演讲已经很幸运。于是她想，什么时候有机会一定要请这样的人指导自己。

没有多久，她果然重新创业了，创办了专门从事儿童影视剧创作、拍摄以及儿童影视经纪的公司。拍了第一部儿童魔幻网络剧之后她成功了。这时候她来找我，希望得到我的指导，其实只是想印证一下自己的创业模式是不是符合资本市场要求的条件。她的作品成功之后，迅速得到了中科招商的认同，给她的公司做了A轮投资，有了这轮投资，她的业务做起来就风生水起了。虽然还没实现盈利，但是已经有投资人给她估值到1.5亿人民币。

杨雪茹的公司为什么能够值1.5亿呢？其实没有标准。同样，股票市场上每天都有股票价格涨跌，为什么值这么多钱？也没有一个衡量标准。同一家上市公司，十个分析师得出来的一定是十个价格。上市公司的定价标准都如此不确定，怎么能够要求创业公司有什么定价标准呢？

盈利模式和公司价值是有关系的，但是很难根据盈利模式和盈利阶段来确定公司价值。一定不能说已经赚钱、已经有了充足现金流的公司就能估出很高的值，而没有开始盈利或者没有产生现金流的公司估值就不高。

前面提过的万库标杆公司创业20年还没有盈利，但是估值却很高，重庆市政府和万库标杆签署的投资意向书，投资100亿只占到公司15%的股份。我认为万库标杆值这个价，因为它是典型的劳动密集型的人工智能公司。他们要把963个行业数据按照语义关联的方式来挖掘，这是巨大的工作量，同时他们用了自己的算法做到了人工智能水平，是高科技，没有多年的日积月累真做不出来。虽然盈利模式还不清晰，但是不应怀疑这个公司的价值。

现在又一个新的、具有巨大行业价值的产业生态来了，那就是区块链。很多人听到区块链之后，觉得跟不上时代，感到恐慌。其实没有什么好恐慌的，就像当年互联网时代来临的时候，搜狐的张朝阳是神一级的人物一样，媒体报道他的老师尼葛洛庞帝的神圣以及张朝阳彰显的个性，无不让人顶礼膜拜，以至于张朝阳后来被移动互联网赶下神坛之后，很难承受这种失落，出现心理危机，一度消失在公众的视线中。大家很怕被互联网淘汰，但今天看过去，新浪也好，搜狐也好，网易也好，只不过是一个用互联网作为工具的媒体而已。区块链也是一样，没有多少神秘的东西，一定不要将其神秘化。

区块链在我看来，就是利用互联网技术把一些板块的若干个数据终端加密，形成一套协议关系和去中心的共享关系，是一种互联网民主的信用机制。它在各个不同的区块构建不同的生态和场景，给大家创造各种机会。对外行来说，用不着去搞清楚区块链的底层技术，只要掌握怎么应用就行了。区块链的形成，又是一个应用平台和应用生态，区块链的应用模式和盈利模式目前还不太清楚，这时盲目投资一些区块链公司，风险是很大的。从创业的角度来说，如果不是计算机和通信专业的人士，也不要急着在区块链这个领域创业。但区块链为什么火爆得这么快呢？关键是有数字货币。创建一个区块链就要创建一个信用体系，这个信用体系的支付媒介就是数字货币，有数字货币就会有发行、支付、交易。比特币已经成为一种规模巨大的数字货币，部分投资者通过投资比特币获得了不可思议的暴利，于是，投机带来的财富效应成为诱因，吸引很多人涌进自己完全不熟悉的区块链和数字货币圈子。

最近我在推动的一个创业项目，本来不是我们的业务范围，但是因为对方在国际市场很有优势，而且他们的盈利模式在国外具有更大的价值，所以我们决定参与。这个公司是成都电子科大一个长期从事新型信息化研发的团队在该院年轻教授秦开宇的带领下创办的，公司主要提供无线专网综合解决方案，基于中国电信、中国联通和中国网通的光纤骨干网之外，根据客户需求创建无线自组网，项目主要应用于军工、远洋交通、边防、反恐等特殊场景。如果仅仅用在军工这些特殊领域，市场还是有些局限，公司价值也不会太高。但是，他们在海外市场发现，国外的通信市场主要是民营企业做的。同时，由于资本主义国家的土地是私有化的，铺设光纤的范围和覆盖面积要受到私有土地的阻碍，发展业务也会受到私人资本的局限，很多人口密度不够的地方，投资成本过高。尤其是印尼、菲律宾这些沿海和岛屿国家，因需要大量铺设海底光缆，所以会出现很多信息盲区。秦开宇等人创建的中星天通公司可以和当地电信运营商结合，设计符合当地市场需求的无线自组网综合解决方案。这个项目还符合中国倡导的"一带一路"战略，有利于中国和"一带一路"沿线国家的互联互通，会得到国家层面的大力支持。市场空间的拓展，带来了盈利模式的变化和盈利能力的提高，项目的公司价值也会随之提高。

盈利模式和商业模式的冲突与融合

商业模式和盈利模式很像鸡和蛋的关系，到底是先有盈利模式还是先有商业模式，很难分清。有时候是先有盈利模式，才设计商业模式，也有的时候是先有商业模式，再设计盈利模式。创业过程中设计的商业模式有时候得不到盈利模式的支持，需要调整商业模式；有时候商业模式无法进行调整，那就要调整盈利模式。

"互联网+"是指互联网和移动互联网在发展过程中与传统产业的融合。通过融合，传统产业改变了商业模式，同时也改变了盈利模式，不仅让互联网产生出强大的适应性和生命力，还给传统产业带来了新生。

淘宝网是一个通过互联网改变传统产业生态的颠覆者，阿里巴巴、京东成为这个时代的领袖企业。它们改变了传统产业的产品营销模式和服务模式，只提供虚拟的电子商务平台和结算，就像开了一个巨大的无形商场。生产厂家可以在网上开店自营销售，完全不生产制造商品的经营者也可以在网上开店经营和自己毫无关系的产品。阿里巴巴提供的交易平台把商品生产者和创业者的群体利益捆绑在一起，开创了小型经营者和生产者的孵化模式，传统产业的生产方式、贸易方式以及盈利模式都被颠覆。

阿里巴巴、京东商城这样的颠覆给传统线下商业模式带来了巨大冲击，大量的商品买卖上线之后，线下逛商场的客流减少了。购物中心的商业模式受到了巨大挑战。目前中国最大的购物中心都在万达集团手里，万达集团也是从传统的住宅开发商不断进化，发展成为中国最大的城市综合体经营商。在万达集团城市综合体最鼎盛的时候，互联网给万达制造了最大的业态冲击，好不容易形成的购物中心业态客流量大幅度下降，传统的一楼化妆品、二楼三楼男女时装、四楼五楼家居、文化体育的业态分布完全被打乱，万达只有千方百计把互联网提供不了的体验式消费导入购物中心，各种餐饮、酒吧、咖啡、茶馆、儿童亲子乐园、教育培训等业态成为购物中心新的商业模式。

以美团网为代表的"互联网+"也是一种典型的商业模式和盈利模式的变

革。美团网不开餐馆，却成为最大的餐饮互联网企业。创始人王兴经历几次不成功的创业之后，创办了美团网。它创业之初是模仿美国的一个商业模式，通过互联网的社交功能提供网约就餐打折服务，给白领们省了不少钱。国内很多创业者跟风模仿之后，这个模式就成为一片红海，恶性竞争导致大多数创业者消亡。王兴即时调整商业模式，在移动互联网快速发展之际，开展线上订餐、线下送餐的服务，推动了餐饮外卖的发展，既方便了就餐者，也给餐厅延展了物理空间，还创造了送外卖的就业机会。而互联网企业没有涉足餐饮企业自身的任意一个环节，却找到了自己的生存土壤。传统餐饮业不仅通过互联网改变了商业模式，也改变了盈利模式，这就是互联网企业典型的"羊毛出在猪身上"。

重庆力帆集团的副董事长陈卫是我的老朋友，加入力帆之前，他是一个多学科技术专家。20世纪80年代他从重庆到美国留学，毕业之后进了美国的哈勃望远镜公司，之后又去了摩托罗拉，是一位掌握了很多核心技术的科研人才，后来他几经周折回到国内，把TD-CDMA的核心技术带回中国，创办了信威通信公司。退出信威之后，陈卫在多个地方创办科研实验室，研究多项通信、新能源技术项目，后来连人带技术装进了重庆力帆。

陈卫希望用新技术颠覆传统汽车的商业模式。传统汽车和新能源汽车在商业模式上没有什么区别，无论是中国的比亚迪电动车还是马斯克的特斯拉。陈卫要带进力帆的包括新能源汽车、汽车电池技术、电机和电控技术。他希望这些技术不仅带来新能源汽车这个新的产品方向，还能带来商业模式和盈利模式的变革。重庆力帆作为汽车研发生产制造者，设计了一款电动汽车叫Panda（熊猫），但不是卖车，那么车卖给谁呢？他们创办了一家汽车租赁公司，通过融资租赁来买车，车就卖掉了。但是车没有到消费者手上，而是由运营公司通过互联网来创建一个车联网服务平台，让电动汽车成为一个移动终端，就像共享单车一样分布在城市的各个地方，消费者随时可以通过手机扫码，打开车门驾驶汽车，然后通过移动支付完成整个商业模式和盈利模式的闭环。这个商业模式听起来非常诱人，汽车厂商把新技术、金融和互联网整合到一起，会大大降低制造库存，根据需求造车的同时由租赁公司提前支付造车成本，提高汽车生产者的效率，用商业模式开创一个汽车产业的蓝海，但是由于业务流程很长，节点很多，财务规划需要非常周密。最终还要取决于用户的体验。为什么项目几年后没有大规模发展起来？我相信在商业模式和盈利模式之间需要反反复复的磨合试验才会达到理想的效果。总地来说，这个商业模式和盈利模式就是未来汽车的发展方向。

所以，商业模式和盈利模式是互为依存的关系，经常发生冲突，但又必须通过调整才能达到融合，不是调整商业模式，就是调整盈利模式，这需要创业者、经营者具备敏锐快速反应的能力，他们在不断变革商业模式和盈利模式的同时，其实是不断在变革自己。

第四章

创业成败英雄论

成者王侯败者寇，这个世界从来都是以成败论英雄。

我们经常希望他造一种价值观来激励创业、创造和创新者，提出"不以成败论英雄"，但这仅仅是一种自我安慰或者对失败者的安慰。

不可否认，这个世界是激励赢家的。我们经常因为功利、虚荣而输不起，不能给勇敢的输家以激励和赞美。非常矛盾，也许这就是世界的美感。

我赞美成功的英雄，唾弃成功者的傲慢和自负；我激励勇敢的失败者，但也反对失败者的鲁莽和无知。

创业的成功和失败从来就没有一个特定的标准，本来就是相对的。一个项目或者一次创业的成功就是成功吗？一个项目或者一次创业的失败就是失败吗？成功和失败都是不同的人生体验而已。成功获得荣耀，失败同样需要获得尊重。张朝阳曾经是创业成功的英雄和楷模，但是后来事业起伏，郁郁不得志；陈天桥曾经也是成功创业的娇子，后来同样多年找不到快乐。

成功者有成功的道理，失败者也有失败的缘由。

除了价值观，成功和失败确实永远值得探索和总结。

创业英雄和打工皇帝

创业和打工（职业经理）也是一个永远的话题。传统价值观有"宁做鸡头不做凤尾"的说法，鼓励创业行为，一代一代人因此而纠结。

所谓创业是指自己做创业者，做创始人，当老板，差一点的也要当合伙人或者联合创始人。新时代的名头更多，联席合伙人、联席创始人、创始合伙人等。当创始人也好，合伙人也好，不外乎很多外部力量和环境的驱使。

我是从计划经济年代走过来的，在我们那个年代，有一份工作已经很满足，从小就可以规划自己的人生，"长大——结婚——生孩子——退休"。最高的职业期许就是成为八级工，一个完整的生命历程在那个时代就是这么简单、朴素的要求。

改革开放后，市场经济出现，才有了创业，有了老板，有了个人愿景和人生规划。摆脱束缚的中国人也许太需要和渴望自由，不管是出于主动还是被动，创业者渐渐成为一个群体，成功的创业者成为楷模、成为时尚、成为媒体追逐的热点。

尤其是到了新世纪初，互联网时代的到来改变了财富积累的传统模式，传统产业不管是生产制造，还是零售贸易或建筑工程，都需要经历10年、20年的积累和激烈的竞争，才能成为成功的创业英雄和企业家。但在互联网和高科技时代，几年前还默默无闻的人，突然之间就成了创业英雄，财富积累的速度和模式都被改变，于是更多的创业者加入创业的洪流。看到比尔·盖茨哈佛大学没有毕业就退学创业，中国也有不少大学生进行简单的模仿，故意调皮捣蛋，成为不好好读书的创业者。很多硅谷创业故事传到中国后，大学周边的地下室、地库和车库也成为中国创业者的栖身之地，他们幻想着成为中国的比尔·盖茨、中国的扎克伯格。但很多中国创业者更多是受到美国创业梦的故事感染而追随不一样的创业过程，绝没有好好思考自己是不是客观而理性的创业者。

更为糟糕的是，中国开始缺乏敬业的打工者。不少人打工的目的是为了创业，把工作当成是创业的跳板。有的人打工一段时间就辞职创业，创业失败了又回来打工，再次失败再次回来打工，然后再次创业。生命不息，打工不止；打工乏味，创业不止。

我当年下海的时候，完全是被动下海，是因为体制的转换，受不了计划经济体制下国有企业的僵化和对生命的消磨，也感受到了来自开放市场的魅力。我下海到海南，也从没有想过自己创业，即使和老板一起像创业者一样，把企业做到了一定的规模，自己也还是打工者的心态。我自认为最羡慕的就是那个时代的打工皇帝——美国的亚科卡。我在和国外合作的过程中，发现马来西亚一家著名企业有个执行董事的角色，担任这个角色的林先生曾经在投资银行工作，后来被马来西亚这家著名的家族企业聘请担任执行董事，担负着这个集团的主要经营职责，尤其是资本经营方面的事务。我觉得这个角色是我最理想的角色，一方面可以发挥自己的特长，勤奋努力地工作，一方面不过多地承受这个企业中不熟悉的事务和责任、压力。包括后来在德隆系，我也非常希望在唐万新的领导下创造一个世界级金融混业平台，而从来没有想过自己去创业。失去德隆，我自己也同样没有想做创业者，去自己实践一番梦想，只是太难找到心目中理想的金融平台而已。

我的故事说明什么呢？我只是想说明，不论是创业还是打工，每个人最重要的是清楚自己的定位。

如果适合创业而没有成为创业英雄或者成功的创业者，那是一种不幸；同样，一个不适合创业的人非要在创业的历程中跌跌撞撞，碰得头破血流，那也同样是不幸。

不论是创业成功，成为创业英雄，还是打工成功，成为打工皇帝，每个人最重要的是如何成为最正确的自己、最成功的自己。这个成功是你自己定义的成功，而不是社会给你的成功的帽子。

今天的我已经可以非常精确地定位自己。我不适合创业，不能成为创业英雄，也不是老板的合适人选，但对于打工来说，我早已过了打工的时段，无论在哪里，我至少都要做一个合伙人。但关键是我已经不是一个简简单单的商业定义者，我更像是一个游离在商人和学者之间的机会创造者和价值发现者，希望把这些价值和机会贡献给国家、社会和他人。正如那句"计利应计天下利，求名应求万世名"，我自己所要得到的，无需太计较。但是，我过去是这样的吗？如果说是，一定是谎言。我绝不是很早就定义、定位了我的今天，也就是说，人对于自己的定位和定义是一个很困难的过程。当我走过这么丰富的生命历程后，我常常想，为什么没有一种方法可以让我少走这些弯路呢？

在此，我以我的生命历程和感悟告诉大家，人应该尽早研究自己，清晰地给自己的人生定义和定位。只有这样，你才不会永远都在纠结当创业英雄还是当打工皇帝。当然，人生的规划有很多种，也绝不仅仅是打工皇帝和创业英雄这么简单。人生只有过程，没有结果，生命的终点也不是你的终点，不要为目的规划一生，而应该精确地规划自己的生命历程。

我们这一代人最遗憾的是人生太多偶然，命运完全不在自己的掌控之中。我的改变是在上初中的时候，如果不是因为遇见一个欣赏我写作的老师，我可能就和其他同学一样，稀里糊涂地混过中学时代。如果没有不断进取的精神和好奇心，我也不会有太多的学习机会和工作机会。我最大的可能就是和几乎所有同龄的同学一样，即将进入退休生活，打麻将、打太极拳、钓鱼、做饭、带孙子，目前所有的生命体验也许都不属于我，今天的一切都不是过去规划来的。

最近我去纽约拜访美国史带金融控股集团总裁钮小鹏的时候，谈到中途，他说有个临时的会议要离开一下。后来我才知道，他离开的十来分钟是去见史带金融集团董事长，已经92岁高龄的格林伯格。他们告诉我，格林伯格先生每天都来办公室上班，目前不仅是董事长，还是集团总裁，负责整个集团的经营活动。他是一位传奇的金融家，19岁参军上战场，参加过诺曼底登陆，从死人堆里爬出来。战争结束后他去读书，又参加了朝鲜战争，退役后进入保险公司，后来成为全球最大的保险公司美国国际集团（AIG）的总裁，由于它创办于中国，格林伯格对中国极其友好，经常来往于中美。他创立史带金融集团后，他的高管里有不少中国人。钮小鹏这样的金融才子如果是在美国其他金融机构里，很难获得现在的地位。格林伯格先生的工作状态深深地打动了我——这是多么美好的一生，为什么不可以像格老一样生命不息、工作不止呢？如果以他的年龄为标准，我还可以工作30年。过去为金融工作了27年，已经做了那么多事情，再做30年，不是还可以做更多吗？

前不久我看到一个视频，是范增、杨振宁和莫言的对话。我非常同意杨振宁先生的一个观点：作为父母，如果能早一点发现你的孩子有某一个方面的特长，就应该注重这个方面的培养。想想我自己，如果早年父母能够发现我身上的潜质，做一些培养，也许我会走一条更适合自己的道路。但是那个年代，我的母亲早故，父亲贫穷而忙于生计，哪里还有机会和心境管我。

所以今天这个年代，个人的成长已经不是你一个人的事情了，到了自己应该创业还是打工时再来选择，已经为时晚矣。

给正在纠结于创业还是打工的选择的朋友建议的同时，我把建议更多地送给父母。孩子们没来得及做的选择往往不是依靠他们自己，而是父母给他们创造了什么样的人生起点。

互联网时代，创业和打工已经不是非此即彼，创业不一定非要成为英雄，也不一定都要把富豪榜当成自己的目标。同样，打工也不一定非要成为CEO，职业经理人有很多种岗位选择，很多职业经理人的行业、专业和职位都极具挑战性和职业魅力。由于互联网是扁平化的行业生态，一个业态和太多的跨界资源关联，很难用行政上的上下级以及谁向谁汇报来达到工作和业务流程的流畅，所以更多的是各种层次和各种关系的合伙角色。

何为创业成功

对于什么是创业成功，也许有很多理解。马云是创业成功的典范，几乎没有人怀疑；比尔·盖茨、扎克伯格、刘强东、李彦宏、马化腾、王健林、马斯克、柳传志都是创业成功者，也毋庸质疑，但如果仅仅把他们理解为创业成功者，未免太窄。

创业成功者首先不是依靠家族传承的财富，而是靠自己白手起家，有清晰的创业思路而获得成功的创业者；创业成功者也不仅仅是业界翘楚和行业英雄、企业冠军。凡是从零开始，以各种方式创业的，不管是独自创业还是合伙创业，以及最终是不是创业英雄，只要获得财务自由，不一定非得要成为上市公司老板，都算是成功的创业者。甚至我认为在投资公司、会计师事务所、律师事务所、咨询公司这些机构，从小分析员开始逐渐做到合伙人职位，可以不完全依靠工资作为收益的，都可以理解为创业成功者。

尤其在今天，不管是工艺品创作、小商铺、简单加工、开网店、做冰糖葫芦、摆摊卖麻辣烫，只要是通过自己注册的公司或个体经营者，持续经营一段时间，完成自己的财富积累、实现财务自由，都可以理解为成功的创业者。

到底什么是成功的创业者，很难精确界定。比如某个大型互联网平台创业还没有盈利，但几次实现融资，公司市值数亿元，而创始人在公司还没有成功上市，没有实现盈利，没有获得正的现金流的时候，全部或者部分变现自己的股份，实现了自己的财务自由，但最终公司创业不成功，那么这个创业者是成功者还是失败者？互联网时代，这种状况比比皆是。虽然他们自己挣了钱，但我不认为这是成功的创业者。同样，也有很多创业者总是在不断创业，不断编制创业故事，但不是依靠自己定义的IP或自己的技术，创办了多个企业，最终一个也没有成为持续经营的企业，即使创业者自己多次获得各种利益，工资也好，股权出售变现也好，也成了高净值人群，我也不把这类富人当成创业成功人士。

所以在我的定义里，对于创业获得巨大成功的著名人士，我认可他们是成功的创业者；对于兢兢业业地从事很小的创业行为，充满正能量，哪怕是捡垃圾，也捡出了名堂，捡得心安理得、一身正气的，我也尊他为成功的创业者。

不论你的投资来自自己还是来自他人，你所设计的创业行为从投资经营开始，商业模式清晰，盈利模式可以成立，收入和现金流相对稳定，能获得持续的净利润，就可以称之为创业成功。这分几种情况：有的创业成功周期很短，在创业当年获得成功的不在少数；有的没有获得什么投资就能成功；有的获得巨大投资，烧了很多钱也没有获得最后的成功。

不管是小型创业行为还是大型创业行为，创业成功与否都很重要，一定要学会把握创业成功的投入规模和创业时间的关系。万库标杆这个大数据平台就是我所看到的创业20年还在存续、但还没有获得创业成功的企业。我在欣赏创业者坚韧的创业精神的同时，也对创业者难以把握创业成功的时机感到很困惑。

从硅谷回来的创业者尹志尧博士是我非常欣赏的创业者。他辞职离开美国硅谷著名的半导体设备制造商美国应用材料公司回到中国，是不能把公司的技术带走的，尽管他是应用材料公司全球副总裁，但一旦处理不好，就会有侵犯知识产权的风险。2004年回国之后，他创办的中微半导体设备有限公司也是历经十多年的艰苦研发，才成功研制出半导体刻蚀机，也许直到最近中国需要大力发展芯片制造，他的公司才可能走出亏损局面，成为成功的创业企业，因为这个行业具有很高的技术门槛和投资密集型要求。

我认识尹志尧博士的时候，中国的半导体行业正处于低谷。过去中国在半导体行业的投资不能说晚，也不能说投资不够，但是国家对于半导体行业和技术理解得不到位，没有跟上这个行业的发展步伐，导致整个行业陷入了被动。早在2011年，尹志尧博士告诉我，中国每年进口的芯片总额已经超过进口石油和钢铁的总和，中国在这个行业的地位非常被动。他和业内几位创业者写信给当时的中央领导，建议把半导体行业纳入国家战略，每年投资1000亿人民币来发展这个行业。虽然后来国家设立了1000亿元的集成电路基金，但是今天，当中兴通信面对美国商务部制裁的时候，这个中国最大的通信设备制造商还是因为中国造不出高水平芯片而面临破产倒闭的危险。尹志尧如今也70多岁了，还在兢兢业业地为了中国的半导体事业努力奋斗着，即使他的企业最终没有成为中国半导体设备的成功企业，我也认为他是最成功的创业者。

创业行为中，伟大的理想固然重要，但是什么时候获得创业成功比伟大的创业理想重要很多。

当然，创业成功只是创业的开始，不等于企业的成功。创业的目的是为了做一个成功的企业，而不是仅仅做一个企业的创业。创业的成功只是创业的一个阶段而已，对于一个成功的企业，创业成功仅仅是一个开始。有的人以为创业成功就是企业的成功，在创业成功之后忽略了一个成功企业所需要的综合要素，最后由于这些综合要素的缺失导致企业最终走向失败。所以中国也有很多企业创业者擅长创业，但不擅长持续经营企业。

贾跃亭绝对是一个创业高手，但是至少目前还没有证明他是一个成功的企业家。我们不去研究他在创办乐视网之前做过什么创业，但自从创办乐视之后，他就一直不停地创办各种企业。即使到了整个乐视生态全面崩盘，他也没有想办法去拯救、去反省、去解决乐视的一大堆遗留问题，而是继续FF这个新企业的创建。

在我的印象里，褚时健一生就创办了一个企业，红塔集团虽是国有企业，但他把一个国有企业经营到了中国第一的高度，是百分之百的成功企业家。出狱后，褚时健创办的褚橙和他之前的专业和资源没有任何关系，他彻底摆脱了烟草这个让他寒心的行业，从头开始，一举成功，让褚橙成为著名水果的品牌。褚时健从创业家到企业者的转换极其自然。

所以我发现，短期创业成功者要从创业的成功达到企业的成功，经常比较困难，而创业周期比较长的，一旦创业成功之后反而容易成为成功的企业。

如果从学术上定义，我们通常把企业分为三个阶段：第一个阶段是创业阶段，第二个阶段是持续成长阶段，第三个阶段是成熟发展阶段。很难严格区分，但还是有大致的定义。

对这三个阶段有很清晰的理解，非常有利于企业经营者理解自己创办的企业，也有利于投资者和其他关联伙伴的合作。处于创业阶段的企业，至少还在创业期，还像一个没有成熟的孩子，企业的生命还非常脆弱，抵抗风险的能力还很低；产品、市场、客户、资产、财务、管理、团队和文化很多方面都还没有稳定下来，市场的品牌认知度也不高。所以，定义什么是创业成功还是有很多要点或者指标的。

创业者一定要及时把握企业的发展成长阶段。各阶段的经营方法不同，创业阶段和成长阶段有一个分界线。认识理解创业阶段和成长阶段对于创业者来说非常重要。产品和服务还没有稳定下来、没有形成稳定的现金流的企业仍处在创业阶段，不管估值多高，不管账面有多少现金，不管是不是已经上市，也不管企业的技术是不是全世界最好的技术，以及是不是独角兽。只有当客户稳定了，市场稳定了，渠道稳定了，企业现金流稳定了，企业才能被称为度过了创业期。要是经营到一定阶段，企业总是进入不了成长阶段、可持续经营阶段，如果这个公司还有价值的话，建议尽快卖掉公司。如果耗到最后还是不能进入良性循环，最后再也不能获得投资，就会给投资人带来巨大的损失，也会给创业者的声誉带来巨大损失。而一旦创业进入持续成长阶段，结束创业阶段的企业一定要尽快弥补短板，找到公司经营中的缺陷和不足，而不是继续开疆拓土，必须进行稳健经营。

如何定义创业失败

所谓创业失败就是创业不能持续进行下去，公司要么关门，要么被重组，创业公司和创业者没有实际控制关系。但实际上创业失败的定义也不是这么简单。也许，创业失败的结果在创业行为还没有开始时就已经注定了。如果我们可以事先预见这种可能失败的结果，是不是可以放弃创业，避免这种损失呢？

创业行为有两种结果，一种是创业成功，走上持续发展的轨道，最终成为持续、健康发展的公司；一种是创业不成功，要么关门，终止创业行为，要么被并购重组，创始人在重组并购之后完全没有关系或者没有控制、经营关系。每个人创业的初衷都是好的，都希望创业成功，但是为什么创业成功率不高，或者说失败率很高呢？其实是因为我们没有把创业想得更清楚。

创业的失败也需要辩证地看。有的创业行为虽然成功了，可以持续下去，可以创造价值，带来利益、造福社会，但只是平凡的创业成功，是只能从生存意义上来定义的成功。创业失败也需要从生存意义和失败意义两个方面来理解和定义。有的创业行为，从生存意义上来理解失败了，甚至不可挽救了，但是这个创业行为带来了很多有创新意义的内容。也许这个创业者的创业行为本身是失败了，但是他给其他创业者带来了价值，这个创业行为也可以理解为有价值的失败的创业。

所以创业的失败不一定都是不可取的，可以从失败中去寻找创业行为的价值。尤其在技术创业领域，通过一个创业行为，把技术的知识产权变成一个应用、一个产品、一个商品，有时候要经历很多失败。如果因为失败就不认可创业的价值，很多技术和知识产权就难以成为我们的产业成果。

　　创业失败也是有阶段性的，这一次的创业失败也许是由于资金链断裂，创业行为还没有达到产生持续现金流的要求，如果找到了后续投资，这个创业也许就成功了；但是同样有多次资金注入还是没有成功，仍然没有摆脱失败命运的情况。同样是做新能源汽车，大部分创业者都失败了，为什么有的又能成功呢？世界上每一个成功的创业都有很多不成功甚至是失败的创业作为陪衬，但是我们能够很理性地分析，早知道成功的是他而不是我，我为什么要选择创业失败呢？同样，那么多做电子商务的，为什么成功的是马云而不是其他人呢？

　　在定义什么是创业失败的时候，这的确是一个很难解答的题目。我相信从生存意义上来讲，失败的创业远远多过成功的创业，但是没有无数的失败，就没有幸运的成功。尤其是通过创意来产生的创业和通过科研成果产生的创业，失败率会更高。

　　我给大家的建议是，更多地研究失败的原因，而不是轻易下判断和否定，甚至诋毁创业行为。根据创意、创新、创造来创业的时候，由于前面没有可以借鉴和模仿的对象，你走的是一条没有前人走过的路，也不知道哪里是荆棘，哪里有陷阱。只有在路途中不断探索、不断经历挫折，才有可能通向成功的彼岸。所有伟大的创业成功者都是在成功之后才知道的，路途中同样经历了无数次失败的考验，只是没有放弃。甚至很多的成功都是在走完了失败者的不成功经历之后获得的。同样，很多成功的创业行为也是拾起前人失败的成果才走向成功的。无数的创业失败是伟大成功的先驱，是成功的铺路石，也是成功的必经之路和阶梯。

　　所以，在判定失败的时候，一定要研究这个失败可能给成功创业带来的价值。失败要么是创意的问题，要么是技术成果转换的问题，要么是创业者的问题以及各种各样的问题。不应去轻易裁定失败本身，而是将创业失败的行为所产生的积极有价值的成果，作为下一次成功创业的资本和方法。

　　对于创业者来说，不要太在意创业是不是成功，没有一个创业者在成功之前就知道自己一定会获得成功，太在意成功和失败不是创业者应有的心态。同样对于创业投资者来说，既然要做创业投资，就要做好投资失败的准备，即使失败也是从容地失败。尤其是对于很多创业周期长、创业失败率很高的项目来说，创业者和投资者都要有这种心理准备。以医药行业为例，不管是化学药还是生物制药，原创药的研发周期很长，投资很大，失败率也很高，从前期的化学分子式到药理分析，再到成药小试、中试，还有一次又一次临床试验。很多投资都是失败的，但是人类医药事业的发展就是这样被推动的。如果没有这样的科学精神、科学态度和创业激情，就不会有生命的延长。在华盛顿考察的时候，一位华裔生物制药创业者告诉我，他掌握的生物制药技术是世界领先的前沿应用技术成果。但是为什么不愿意回到国内去创业呢？他认为中国创业投资机制和环境很难支持他这个阶段的创业项目，找不到可以在这个阶段投资的创业投资基金，而在美国，你的项目只要符合投资者和投资机制所要求的条件和标准，就可以顺利找到投资人。即使失败，他们都有对失败的容忍度，而不会出现中国投资机构或者中国证监会门口经常出现的"讨债标语"。

创业失败的因素

除了正确理解创业失败之外，对于每一个失败的创业行为都应该去反思究竟是什么导致失败。正如前面一节描述的那样，我们需要辩证地看待失败，也需要客观地分析创业失败的原因。

我所说的理解失败主要是从一次创业行为失败来理解的失败，不包括通过多次创业行为后获得一个项目的创业成功。

创业失败的因素非常多，难以一一列举。其中，既有创业项目本身的，也有创业者自身的；既有创业时机没有把握好的，也有创业过程中外部环境发生变化的。我想从几个比较特别的角度来解读不容易被关注的因素。

第一，创业者的性格和思维模式。

我觉得绝大多数创业失败源于创业者对自己的错误定位。你不适合创业，你不适合这个时候创业，你不适合做这个类型的创业，都是关键。所以我把创业者的定位，作为创业失败的首要因素。

马云有一句名言：梦想总是有的，万一实现了呢？这句话用在马云千辛万苦的创业历程上完全没有问题，但是它会给人一种误导，就是让人人都去做创业的梦。让梦想照进现实，首先是要区分什么是梦想，什么是现实。梦想是可能实现的现实，但是梦想也可能是永远无法实现的现实。我们需要怀揣梦想，仰望星空，更需要脚踏实地。

这些年，中国很多地方在推进"大众创业、万众创新"的过程中创建了由政府和金融机构、民营企业或产业园区、高等教育机构创办的各种各样的创业孵化器，这些孵化器通过提供政策、资金、不动产等优惠条件鼓励支持大家创业创新。但这些孵化器往往把孵化的重心放在项目和创业团队的背景和创业资本，以及什么时候上市这样一些热点要素上，对于创业者本身或者创业团队的核心成员是不是具备创业者的素质并没有太多的关注，这是中国整个创业生态里一个容易被忽略的环节。中央电视台和一些地方电视台也分别把严肃科学的创业行为娱乐化，找一些创业项目，让创业者在演播大厅做一些简短的路演，坐在上面的一些机构投资者提出问题之后，马上决定是不是投资，把一个非常复杂的投资行为如此简单地娱乐化，实际上很不利于创建健康的投融资生态。

很多人受各种原因的驱使，有了创业冲动，我觉得第一件事不应是去考虑这个创业项目怎样、创业资金从哪里来，或者马上开始梦想假如实现了怎么样，第一件事应该首先考虑自己是不是适合创业。

这个问题非常难以让人决策。很多创业失败不是项目问题，也不是市场或资金问题，而主要是创业者自身不适合。

创业者中有打工多年来创业的，也有各种科研人员创业的，也有直接从大学本科、研究生毕业就创业的，不管你属于哪个创业人群，都存在这个共同的问题，而创业者自己往往不会去考虑，也没有一个市场第三方机构来评估这个创业者或者创业团队适不适合创业。

这个特点在科研人员创业者中最普遍。我见过很多科研人员的创业过程，也见过不少专业领域的人创业，包括学者创业。这个群体创业最大的优势是他们有很好的专业、技术成果或者某方面的诀窍，但是最大的缺点是身上往往缺乏商业基因，缺乏如何赚钱的因子，缺乏做一个企业家的综合素质。由于中国过去40年的改革主要集中在经济领域，而教科文卫领域的产业化、市场化程度不高，且有很多争议，所以这些领域的创业者对于如何创业、如何成为一个成功的创业者也是缺乏系统知识和经验的。

创业者最重要的思维模式是怎么把产品卖出去把钱赚回来，但很多创业者总是沉迷于自己的发明、自己的技术以及自己的项目。

不久前，我的一个EMBA学员找到我，说他们做了一个世界上最先进的汽车智能防护系统项目，我觉得很好奇，提出一定要去看看。因为这是一个世界级难题，我知道上海的赛领资本协同高盛投资了以色列的一个汽车智能防护系统企业，后来估值150亿美元，在纳斯达克上市。这个项目是我的朋友做的，从投资到退出的很短时间内赚了很多钱。我去学员在北京的公司看后很吃惊：他们对汽车防护系统已经研发了30年之久，但却一直也没有赚到钱。说到以色列同类项目，他们告诉我很熟悉，认为以色列项目不如他们的项目有价值，以色列项目只有雷达系统和传感系统，而没有转化为紧急处置和制动环节。我的这位学员是这个公司的总裁，但实际发明人是她的先生。出于好奇，我提出一定要和她的先生见面才能判断这个项目的价值。很快我见到了这位学员的先生，我一方面询问这个项目的技术逻辑和学术原理，一方面观察发明人的性格特点和思维模式。我知道中国有不少的发明发烧友，没有多少学术和理论基础，完全是在实践中摸索。但和这个项目的发明人交流之后，我觉得他不是那种简单执着朴实的发明家，他讲了一大堆物理学原理，很有理论功底，也非常清楚全球在汽车智能防护系统领域的最新技术成果，在自信之中透着傲慢、执着、刚毅和乐观。我客观地讲到我对这类技术发明的理解和评价，他非常开心，认为我是真正理解他这类技术的知音，也立即表示要我做他们的高级顾问。我暂且不对这个项目做太多的评价，也不清楚他这个项目是不是真的按他说的一样至少领先世界五年以上，以及他提出的这个力学原理是不是没有被破解，但我在他身上发现了一个致命弱点，就是他具有太多发明家的色彩，少了和商业、市场、资本打交道的能力。这种特质容易和市场、资本产生天然的冲突，甚至葬送自己伟大的发明。同样以这位发明家为例，用在汽车上的这项技术早已到了产业化和市场化应用的阶段，公司最大的资金和技术能力的配置一定是要全力以赴做这项工作，但这位发明家却把很多精力放在技术研发上面，他们已经在开发未来的城市飞行器在飞行中的智能防撞系统。从研发的角度我绝对赞成，但是前面的技术应用尚未实现商业化，还没有实现正的现金流，而是沉迷于技术发明，从商业上来看是绝对不可取的。

在美国考察时，我见了不少华人和美国创业者，很多创业者同样是科学家、技术专家和职业发明家，但他们都有一个特点，就是都懂得怎么和投资人打交道，一问便知，多数在一定时期学习过工商管理。他们知道怎么把自己的科研成果转换成为创业项目，从而获得创业投资。但是在中国，不要说创业者，很多公司经营到一定规模的企业家也不懂得怎么把自己的项目用商业语言传达给投资者。

第二，创业行为不符合商业逻辑。

很多人在分析创业失败的因素时没有关注到这个问题，其实不少创业失败是因为不符合商业逻辑，这个说法听起来有些抽象。比如说新能源项目，不管是太阳能、风能，还是生物质能源、氢能源，项目商业计划书不能清晰说明降低成本的方法和时间、计划，而是直接把政府的补贴作为可以获得利益的关键。政府的补贴政策很清晰，但是补贴只是鼓励一个产业发展的前期策略，一旦市场成熟，补贴就会取消。如果依靠政府补贴作为创业的赚钱手段，这样的创业是不符合商业逻辑的。所以，中国在很多领域出现"骗补"现象，就是因为很多项目在创业的时候不具备创业条件，不符合商业逻辑。

我们经常看到的不符合创业商业逻辑的项目是用假想市场来推论商业逻辑，然后告诉投资人，只要资金进来了，未来三年就可以达到多少产量、实现多少销售收入。但是整个商业计划里，并没有分析潜在消费者或者潜在市场客户对产品或者市场的消费及购买意愿。所以，一项技术或者一个服务类型的创业计划，要争取先期投资，就一定要做到证明这个项目、这个技术下的产品或者服务已经有客户、已经有消费者，并且这些客户和消费者是经得起市场调查的。

第三，没有解决好创业项目和公司、团队、资本的关系。

创业行为不管处于什么阶段、什么产业领域，不管规模大小、不管是什么样的产品形态，都必须有团队、公司和资本。如果不把创业行为中的产品、团队、公司、资本很好地结合，创业就是不完整的，可能因为非产品、非技术的原因而导致创业失败；产品和团队之间一定要保证匹配度，不管是内部团队还是外部团队，产品设计、质量、工艺、技术、包装、品牌都需要完整的团队来打造。同样，企业的产品和服务所需要的公司要素也必须完整，公司的治理结构、组织结构都要满足对产品经营的需要。公司的资本要足够支撑公司的运营，创业的不同阶段对于资本的需求都要非常清晰，没有清楚的计划就不能进入创业阶段， 融资规模和公司分阶段对于资金的需求不匹配不仅会给创业带来困境，还会给后续融资带来困难。

第四，创业的商业模式不清晰。

前面已经讲过关于商业模式的内容，但是从分析创业失败的原因来看，商业模式的失败也是创业失败很普遍的因素。

商业模式不成立和不符合商业逻辑还不一样，如果商业逻辑不成立，什么样的商业模式都不会成立。商业逻辑是一个前提，只有商业逻辑成立，才有商业模式的成立。

当然，商业模式不清晰的原因很多，可以在创业之前和创业过程中不断修订，有的创业行为一直得不到发展，最后一修改商业模式，马上就成功了。还有的时候是由于市场环境经常变化，有的商业模式在设计的时候是按照当时的商业模式设计的，当公司获得投资开始运营的时候，外部环境发生了变化，原来设计的商业模式所面对的环境已经不存在了，这个时候的商业模式就必须变化。

比如，这几年中国农村投资创业成为热点，一是特色小镇，一是田园综合体，更是热点中的热点。特色小镇在创建的时候，主要是通过对城镇化的土地进行投资，找到适合创建小镇的区域和特色产业进行综合规划与投资建设；田园综合体主要是将农业用地按照农业产业的做法，从种植业的角度发掘投资机会进行投资。中央出台乡村振兴战略，对这两种投资创业行为会带来巨大的政策、规划、土地政策、要求上的大环境的变化，这两种投资创业行为如果能够和乡村振兴战略结合起来，商业模式就会发生很大的变化。

第五，盈利模式不合理。

这个环节也在前面提过，很多创业行为非常有价值，但就是没有找到赚钱盈利的方法，最后不得不失败。

盈利模式不合理有很多表现形式，有的是在设计的时候对于销售回款周期预期不足，产品卖出去资金回款周期太长，导致应收款占比太大，现金流不能支持创业成功；有的是对产品的市场有误判，乐观估计了市场容量和产品对市场份额的理解。

最近著名节目主持人孟非创办的"孟非的小面"连锁店倒闭也是有原因的。作为著名节目主持人，孟非非常具有人气，同时他也可以经常利用职务之便，免费为自己创办的重庆小面馆做一些广告。于是，他的小面馆生意一度非常火爆，当然会选择不失时机地到处开连锁店。但是，如果仅凭明星效应，卖那么高的价格，最后让消费者没有尝到口味对得起价格的小面，没有享受到优质的服务，消费者怎么会持续支持你的品牌呢？如果不及时采取措施来改善经营，光靠明星效应，这个盈利模式一定不会成立。

第六，市场判断错误。

很多创业行为对所提供的产品或者服务的市场没有清晰认识，不知道准确的市场在哪里。要么定位的产品市场并不存在，或者暂时还没有出现，要么对市场的层次感没有把握清楚，出现市场定位错误。

对于市场判断的错误也有很多种。有的创业产品太领先于当前的市场，市场需求还没有培育出来，产品提前进入市场，需要准备较大的市场培育资金；有的看见别人创业成功，采用产品模仿的方式进入市场，要么市场容量有限，要么新产品很难获得客户信任，最后不得不采取价格策略，导致产品低价倾销、打价格战，这是中国创业者最容易犯的错误之一。

第七，创业者的股权设计出了问题。

这是创业过程中的资本环节。资本环节主要有两个方面：一是资本的构成，就是资本是从哪里来；另一个是资本之间的关系，也就是股权结构。

这个环节常常是创业者最薄弱的环节，前文有介绍，但是这个环节正是创业行为中常导致失败的环节。

股权设计环节最容易犯的错误一是股东之间有矛盾、不和谐，出现分歧而影响创业；另一种是股东和创始人之间出现分歧，没有分清楚股东和经营者之间的权力大小和职责，导致股东和经营者发生冲突，从而影响公司创业。

第八，创业平台的治理结构和组织结构设计不合理。

互联网时代和传统产业时代最大的不同，也存在于治理结构和组织结构的变化中。由于传统工业时代更加注重资本的核心地位，整个企业的治理结构和组织结构都是以股权结构为核心来设计的。而新时代最大的变化是资本的地位让位于团队的地位。很多创新的技术、商业模式和盈利模式都是创业者组合成的，不是项目寻找资金，而是资本追逐创业机会，所以，治理结构和组织结构会发生很大变化。这些变化给传统治理结构和组织结构带来颠覆和挑战，这就意味着新的治理结构设计和组织结构设计成为管理学的新知识和经验，设计不好，就会导致创业失败。

第九，技术被淘汰。

很多创业者是依靠技术和知识产权作为核心竞争力而创业的，但是在创业过程中恰恰很多失败就是因为技术问题。这些创业行为太依赖技术在创业中的作用，所以一旦出现技术问题，创业的失败基本就很难避免。

技术被淘汰的原因很多很复杂。有的是因为赖以创业的技术很快被新技术取代；有的技术很好，但是根据这些技术提供的产品和服务市场太小或者价格太高，成本上无法支撑；也有很多技术本来就不具有先进性，产品和服务出来后和原有的计划差距很大。

第十，创业计划和实际脱节。

任何一项创业都是需要计划设计的，但是没有一项计划是和最后的结果完全吻合的。正常情况下，创业计划和创业结果出现一定的偏差可以理解和接受，但是很多创业失败是因为创业计划和结果脱节太大，以至于无法修复和弥补而导致创业失败。

当然，创业失败的原因非常多，文中也难以穷尽。总结这些失败的原因不是为了打击年轻创业者的创业热情，而是希望大家能够在决定创业的时候，多想想失败的可能以及应对失败的策略，而不会因为仓促莽撞地创业给所有参与者造成损失。

创业成功必备的素质和条件

想好了才开始创业，我认为是不现实的。"万事俱备，只欠东风"的创业几乎不存在，否则就不是创业。千万不要苛求创业者什么条件都具备才创业。

创业本身就充满了不确定，创业的魅力也就在于这种不确定给我们这个社会进步和探索的力量。任何一个伟大的创业者都是由很多不确定而获得成功的。

总结和分析成功创业者的成功要素和条件非常必要，至少会有利于准备创业的朋友认真思考和检查自己的创业条件和素质是否合格，也会避免不必要的损失。

第一，创业者定位。

有一本书叫《定位》，是美国两位营销学大师艾·里斯和杰克·特劳特的著名畅销书。这本书对营销战略的影响非常大。我在这里用这本书的名字来告诉年轻的创业者，希望你在做出创业决定之前，思考一下"定位"两个字。

这里说的定位特指创业者对自己的定位，你是一个合适的创业者吗？这个项目适合你创业吗？你适合在这个时候创业吗？

我的资本生涯快30年了，近30年来我经历并见过无数的老板。称他们为老板，是因为每一个老板都是由一个创业者走过来的（富二代接班的不算）。我下海经历的第一个老板范日旭说过一句话，让我印象极其深刻：老板是天生的。我非常赞同这个说法。所谓老板是天生的，其实是说，老板是由性格决定的。很多创业不成功的人之所以不成功，是因为他不是合适的创业者，不是合适的老板。

我通过过去多年的观察，觉得老范的观点是对的。你适不适合创业做老板，不需要一次次反反复复去试对试错，最好的方法是自己对自己进行创业定位评价，或者找有经验的人给你做创业评价。

顶级的老板一定包括这么几个性格特性：

——聪明，充满智慧；

——爱说，能言善辩；

——执着，注重结果；

——理性，思维严密；

——情商，让人舒服。

如果按照上述要求来描绘中国著名的企业家，几乎没有一个人可以达到这个标准，最多只是具备某些特性，能够同时具备这些特性的，近乎完美。

企业家一定是非常聪明的，但是企业家要求的不仅是聪明，还需要智慧。聪明不一定做得了企业家，但是企业家必须聪明。

企业家几乎都爱说，善于表达，包括谈判。爱说、会说并不是油腔滑调。尤其是企业做到一定规模的时候，你必须要把你的观点通过语言传达给和你企业相关的所有人。

聪明和智慧还必须表现在执着上，强调执行力，注重结果，所有事情必须完整地体现出逻辑链的初始和结束。有头有尾，充满计划性。

理性的表现指不是随着情绪来决定事务和对事件进行判断、决策。这不是学习来的，不论大事小事都在性格里被规范了，好像这些事情不是他自己决定的，而是他身体内部还有一个指挥他的人，无论外界发生什么，他都非常坚定。

有很多人情商很高，但用力过猛。情商高的人有时候是由长相决定的，这个长相和身高、胖瘦没有关系，而是由这个人身上透露出的每一个表情和肢体语言决定的。你和他在一起没有拘束感，每一分钟都很舒服。

以上五条看起来并不多，但是同时具备这些性格特质的人我一个也没有见过。也许和以上特质的重合度越高，成就可能越大，它们很难用优点或者缺点来评价，有些人用做人的美感和价值观来评价，你不一定欣赏，但是作为一个企业家，他需要这样的特质。

但是不是他人给你定位或者自己给自己定位不具备做老板的那些素质，就不适合创业了呢？我不同意这个说法。关键是每一个创业者一定要清楚自己的定位。你是一个人创业，还是需要一个创业团队和你一起创业。如果一个人创业，你至少需要具备领袖一样的创业者素质和条件；如果不具备这样的条件，就需要找到可以弥补你的缺陷的合伙人一同创业。如果仅仅是为了选择管理团队，依靠团队力量来弥补你的创业家领袖的气质，是非常危险的。

最能弥补原始创业者不足的方法，是通过合伙人创业模式，而不是一个人创业的模式来解决创业成员综合素质和条件的不足。

第二，创业目的明确。

到底为什么创业？这是创业目的。

改革开放40年中，不同时代有不同的创业目的。20世纪80年代初的创业者绝大多数是被动创业，对什么是创业都说不清楚，为了有一口饭吃而走上了创业的道路。如果那个时候有正常的职业，有一份稳定的工作，尤其是有国有企业这样的铁饭碗，很少会有人选择创业。

20世纪90年代初，"邓小平南方谈话"之后，中国再次掀起了改革开放的浪潮，一大批有识之士选择主动创业。但他们同样是依靠一腔热血和勇气下海创业，对于创业目的并没有太多想法。

新千年前后互联网的出现带来科技推动以及风险投资的出现，中国才开始有比较系统的关于创业的解读，才出现真正的创业行为。

创业投资的兴起和新技术的不断涌现，成为推动中国创业风起云涌的最基本的条件。一方面是创业资本需要大量创业项目，另一方面创业项目也需要创业资本的支持。

这期间尤其是出现了互联网这样一个新兴的产业，这个产业从一开始就和其他产业没有多少关联，都是从零开始的创业行为，也基本不是传统产业经营者和投资者的游戏，和原来已有的产业没有什么传承关系，创业行为完全是一个全新的开始。

随着互联网和移动互联网的进一步发展，传统产业和新兴产业进一步融合与转型升级，创业呈现出爆发式增长。

所以，在中国近40年的经济改革和发展过程中，不同的年代呈现出不同的创业特点，创业目的也在发生着各种变化，从被动的创业发展到目的性很强的创业。

有的创业者是怀着远大的创业理想和目标去的，创业的目的性非常清晰，所决定的创业项目也是经过精心准备的，既希望通过创业获得巨大的财富，又希望通过创业的成功在所从事的这个行业领域给国家和社会创造价值，做出贡献。

有的创业者就是希望通过创业赚钱，认为通过创业赚钱既可以满足财务自由，也可以自己决定自己的一切，包括思维和时间的自由。这类创业者不需要选择太大的创业目标，也不需要太大的压力，选择创业的难度不要太大，投资规模也不需要太大，可以自己创业，也可以选择志同道合的合作伙伴一起创业。

有的创业者是因为其他投资经营项目失败了，需要选择重新创业。这类创业者需要很好地吸取前面失败的经验教训，找到前次失败的真正原因。这次重新创业是不是需要完全和前次创业拉开距离，是否完全不利用前次创业失败的团队和各种资源，另起炉灶。

有的创业者从来没有经历过创业，这类创业者里面又分为有过工作经验的和没有工作经验的。有的创业者完全没有工作经验，仅凭着一项技术或者一个发明决定创业；甚至有的创业者还不是技术领域出身的，因为一个创意和想法就决定创业。

有的创业者完全是被各种原因忽悠而创业的，很多东西都没有想清楚，很多准备也不到位，就稀里糊涂地创业了。

也有一类创业者把创业当成一种闲情雅趣，既不是为了挣多少钱，也没有太大的志向与抱负，只是把创业过程当成一种生活方式，在创业的过程中获得很多快乐。既赚钱又好玩是这类创业者的最大目的。

还有一类创业可以称之为欺诈性创业，从创业的目的和动机开始就是欺诈行为，这类在道德上、法律上让人不齿于进行讨论的欺诈行为，之所以在这里提出来，是希望所有创业者不要抱着这样恶劣的心理去创业。

除了最后一类，其他的很难评价正确与否，但至少对于每一个创业者来说，这个选择应该是对你正确的选择，而不是急功近利、意气用事的选择。

最近我去耶鲁大学演讲，听众主要是在耶鲁大学读书的研究生、创业者。有一位耶鲁大学的学霸，本科学习数学，又在数量经济学领域读了研究生，还在著名投资银行有过工作经历，这么好的基础条件，最好的去处应该就是在对冲基金做交易预案或者做投资经理，然后做对冲基金的发起人和管理者。但让人非常意外的是，她却选择在时尚领域创业，希望将她的数理模型用在时尚经营者的领域，给时尚经营者提供高水平的经营模式和数据产品。我问她为什么这样选择，她认为是个人兴趣。对于她的这个选择，我有些无言以对，也许这个年代的创业者就是这样的时代特质。

第三，正确的项目选择。

到底是先有项目还是先有创业动机？成功的创业中两种都有。有的是需要创业了才选择创业项目，寻找创业机会；有的是有了项目和创业机会，才决定创业。不管是哪一种，是先有项目还是先有创业动机，都需要正确选择创业项目和创业机会。

创业机会的把握和项目的选择是一门很深的学问，是决定创业成败的关键。

2016年，昔日风云人物牟其中再次出现在人们的视线里，非常令人关注。这位曾经的中国第一位首富虽然因为十多年前的牢狱之灾从江湖消失已久，但是他曾经的风云故事，一直不绝于人们的茶余饭后。此前有巨人集团倾塌之后的创始人史玉柱再出江湖成功逆袭，创造过佳话；也有70多岁走出监狱再次创业成功的褚时健，而且褚时健和牟其中还有些相似，都是在70多岁出狱创业。大家在期待是不是会出现第二个褚时健，因为很多人知道牟其中过去的坎坷经历和性格，他绝不是一个善罢甘休的人，也绝不是回来要低调生活养老的人，对他这样把工作当成生命一样的人，养老就等于等死。

牟其中是有备而来的。在监狱里，他一直在研究和等待出狱之后的一系列创业举措，但出来之后，经过一段时间的舆论铺垫和创业尝试，我们并没有看到他有什么实质性动作。从此前他对媒体透露的创业计划来看，我有些为他担忧。他并没有明确表述出他的创业项目和创业机会，而是讨论了他的创业动机和创业哲学，这些创业哲学和讨论创业理论差不多，没有具体的创业项目和商业模式，项目所设计的内容更像是创造一种产业生态的整合机制。他认为自己的融资计划都是千亿级别的，由于目前没有持续的信息，也不便于过早地提出质疑，需要进一步观察，但是我觉得牟其中不是在考虑创业，而是在观念上把自己架在一个自己都下不了台阶的地方，大有"君临天下，舍我其谁"的气势，而最终可能是一朵没有雨的云。

十年前，曾经的产业和金融界传奇人物仰融也信誓旦旦，准备回到国内再战江湖，号称要投资多少亿，买多少家上市公司，通过资本市场运作方式再造仰融的汽车产业辉煌。虽然未见仰融本人，但是他也注册了公司，招募旧部展开了计划。后来没有看见他有什么具体项目落地，从他们宣布的计划来看，思路早已经过时了。不知什么原因，这个庞大的计划停止了，但停止至少比错误地持续下去英明。

创业机会和创业项目浩若星云，但是哪一个机会、哪一个项目是属于你的，如何把握，实在很重要。

创业行为大约有两类，一类是创业机会，另一类是创业项目。创业机会是在一定的市场环境下由经济发展、产业发展、技术进步带来的，这些机会蕴含了许多创业项目，需要创业者去发掘，找到这些机会的商业逻辑，设计商业模式和盈利模式，才能确定具体的投资项目。另一类是从技术、知识产权等相关项目内容中形成的可以创业的项目，但是需要创业者好好去论证这个项目是不是适合的项目，或者从商业逻辑、商业模式、盈利模式方面是否成立。

当然有时候创业者的区域选择也非常重要。我在耶鲁大学认识的耶鲁高材生王女士，毕业后在世界著名的资产管理公司贝莱德工作了九年时间，她选择在华尔街创业，从事资产管理业务。我告诉她，以她的条件和中国市场的需求，如果她在中国选择合作伙伴创业，把贝莱德这样的大机构学到的专业技术和方法带到巨大的中国市场，比在华尔街创业机会多很多，她就接受了我的建议。

第四，创业者的素质。

创业期间是检验你能否成为一个成功的创业者和成功的企业家最重要的阶

段。一旦一个创业行为没有从创业阶段进入持续成长阶段，不管经历了多久，投资了多少钱，都还在创业阶段，都算不上已经成功创业。

这期间对创业者来说最重要的是心理素质。因为处于创业阶段，企业出现的很多问题都可能导致创业失败，都可能是生死存亡的关键。这和脱离创业阶段，进入成长、发展阶段的企业是不一样的，成熟企业有承受风险的能力，有一定的犯错误的空间，而创业企业一不小心就是满盘皆输。所以这个阶段要求创业者有非常强大的心脏，尤其是抗压能力和在抗压阶段正确决策的能力。

传统产业里对心理素质的要求和新兴产业是不一样的。传统产业创业相对容易把握，到底是外部问题还是内部问题容易找到，市场、行业和技术变化周期较长，创业初衷和创业过程中出现的变量容易修复。新兴行业最大的压力来自未知和不确定性，大有"谋事在人，成事在天"的意味，创业者自己把握的空间有限，所以创业失败率在新兴产业要普遍高于传统产业。

创业者在创业阶段过的日子和炼狱差不多，不是团队执行力不到位，就是技术没有过关，或者产品没有找到客户，要么就是美好的明天总在和现金流战斗。任何一个细节都会让你抓耳挠腮。即使出了再大的危机，你还要在员工、客户面前装得若无其事，好像什么都没有发生。

有的创业者天生就有非常好的素质，有的创业者没有经过创业的考验，心理承受能力不够，所以有的经过磨练能够走得出来，有的就被心理素质压垮了。

第五章

创意乐章

创业和创意是创造性思维的孪生姐妹，没有创意，很难有成功的创业。创意是创业的灵魂。它不仅是创业阶段的需要，也是一个企业存续的需要。但是真正高水平的创意非常罕见。早期的创业市场需求空间很大，竞争不充分，只要产品出来就可以卖出去；随着竞争越来越激烈，同质化产品越来越多，创意就会带来差异化竞争，差异化就是创意产生的源泉。

创意——创业的灵魂

创意主要体现在创业的产品和服务上，尤其是在文化艺术、旅游、体育、广告传媒、规划设计、电影电视、娱乐、游戏等产业。

创意本身是一个多义词，是创造性思维、理念、意识，既有抽象的逻辑思维，又有具象的形象思维。本章所讲的创意主要是指创业过程中关于创意的应用。创业需要创意，创意也带来创业机会，甚至很多创业机会都是因为创意带来的。在这里，创意和创新、创造有关联，也有区别。

没有一个创业行为是没有创意的，没有创意就没有创业。尤其是在今天的互联网、移动互联网领域，硬件技术不断给创意的实现带来可能，而创意也不断把需求传递到技术研发领域，不断让技术满足创意的需要。马云不是互联网、移动互联网专家，但绝对是一个创意高手，技术只是服务于他的创意而已。马云只需要有创意，然后让技术来满足淘宝网这个创意平台的硬件需求，而由于淘宝网带来货币基金的需求，从而带来支付需求，这些关联创意又会有关联技术来支持。阿里巴巴如此，京东如此，百度如此，腾讯也如此。

目前最新的创意莫过于区块链。移动互联网的诞生拉近了人与人的距离，时空关系发生了根本性改变。世界变小了，信息的快速传递使人和人的交往效率提高了。但是，巨大的信息维度又让人在信息交往的过程中浪费了大量时间，成为信息的奴隶、互联网的奴隶。如何将万事万物中有关联的若干点用加密技术连接起来，让每一个有意义的点统一在一个信用协议里面，不可更改呢？所有这些点被连接起来之后，可以构成一个绝对独立又相互关联的内在封闭关系，达到连接这些点所需要的目的，这就是我所理解的区块链。这就是一个巨大的创意，在这个创意之上，用互联网、移动互联网硬件和软件技术把这个链条搭建起来，就构成了不同领域的区块链生态关系。人们就会在各种有序的区块链生态里，达到各自的交易、交流目的，由此解决信用的真实性、产品的真实性、交易的真实性。这就是伟大的创意带来的巨大创业机会。

改革开放初期，重庆人渐渐恢复了他们的传统美食——重庆火锅。最早开始创业的重庆火锅都是在一个大铁锅里放一个用木块隔成两横两竖的格子，就是我们通常说的九宫格。一口大铁锅，放上九宫格，就在一口锅里划清了界限。同在一个桌子上，大家可能相互不认识，把自己点的菜放在自己的格子里，吃完了离开后，下一个人可以来继续吃。这本来是让重庆火锅从家庭走向市场化、商业化的一个创意，但是这个方法进入成都之后，富有文化底蕴的成都人赋予从码头文化诞生的重庆火锅新的创意，他们认为重庆这个方法不太雅观，也不卫生。于是在重庆火锅的基础上拿掉了放在锅里的九宫格，不管是一个人还是几个人，只要是一同来的，都在一个锅里吃，吃完了这个锅里的汤料就不再使用。虽然成本提高了，但是体现了文明和进步。很快，成都的创意被全面接受，重庆的九宫格也逐渐被取消。但是，若干年之后，重庆人觉得传统的九宫格火锅传递着乡愁，又有人把九宫格带了回来，为了区别于现在的火锅，他们提出老火锅创意，找到了一个差异化的创意来创业，吸引了很多客人，也获得了成功。

从计算机到互联网也是一个非常伟大的创意。计算机被发明出来之后，从大型计算机到小型计算机，最后到个人电脑，都是技术进步的结果。但是把这一台电脑和另一台电脑连起来，让两台和两台以上的电脑内部的功能和资源进行互换、共享、交流，最后发展成为全球信息互联，就是最大的创意。没有这个创意，计算机的运算速度不管有多快，功能不管有多丰富，计算机的价值就是计算机本身的价值，就不会出现互联网的价值。这就是为什么联想集团不管生产制造了多少台式机和笔记本电脑，也都只是一个计算机生产厂商，而当计算机之间相互连接起来的价值超过计算机本身的时候，基于互联网产生的无数创意就会远远大于计算机的价值。所以，曾经的计算机领头企业联想集团由于缺乏互联网创意，被一个个互联网企业所超越。比较有讽刺意味和代表性的事件，就是柳传志所创造的联想的辉煌很快被他女儿柳青所掌管的滴滴出行这样一个互联网企业所超越。

同样在互联网领域，早期的互联网企业新浪、搜狐、网易成功地用互联网的创意改变了传统传播媒体的模式，成为互联网传媒创业的楷模。但是，大家都知道互联网存在一个虚拟电子商务的创意空间，于是纷纷利用互联网展开无穷的创意来开展电子商务，设立了数不清的网站，希望通过网站来实现商品信息和支付的交易。最终，历经艰辛的阿里巴巴找到了打开这个大门的钥匙，成为基于互联网的电子商务最大的商业平台。所以，不懂计算机技术、不懂互联网技术的创意大师马云最终依靠成功的创意，开创了阿里巴巴这个企业的新时代。

马斯克创办特斯拉的时候，中国已经在通过国家战略轰轰烈烈地推动新能源汽车的发展，因为中国在传统汽车这个领域吃了大亏。早在改革开放初期，发达国家汽车产业已经非常成熟，中国通过研究发现，发达国家是建立在汽车轮子上的，汽车产业必须在中国也得到高度发展，这样既可以提高中国的工业现代化水平，又可以推动中国经济的发展。但是由于方法不科学，最后中国成了所有发达国家汽车产业的竞技场——我们创造了市场，却没有掌握技术和品牌。

随着新能源汽车的出现，中国认为可以借助汽车行业的这个新物种来重构中国汽车产业的生态，通过弯道超车来改变被动局面。于是，国家制定了一系列鼓励发展新能源汽车的战略，并提出发展战略目标和配套政策。但是中国新能源汽车领域的企业，有的依靠技术，有的依靠补贴，有的在细分市场发力，在全球新能源汽车同步发展，而中国还有巨大的国家力量推动的前提下，我们缺乏创意。王传福在这个领域的最大创意还是依靠电池技术和电池产品，而比亚迪这个中国最早的新能源汽车制造商最终还是没能在新能源汽车创意上走得更远。与此同时，美国市场上一个完全没有汽车产业经验的创始人马斯克，却通过一系列创意实现了新能源汽车企业的创业。他更多地是从工业设计、驾驶体验效果、市场需求的角度提出了自己独创的思维，依靠创意创办企业，从而异军突起，很快成为全球最成功的新能源汽车创业企业。

曾经担任过马斯克公司特斯拉品牌首席设计师的菲斯克尔在和我讨论如何看待中国汽车产业弯道超车这个观点的时候告诉我，以他和中国汽车界多年打交道的经验来看，中国汽车企业都在尽可能地用最低的成本造最廉价的汽车，不是考虑用什么创意把汽车造好，造出大家都喜欢的汽车，而是总在想什么汽车比别人的汽车更便宜。

就在马斯克的特斯拉取得成功之后，贾跃亭的FF新能源汽车、李斌的蔚来汽车都获得了大量投资来设计生产新能源汽车。我在欣赏他们的创业勇气的同时，也为其捏一把汗。在全球汽车巨头林立的市场里，他们不是诞生于传统汽车产业的生态，中国又缺乏马斯克创造特斯拉这样的综合创业环境，未来这些勇敢的新能源汽车创意和创业者所面临的挑战是巨大的。尤其是中国又刚刚宣布放开汽车产业股权限制，外资汽车企业在中国投资汽车不再受到股权比例限制，中国企业以后在新能源汽车领域的创业环境会更加艰难。

最近几年，我在中国消费品市场观察到一个非常成功的创意，那就是重庆的白酒品牌江小白。重庆的江津白酒是一个非常普通的地方品牌，在年岁稍大的重庆人心目中还是一个有记忆的产品，但是离开重庆几乎无人知晓。在西南地区，有太多的好酒品牌，茅台、五粮液、泸州老窖、郎酒等巨头雄霸天下，基本没有重庆白酒的地位。几年前，我第一次看到江小白这个品牌的时候，只是觉得把酒的品牌设计成类似人的名字，是一个很有人情味的创意，让人眼睛一亮。我问重庆的朋友们这是哪个地方的白酒，他们告诉我就是重庆江津小白干的意思。而现在的江小白在白酒行业迅速崛起，受到众多年轻人的追捧。一个品牌创意改变了一个产品的命运，也改变了一个企业的命运。完全可以用这么一个创意创办一个新的企业，这就是创意的魅力。

所以，不管创办什么样的企业，创始人一定要想想，这个创业行为有没有创意，创意在创业当中占了多大的比重。

创意的偶然性

创意具有偶然性，不是每一个创意都是有准备、有积淀的。以吴晓波为例，作为财经记者，他过去为大家所知晓的身份是财经作家，不管是《激荡三十年》还是《大败局》，他都是因为写书出名，后来创办蓝狮子出版机构，做起了图书出版。但是这些都没有充分地把他的影响力作为创意与创业结合起来。不知什么时候，也不知什么原因，也不知是谁提出了这个创意，吴晓波利用互联网集聚的粉丝群作为目标客户，不断通过培训、游学的方式，把市场对他的关注作为创业市场，整合市场专业资源，把自己当成IP，设计了一个创业商业计划，成功创办巴久灵这个创意性公司。随着吴晓波市场影响力越来越大，公司推出的知识产品越来越多，业务增长也非常迅速。

反过来看，吴晓波写书的时候，一定没有想到自己会产生这么大的市场影响力，一定没有想到写书的目的是为了集聚这么多粉丝，更没有想到去计划通过写书集聚的粉丝来打造自己的创业平台。过去的积累为今天的创业打下了一个基础，但并不是在积累之前就有这样的逻辑安排和设计。这个创意就是偶然迸发，水到渠成。

2015年，意中商会副主席傅益翔突然回到北京，向我透露了贝卢斯科尼愿意出售AC米兰足球俱乐部的意愿。根据这样的信息，第一时间需要考虑的当然是为什么要卖，什么价格，多少股份比例；然后就是谁来买，有什么样的竞争对手，买了以后怎么经营。这算不算创意呢？可以算。因为AC米兰虽然已经存在，但这是一家意大利体育产业公司，如果由中国资本或者中国企业并购，需要重新考虑怎么经营，谁来负责经营，这个经营平台的股东是谁，管理者是谁。这就是一个突发的偶然性事件，也就需要一系列的创意。通过一系列交流和思考，我觉得这是一个很有意思的并购项目。我当时设想的创意是什么呢？

我认为，中国人是喜欢看足球的，具有巨大的足球市场；中国人对足球的喜爱没有被中国自己的足球队满足，如果要实现这个满意度还需要很长的时间；如今大量的中国球迷都在通过电视、网络观看欧洲五大联赛，每年都在电视转播权、广告支出上出现消费外溢现象；AC米兰是一个在中国知名度很高的足球俱乐部，在中国有很多的粉丝，米兰又是意大利最大的商业、金融城市。根据这些条件，我们就偶然性地提出了一个全新的创意。当时我们落实了一家上市公司，他们愿意通过置入体育产业来转型；我们也找到了投资人，他们愿意通过投资AC米兰并置入上市公司，来获得战略投资AC米兰的机会，并由此获得商业利益。但只有这些基础，如果没有很好的创意，这个并购创业行为是没有故事可讲的，贝卢斯科尼也不一定会卖给你，你也不一定能获得政府和国家体育总局的支持。我们的创意是：用这家上市公司并购AC米兰后，将上市公司改名AC米兰，利用上市公司的关注度和透明度，把球迷群体和股民群体结合起来，淡化并购AC米兰的地域色彩，把AC米兰打造成为中国人民的足球俱乐部，吸引整个中国千千万万股民和球迷关心、支持这个球队；把AC米兰打造成为中国的IP，以这个IP为核心，开发足球市场、足球衍生产品市场。这样一个创意，可以使AC米兰球迷增加1000倍，由此可以创造出来的商业价值不可限量。可惜由于贝卢斯科尼本身的原因，导致这个项目没有推进下去，但这个创意还是非常有意义的。然而后来艰难完成AC米兰并购的李勇鸿完全没把足球当成一个创意产业，没有去开发并购AC米兰给中国这个巨大市场带来的创意机会，不断给市场传递的是负面信息，正能量的创意没有展开，这对于创意产业来说是致命的，商业价值就会不升反降。

之前意大利媒体爆出消息说，李勇鸿需要支付的1000万欧元有可能支付不了，最快有可能2018年4月就会把球队的控制权交出去。当时我第一次在视频上看到李勇鸿先生面对这些传闻所做的回复，听到他讲的内容，我觉得他完全把自己当成了一个标准的意大利足球俱乐部主席，满口都是讲自己怎么有钱，承诺没有任何财务问题，每一场都在观看队员的比赛，队员表现怎么好。收购一年了，大家觉得AC米兰和中国没有任何关系，也没有任何中国球迷觉得这是中国人控股的球队而产生一种荣耀感。仅从这一点上，完全看不到他们并购AC米兰有任何创意行为。

我的好朋友侯佳欣一直是从事创意行业的，20年前就因为一个非常精彩的创意声名鹊起。她担任云南香格里拉酒业公司的创意总监的时候，把古老的葡萄酒文化与香格里拉的神秘结合在一起，创作出"一支好酒，来自天籁"的让人震撼的广告策划。2006年，我和她一起在香格里拉的维西县塔城攀登达摩祖师洞时，偶然发现这里生存着世界上最高海拔的野生蜜蜂喜马拉雅蜂。这种蜜蜂常年生活在数千米海拔的高山，以各种乔木花作为采蜜对象，但是由于高山上的少数民族缺乏产业意识，也没有科学养蜂的经验，这种稀缺的蜜蜂资源没有得到很好的发掘，商业价值不高。每年产品还没走出大山就在农贸市场卖光了。侯佳欣突发创意，对蜜蜂进行了一系列的研究，决定来创办这个品牌。从品牌到产品、技术、生产、工艺、包装多方面进行了一系列的创意和设计，打造出中国第一个有机蜂蜜品牌，后来参加国际评比获得金奖，成为中国第一个获得国际蜂蜜金奖的产品。所以，生活中存在着非常多的潜在创意题材，精心发掘这些题材，发挥我们的聪明才智，通过创意来进行创业的机会就比比皆是。

通过创意的突发性、偶然性来创业并且成功的案例非常多。我的老朋友杨丽萍也是这么一个有商业直觉的天才。

因为独特的美轮美奂的孔雀舞，杨丽萍这样一位漂亮、性格直率的舞蹈演员成为了中国家喻户晓的舞蹈皇后，但是一个成功的舞蹈演员通过舞蹈创业成为企业家，是杨丽萍自己怎么也没有想到的，和她的交往中，你也不会发现她有什么商业潜质。她为了保留、抢救、传承云南地区特殊的舞蹈艺术形式，把自己的积蓄拿出来创作《云南印象》歌舞集，很多次因为经费问题创作不下去了，她都想尽了各种方法，最后非常艰难地创作成功。即使到这个时候，她也只是想着舞蹈、文化、艺术，直到正式上演大获成功，她才发现了这个市场的巨大商业价值，才想起要找人来经营管理，要创办公司。这完全是一个歪打正着的成功创业故事。她在进行一系列艰苦创意和创作的过程中，从来没有去考虑公司、融资、经营、上市这样一些商业要素，都是因为创意的成功导致商业的成功，才有了投资、有了经营、有了投资银行去帮助他们进行公司化运作和开展资本运营。

创意的文化积淀

我认为这个世界上最有创意的国家就是法国，不管在它的城市还是乡村，创意无处不在，每一个细节都充满了创意。同样，美国也是一个极具现代创意感的国家。它没有悠久的历史和文化，也许正因为如此，它没有沉重的历史负担，不会受到历史文化的羁绊，反而能在现代文化和创意中走出自己的创意天地。

一到美国，你就几乎被美国的体育产业所包围。电视台里不是篮球就是冰球，不是冰球就是橄榄球和棒球，把体育做成巨大的体育产业是美国人极具天赋的创意。1984年的洛杉矶奥运会第一次开创了用市场化方式举办奥运会的先河，这就是美国人尤伯罗斯天才的创意。

创意充满幻想，充满激情，是上天赋予人类最伟大的天资和财富。机器人是人类的创意，但不管它的智力发展到任何阶段，我相信机器人的创意永远都不可能超越人类。

创意是有文化积淀的，没有或者缺乏文化的创意很多是单调的，苍白无力的；文化的积淀包括个人的文化底蕴，也包括这个人在什么样的文化土壤里成长沉淀。所以，文化的积淀首先来自一个社会形态的人文积淀，这些人文积淀没有经历巨大的历史断层和巨大的人文破坏。这些年来我在全球的经历告诉我，人类历史上有过最辉煌的历史文明的地方，才有人文的传承；如果没有大的断层，没有经历破坏，这些文明是可以传承下来的。创意的人文底蕴就来自这些伟大的历史文化和千百年来的传承。

从世界历史上著名的几大文明来看，最早期、最伟大的文明毫无疑问是两河文明，但是它们的文明第一次衰退以后，再也没有兴盛起来，永远成为历史、成为追忆、成为博物馆的观赏。今天的发达文明里看不到它们的踪影，它对于今天和未来不会带来文明的指引；古希腊、古罗马也曾经是世界历史上伟大的文明诞生和传承地，虽然历尽劫波，但是在文明进程中曲曲折折，历经毁灭与重生，继承与创造。尽管已经久远，但是今天我们仍可感受到这些文明给我们带来的痕迹，它们已成为今天伟大文明的重要组成部分，是最近几百年工业革命的主导者，它们的文化语言、科技、认知、哲学、艺术也融进了工业革命的每一个细胞里。

中华文明也是同样伟大的文明，几千年来不屈不挠地传承着，在毁坏中顽强地生存下来，足见中华文明基因的强大。只是我们在近几百年里传承少于毁坏，最近几十年才有了重新崛起的机会。没有对于历史文明发展和传承的认知，我们就没有办法理解今天的创意源泉，如果不能深刻理解这些创意源泉，我们就缺乏创业源泉。所以，对于"大众创业、万众创新"这种创业推动方法，一定要深深懂得创业和创意的关系，不论是我们的社会还是我们的每一个创业个体，必须接受中国创业缺乏创意的严峻现实。

所以我要问每一个创业者和准备要创业的人士，你的创业有创意吗？

以微信为例，作为腾讯公司的一个产品，如果没有它，你可以想象，今天的腾讯可能会怎样，是否还能活着。设计微信这个应用软件时，所有的技术支撑都已经有了，但是为什么发明微信的不是网易、不是搜狐、不是新浪？重点就是创意。一个移动互联网上的应用软件从上线至今，给腾讯公司带来的市值是数千亿人民币。这就是一个创意的价值。

我将近27年的资本生涯里有过很多的创意，其中不少创意产生了价值。我最引以为傲的创意就是2006年设计的"中国农村土地信托流转改革方案"，十多年过去，越来越感受到它的价值。

当年中央提出要开展统筹城乡综合配套改革，但并没有具体的方案设计，就把这个工作的试点放在了重庆和成都。时任重庆市委书记的汪洋面向全球征集方案，据说发来了几千份应征稿件。后来重庆最著名的一个改革方案就是黄奇帆市长推动的农村土地地票改革模式。这个模式的特点是把农民的宅基承包地物化成为地票，农民可以把地票拿去置换城市待遇，获得城市户口。这个模式只是解决农民进城的一个制度创新。我的方案是在保障农村土地公有制的前提下，由各级政府设立非经营性质的土地信托公司，把国家和集体所有的土地所有权、承包权、经营权实行"三权分立"，把农民的土地承包权变成农民的信托财产。由信托公司将分散和集合起来的土地成片、规模化、集约化租赁给土地投资经营者，在此基础上，对农村以村镇为单位进行重新规划，尤其是土地的综合规划，把混乱不堪的农业和农村的关系梳理清楚，提高农业投资水平和专业化、市场化经营水平。增加了收入的农民和农村通过集体用地、林业用地、荒地、宅基地、沟渠塘堰河流水利工程以及种养资源的重组，实现农业、农村、农民的兴旺发达。

2007年，当我把方案提交到时任重庆市发改委主任的杨庆瑜手上的时候，他不无遗憾地告诉我，你的方案来晚了，如果汪洋书记没有离开重庆，相信他一定会亲自接见你，你的方案也一定会成为优选方案。

几年之后的2009年，我的这个创意终于被湖南益阳市委书记看上，经过几年实践，尤其是得到当时中国银监会非银司司长高传捷的支持后，成为中国农村土地流转的"益阳模式"，高司长最近才和我相识相见，他当时还不知道我是这个模式的首创者。

2017年召开的中央农村工作会议提出乡村振兴战略，我觉得号准了中国"三农"问题的命脉。我认为，乡村振兴战略是我国改革开放40年以来，继1978年开始实施的农村土地承包制后最重要的一个改革举措。乡村振兴战略既不是关于提高农民收入，重视农业生产的措施，也不是社会主义新农村建设这样一些关于"三农"的举措，而是以土地为核心全面解决农业、农村、农民的一个综合解决方案。而且，乡村振兴战略还是一个综合性顶层设计，这个设计的最佳操作模式是什么呢？我认为还是我早在2006年提出的"中国农村土地信托流转改革方案"中的终极设计和创意。就是在对农村以村镇为单位、进行土地信托流转基础之上的农业、农村综合规划实施方案，以农业强、农村美、农民富为目标进行综合设计、投资、建设、管理和运营。这样一个综合解决方案是在从根本上解决"三农"问题的同时，发掘出中国又一个发展空间的战略安排。由于这个方法涉及三个产业的划分，涉及土地改革、区域规划、种植、养殖、科研、生产、加工、贸易、物流、消费、投资、融资、运营和管理，难度非常大，需要跨产业、跨体制、跨学科的整合，还涉及原有利益结构的调整。所以，乡村振兴战略从顶层设计到科学实施，还需要大量的探索和实践，比实施土地承包责任制和解散人民公社难度不知道大多少倍。

我为什么可以设计出这么超前，且符合中国"三农"需求实际的方案呢？这必须回到30年前我人生的一个重大举动去找寻答案。

1986年年底，改革开放已经八年，中国主流媒体都在宣传中国农村如何通过党的十一届三中全会提出的农村土地承包责任制，使农民摆脱贫困走上了幸福道路。作为一个大城市的教师，我怀着好奇的心理，考察了当时四川省巫山县官阳区这个贫困山区。在高寒山区考察十多天的结果，让我感到农村的实际情况没有想象中好，在一种使命感的驱动下，我主动申请，并经四川省省长的批准到这个大山里下乡扶贫。三年的时间里，我对中国的农业、农村、农民有了非常深刻的认识和切身体验，也提出过解决中国农村综合发展的方案和扶贫方案，价值观、使命感和情怀是基础。没有这样的体验和思考，不可能理解乡村振兴战略，同样，我们完全可以在现有条件下，利用今天的人力、物力、财力、经验和智慧以及体制机制的优势，创造性地设计出可以落地的乡村振兴战略。

如果没有当时三年农村最基层工作的经验，没有多年产业经验的积累，以及金融、资本市场专业知识和技能的积累，我不可能设计出土地信托流转方案这样的创意。

但是，即便是今天，中央已经把乡村振兴战略上升到党和国家战略的高度，中国的乡村振兴战略是不是就会很快大功告成呢？我不这样认为。

首先，要清楚我们为什么要推动乡村振兴战略。

早在2005年党的十六届五中全会，中央第一次提出建设社会主义新农村，随后的2006年中央一号文件又发布了《中共中央国务院关于推进社会主义新农村建设的若干意见》。比较社会主义新农村建设和乡村振兴战略，我认为，乡村振兴战略在社会主义新农村建设基础上，大大增强了力度。核心是在推动农村土地"三权分置"改革的基础上来实施的，就是在保证农村基本经营制度不变的基础上，通过农村土地制度改革来实施乡村振兴战略。这是一个根本区别。

对于中国农村的改革，不触及土地的改革不可能有根本性改革。对于为什么要推动乡村振兴战略，党的十九大对新时代我国社会主要矛盾已经阐明：要满足人民日益增长的美好生活需要，必须解决不平衡不充分的发展的问题。中国"三农"问题和农村贫困问题是中国发展最大的不平衡和不充分。

其次，如何实现乡村振兴战略？

以过去40年改革开放的成就来看，中国经济总量确实上去了，中国也成为世界第二经济强国。但是，我们一直没有解决农业、农村、农民和中国经济同步的发展问题。我们只是加快了城市化的进程，把大量农村发展成了城市，但是不可能把中国的所有农村都发展成城市。当然，如果40年前不发展城市化，而把重点放在农村，中国也不可能发展起来，没有城市化对农村的反哺，没有城市化发展带来的经济实力，今天我们也没有能力来发展农村。所以，今天我们才真正具备了发展农村的条件。

40年前，我们把土地分给农民，是一大创举。把农民从土地中解放出来，释放了土地的活力，释放了农民的活力，对城市化作出了巨大的低成本土地贡献和低成本劳动力贡献。

从理论上来说，中国拥有在世界范围内最容易解决农村土地问题的有利条件，那就是中国没有实行土地私有化政策。在保证土地公有制的前提下，要把分散经营的土地集约起来是完全可以做到的。此前国内已经有很多种土地集约模式，"三权分置"是所有土地集约方法的一个根本性突破和创造。

再次，用公共信托模式进行"三权分置"改革，是所有农村土地集约模式中最科学的手段。

目前的中国农村，几乎用尽了所有可以使用的土地集约化模式，包括托管、委托、转包、出租、互换、合作、股份制、转让、信托等九种，为什么会出现这么多流转模式呢？我认为是我们各级领导干部面对农村数以亿计的农民所拥有的20亿亩（约合1.34亿公顷）土地的承包经营权，以及宅基地、集体建设用地等非常复杂的个性化需求，没有很好的解决方案。

在这一点上，全中国只有重庆市前市长黄奇帆在任上敢于大规模实行地票制度，它运行若干年至今，即使他离开重庆，地票也依然在使用。这些年来，也没有听说重庆因为土地流转的地票问题造成任何群体性事件。

自从2006年提出"中国农村土地信托流转改革方案"以来，我始终都认为，利用信托机制对中国农村土地进行改革，是所有土地流转模式中最先进的、最有创意的模式。

第一，我们应准确而科学理解和运用信托机制。

一提到信托，我们首先就会想到中国的信托投资公司，而不是去理解信托机制或者信托制度。

记得2014年春节刚过不久，北京信托董事长李民吉突然给我打电话，要我参加一个土地流转信托研讨会。到了会上我才知道是怎么回事。实际上这是中央财经领导小组委托北京国际信托有限公司举办的一次内部讨论会。因为涉及非常敏感的土地问题，所以要求参会者严格保密。会议的规格非常高，中央及国家涉农部门都参加了，我在会上被安排做了主题发言，主要讲了湖南益阳土地信托流转模式，但是感觉会上的风头不对，几乎所有人都不支持，他们的错误在于把信托等同于中国的信托投资公司，于是，本来一个关于农村土地信托流转机制讨论的良好机会，由于方法错误，只能得出一个错误的结果。

我们来看看中央在四年后关于乡村振兴战略的提法。党的十九大报告指出："实行土地所有权、承包权、经营权'三权分置'，是我国农村改革的重大创新，实现了土地承包'变'与'不变'的辩证统一，回应了社会关切，满足了土地流转需要。要按时完成农村土地承包经营权确权登记颁证工作，探索"三权分置"多种实现形式，真正让农户的承包权稳下去、经营权活起来。"

十九大之后，中央经济工作会议、中央农村工作会议、2018年的中央一号文件的主题都是乡村振兴战略，每次会议和文件都强调了"三权分置"改革。尤其在2018年的中央一号文件中，更是细化了农村土地有关政策，把土地承包责任制再次延后30年。

既然十九大提出要探索"三权分置"的多种实现形式，我们就来探讨一下信托机制。古今中外，我们有任何一个制度对解决财产的"三权分置"优于信托机制吗？没有！那么，我有理由认为，信托机制是实现中国乡村振兴战略"三权分置"的最佳机制。

从信托诞生的那一天起，它就是处理信托责任最佳的权力分置机制。通过不同的契约关系，把信托财产、委托人、受托人、受益人之间的关系用法律的形式确立下来，解决信托财产不同的权力关系，除此之外，还有什么形式能更好地处理"三权分置"关系呢？也就是说，只要是财产"三权分置"，就是信托制度，就要受到《中华人民共和国信托法》的规范和保护。

在这个意义上，信托不是公司，不是金融，而是依法实施农村土地流转"三权分置"的一个制度、一个法律依据。因此，"三权分置"和中国的信托投资公司没有关系，也不是中国银监会的监管范畴，2001年颁布的《中华人民共和国信托法》规定得清清楚楚。

《信托法》总则第二条是：本法所称的信托，是指委托人基于对受托人的信任，将其财产权委托给受托人，由受托人按委托人的意愿以自己的名义，为受益人的利益或者特定目的，进行管理或者处分的行为。

把财产按照委托人、受托人、受益人的三种权力进行分置，还不是信托吗？所以，农村土地"三权分置"本身就是信托，而这个信托行为本身不归银监会管。

第二，如何科学地运用信托机制，为中国农村土地流转"三权分置"改革服务？

弄清楚了信托这个基本概念，我们再来探讨、创新中国乡村振兴战略的土地流转信托。

信托机制创立的时候本不是商业行为，工业革命之后才逐渐被商业所运用，创造了利用信托进行税收规避和财产传承以及资产管理的模式，成为金融工具。新中国在20世纪80年代创办了第一个信托投资公司——中国国际信托投资公司（简称"中信"），但实际上，中信从成立那天开始，就没有真正做过信托业务。今天中国的68家信托投资公司也基本上没有从事信托本源业务，它们所管理的20多万亿表外资产，基本上都是集合资金计划，实际上都是信托借款。

所以，我认为乡村振兴战略中的"三权分置"土地信托流转也不适合现有的信托投资公司参与，因为它们都是按照《信托法》所设立的营业性信托机构。而我所建议的"三权分置"土地信托流转，则是非营业性信托，不以盈利为目的。

我建议"三权分置"土地信托流转采用特殊设立的农村土地信托公司或者土地信托中心进行流转。但是，由于《信托法》规定"受托人采取信托机构形式从事信托活动，其组织和管理由国务院制定具体办法"，因此，国务院应当根据十九大精神或者2018年中央一号文件内容，专门制定《关于农村土地信托流转的管理办法》，使农村土地"三权分置"改革纳入法制轨道。有了这个，我相信中国乡村振兴战略一定会踏上科学、健康发展的快车道。

第三，采用土地信托流转模式对"三权分置"有何意义呢？

首先是把土地的"三权分置"改革纳入了法治框架，使其成为应共同遵守的法律行为，使"三权分置"改革成为一个全国性推广的有法可依的标准，可以大大降低农村土地流转过程中的交易成本，减少土地流转过程中的纠纷；其次，通过信托流转，可以依法保护农民的主体地位，保护农民的财产安全，规范"三权分置"的流转行为；再次，有利于农村土地集约化规模的扩大和集约化程度的提高，使农业产业化有了规模化的土地经营基础，提高了农业产业化水平，有利于中国在农业产业化方面提高国际竞争力。

第四，采用土地信托流转模式对于乡村振兴战略的意义是什么？

按照2018年中央一号文件的精神，乡村振兴战略的总要求是：产业兴旺、生态宜居、乡风文明、治理有效、生活富裕。40年"三农"工作证明，没有土地的集约化经营，不解决土地改革这个根本问题，产业、生态、乡风、治理、生活都不可能解决。

中国的农业、农村、农民的问题核心是农业产业化问题，农业产业化的集约化、规模化要求和土地分散经营的矛盾是中国"三农"的主要矛盾，而解决土地"三权分置信托流转"是解决"三农"问题主要矛盾的根本手段。

第五，"三权分置"土地信托流转的方法。

很多人以为，土地信托流转不过就是通过信托契约把土地交给经营者去经营，但这种观点只是简单理解了土地信托流转的基本意义和概念，并不熟悉信托既是一个机制，又是一个科学的平台，可以非常有创造性地设计和灵活地运用功能。

我所要设计的这个信托，不仅是一个契约，还是一个平台。

这个平台具有非常奇妙的功能。首先，它不是土地经营者控制的，不是农民和土地经营者之间的关系，而是一个真正代表农民或者土地财产利益的信用平台；其次，它代表农民和土地权益者的利益，但是也不由农民决策，它是一个独立于农民和政府、土地经营者的中介机构，同时又是一个非经营性机构，不以盈利为目的。

这个平台可以叫农村土地信托流转公司，也可以叫信托流转中心。一个是公司制企业法人，一个是非公司制的事业法人。不管是公司法人制还是事业法人制，都不以盈利为目的。具体模式还有多种设计方案。

这个平台的目的和作用是：

1. 集约土地资源，把土地交给最有经营能力的经营者经营，提高农业产业化水平；

2. 保障土地受益人的权益；

3. 整合各级政府和相关机构的涉农资源，使这些资源和土地结合，产生最大收益；

4. 在政府支持下，综合规划农村土地，在信托范围内重构农村土地功能，成为农村土地综合规划的执行者，彻底解决中国农村多年来没有办法开展综合规划的深层次矛盾。解决了这个问题，生态宜居问题就不再是问题。

5. 信托平台由金融专家、政府、农民受益人代表、农业专家共同组成，可以代表多方面利益进行监管和激励，对所获得增值收益进行再分配，并解决农村治理和乡风问题。

能否达到这些目的的关键，是如何保证信托平台的公正性。设计信托平台的治理结构就显得尤为重要，必须在党的领导下来设计和主导，因为党的机构和政府还不一样，它没有直接管理经济部门，没有任何经济诉求，并且由此可以加强党和农民的联系。

这样的模式只有在共产党领导下的中国才有可能实现，也只有在土地公有制的前提下才能实现。如果这个机制成功推广，必将解决中国社会主义发展不平衡不充分的矛盾。

但是，每一个信托机制和平台的设计又不是千篇一律的，或者以村为单位，或者以乡为单位，或者以某一个产业为单位，等等。

另外，只有在土地高度集约的基础上，才有可能对土地功能进行重组。应把适合种田的地方集约在一起，统一规划，搞好基本农田建设，提高农田质量，保障农业产业安全和食品安全。

打破原有土地功能的关系，进行科学规划，每一个规划都要符合产业化、生态、乡村建设、社会治理和农民富裕的要求。

一旦规模化的土地信托平台建设起来，就可以注入金融要素，让信托平台将信托权证作为金融资产发挥金融功能。甚至可以逐渐建立区域的、全国性的农村土地信托流转交易平台。

在这样巨大的创意之下，会给中国创业者带来巨大的创业创意空间，我也相信在这样的创意空间之下，能吸引更多的社会资本、国内外人才以及农业产业化技术走向中国的乡村，由此，把中国的乡村建设成为全世界最美丽的乡村也完全不是神话。

我产生这样的创意已经历时30年。这30年来，有我在巫山三年对中国"三农"问题的深刻认识和脚踏实地的理解，有我在海南农业综合开发试验区短暂工作时，对国际农业产业化和现代期货市场的深度学习，也有我30年来作为投资银行家对中国各地农业产业化项目的推进、实践、观察、参与，对金融和农业产业的结合具有高度的认识和专业经验，还有我多年来对发达国家农业产业化模式的认知。没有这么多年深刻的文化积淀，是不可能产生这些系统性创意的。

创意是创意产业的基本功

创意在创业领域的作用自然是必不可少的，更是创意产业生存的基础。

创意产业包括工业设计、广告、平面设计、时尚产业、电影电视、文化产业等领域，没有创意是无法从事这些产业的。

中国创意产业在整体上的水平不高。举个例子，中国金融行业里，自从第一家机构将中国古代钱币作为标识之后，整个金融机构在标识设计方面就相当缺乏创意，不管是工商银行还是中国银行、建设银行、民生银行、华夏银行以及各证券公司，在标识设计制作中总是离不开古代钱币，好像除了古代钱币，中国金融机构就不会设计其他公司标识了。而反观国际金融行业，几乎没有一家金融机构的标识设计雷同。

21世纪初，中国有一次国际会议安排各国来宾穿着唐装，于是整个中国突然兴起了一股唐装设计风，一时间大街小巷唐装盛行，人人身着复古装。但是，流行一段时间之后，唐装就消失了。为什么它兴起的时候会成为整个社会的一股潮流？为什么很快就烟消云散？我觉得这个现象已经不是一个创意问题，而是一个民族脆弱的文化心理在作祟。

中国有全世界最多的电视台，每个省的电视台几乎在同质化竞争。每个省都有一个省级电视台通过卫星向全国发送电视信号，而只有中央电视台的十几个频道覆盖全国所有地方。这样，每一个地方电视台的卫星频道都为了争夺全国观众出奇招。有一段时间婚恋节目流行，几乎每家卫视都在制作电视相亲节目，但竞争下来，目前只有江苏卫视的《非诚勿扰》存活下来，几经改版之后成为一个非常有创意的节目。节目之所以最终赢得观众，我觉得不仅是因为有孟非这么一个优秀的主持人，更多的是他们在节目中注入了一个重要的创意，这个创意已经远远超出了相亲话题：通过相亲行为，在男女相亲者和孟非的交流过程中，折射了"80后""90后"年龄段的各种引人关注的社会问题，这些问题的表现方式很幽默风趣，引人关注，发人深思，于是造就了这个节目一度辉煌的收视率。

中国的电视频道就是一个创意竞争的大舞台。虽然由于舆论的管控，有着各种限制，但为什么江苏卫视、浙江卫视、湖南卫视做得好，做得有特色呢？同样的市场环境，同样的管控措施下，这三个卫视就是靠多年来在节目创意上注重竞争力的打造，才能够长期立于不败之地。

从平民中海选明星、发掘明星，最早是从2004年湖南卫视的《超级女声》开始，它是一档复制美国的电视节目，连续几届，颠覆了传统的歌星发掘模式，几年下来成为中国的一个造星现象。直到今天仍红火的张靓颖、李宇春、谭维维、尚雯婕都是一夜之间直接从平民成为明星的。于是，《中国好声音》《跨界歌王》等同类创意节目不断涌现。

同样是中国的电视台，电视剧领域的创意竞争就显得非常缺乏想象力。打开电视换遍频道，几乎每晚的电视剧就只有几种类型。抗日剧有一段时间一定是每天都有的，并且各种各样的抗日电视剧几乎都是一个套路，我觉得最大的受益者应该是到中国来演日本鬼子的鬼子专业户演员；此外就是谍战剧，自从《潜伏》火了之后，无数部模仿《潜伏》的谍战剧占据着每天的电视屏幕；再就是古装剧，从各个历史时期挖掘出来的帝王类型宫斗剧、爱情剧、穿越剧也每天都在频道上混日子，但大部分如过眼云烟。

前不久我观看了加拿大太阳马戏团表演，其实从单个节目来说，以中国演员的敬业和勤奋的精神，编排这么一台马戏节目，不是找不到演员。要说难度，中国很多杂技的难度比他们都大，但是整个节目的创意和演出内涵在中国杂技节目里或者马戏节目里就很难找。

通过对F1（世界一级方程式锦标赛，FIA Formula 1 World Championship）赛事的了解、观察，我也很想推动完全体现创意、激情、高科技的一级方程式再次引进中国。在20年前，上海已经引进了一级方程式，据评价，上海一级方程式赛车场是全球最好的赛车场，但是面对这个全球最有活力的国家，一级方程式在中国的经营却是非常糟糕，以至于一级方程式的主席伯尼多年不愿意来中国观战。而对2016年年底完成重组，2017年年初取代伯尼，实际掌控一级方程式的CEO切斯凯里来说，第一次来到中国观看上海站的比赛，就让他一脸茫然：世界上所有一级方程式的比赛国和城市每年赛季到来都像过节一样，而在中国最发达也是最有国际品位的城市之一上海，即使走近嘉定区赛场，也难以感受到一级方程式的氛围，还不如中国的一个大型展览会热闹。我和我的国际合作伙伴2017年满怀信心工作很长一段时间之后，几乎完全失望，原因是整个中国都缺乏对一级方程式这个创意产业的完整理解。

F1是当今世界最高水平的赛车比赛，年收视率高达600亿人次，可以说是高科技、团队精神、车手智慧与勇气的集合体，全年的统筹安排、每站比赛的赛事组织、车队工作、电视转播等各个方面都井井有条，F1世界已经被打造得非常健全。但同任何其他事物一样，F1也有它的起源和发展过程，在前进道路上也有不少曲折。

从历史上举办首次汽车比赛的1894年（巴黎到里昂）到 1900年间，没有出现"方程式"（Formula）一词。当时的汽车比赛很简单，只是按燃烧方法（汽油机与蒸汽机）和座位数来分组比赛。在那时，汽车至少有两个座位，直至20世纪20年代末，单座赛车才出现。1950年，国际汽联第一次举办了世界锦标赛（First FIA Drivers' World Championship），一直到今天。这段时间，是F1稳步发展的阶段。2011年，F1赛车共12支车队的24名选手参赛，引擎供应商为考斯沃斯、法拉利、奔驰、雷诺，轮胎供应商为倍耐力，2011年赛季冠军为来自红牛车队（Red Bull Racing）的德国车手塞巴斯蒂安·维泰尔（Sebastian Vettel）。2013年HRT（Hispania Racing F1 Team，西斯潘尼F1车队）破产，全年共11支车队，22位车手参赛。

一级方程式的核心是汽车比赛，但是这些用于比赛的汽车都没有实际使用价值，不允许在公路上行驶。对于看重实用主义的现阶段中国经济来说，不仅自己缺乏这样的原创创意IP，即使对要学习国际惯例、走全球化道路的目标来说，距离这样的高水平创意产业也还是很远，缺乏现代的文化底蕴。一级方程式的创意逻辑是，设计世界上最快的汽车，培育世界上最好的车手，通过赛车场在全世界举办集中赛事，在吸引观众现场观战的同时，利用电视传播渠道引起全球关注。由于项目对车手的体能和综合素质要求很高，所以被称为是体育赛事，又由于这个项目具有巨大的商业属性和商业价值，实际上是一个体育产业；另外，因造车的成本、运营维护的成本、赛事成本、观看比赛的成本都很高，所以这项赛事也是一项高端消费，是工业文明高度发达的产物。

一级方程式还是高科技的比拼：

一辆赛车从概念设计到制作完成需要2.5万小时的工作量；

顶级F1车队制造赛车过程中，需要生产数目惊人的零件，比如宝马·索伯车队（The BMW Sauber F1 Team）在12个月中生产了大约20万个零件；

F1赛车可以在2.5秒内从0加速到100千米/小时，在5秒钟内达到200千米/小时；

F1赛车有很强的制动特性，可以在1.9秒钟内从200千米/小时减速到0，刹车距离为55米；

使一辆赛车从315千米/小时减速到185千米/小时所需要的能量，相当于让一头大象向上跳10米的能量；

F1车手在比赛期间大约要换挡2600次，宝马车队曾经统计过，在大奖赛期间，一台引擎大约要点火800万次；

比赛中，F1排气管处的温度可以达到800℃。

所以这些数据都是常规汽车所无法达到的，但是掌握了这些技术，对于制造常规汽车来说，就是非常简单的事情。所以一级方程式锦标赛也是全球汽车技术的擂台，几乎汽车领域的所有最新技术都来自于一级方程式赛车企业。

对于这样的创意，中国首先将其理解为高消费，是奢侈品，不是社会主义的内容，是资本主义的游戏。另外，中国的体育还是以政府主导为主，体育和市场的距离大部分停留在口头上，数万亿体育产业在中国的发展还缺乏市场化推动机制。

这就是很多市场化体育项目在中国很难达到发达国家水平的重要原因。不是中国没有创意的市场，也不是中国人没有创意头脑，关键是创意产业在中国的发展基础还没有达到这个阶段，即使你有很好的创意，也很难找到这个创意的生存空间。

在国际电影界，最大的影响莫过于一年一度的奥斯卡颁奖礼。这个奖项已经创立90年了，至今每年有超过100个国家的观众通过电视及网络观看颁奖礼。这本身也是一个创意，依托于全世界每年大量上映的电影，这个电影行业的IP就是以发掘每年出现的优秀电影、电影明星来引起世界对这个年度盛会的关注，让自己成为世界电影市场生态的不可或缺的部分。

中国电影的百花奖创办于1962年，金鸡奖创办于1981年，后来两个奖合并为金鸡百花奖。在同样的创意领域，中国一年一度的金鸡百花电影节的举办就没有这么多人关注，每年谁得了影帝、影后，什么电影获奖，基本没有太多人关心，别说世界影响力，就是在中国国内的影响力也不断下降。它的中国主办方是中国文联和中国电影家协会，他们不会去考虑每年举办这个电影节需要获得什么认可，只是利用行政权力，每年让各个地方政府为了扩大地方影响力而申办举办场地，不停地在这个国家不同的地方轮流举办，就可以持续下去，这不需要太多创意。

2000年，我曾经给组委会提过一个创意，建议组委会在保障中国电影发展方向的前提下，把中国金鸡百花电影节作为一个IP，成立一个公司，把这个项目市场化运作，结果他们没有任何反馈，因为没有谁会对此做出决策。可能运作得再好和他们也没有什么关系，而运作不好，他们就要担负责任。

创意要符合创业的宗旨

创业是需要创意的，没有创意的创业行为缺乏想象力和创造性；但创意的目的是为了创业，创意必须跟着创业走，不能因为创意而创业，而是需要创业而创意。

早年的牟其中有过很多创意，最成功的创意是用中国的轻工产品成功通过易货贸易，从前苏联换回四架图-154客运飞机。这个创意让人大开脑洞，一方面为中国过剩的轻工产品找到了很好的销售渠道，另一方面给中国换回自己不能制造的大飞机。同时，这个易货贸易不仅解决了当时中国外汇极度缺乏的困境，还让南德集团获得了不错的商业利益。

牟其中还有一个创意曾经被人当成是一个巨大的笑话进行讽刺，那就是在喜马拉雅南麓炸开一个缺口，让印度洋的暖湿气流涌进青藏高原，以此改善青藏高原的自然生态，让沙漠变绿洲。其实，如果将一个立体的地球仪找来，你会发现，喜马拉雅南麓与恒河平原之间的海拔落差非常巨大，几乎是从海拔四五千米垂直下降到海拔几十米的平原，用今天的大数据技术是完全可以模拟出这个创意的气候模型的，到底这个创意是否成立，我们也没有听到有哪个技术机构研究和发布过。如果通过大量的研究投入，在不影响印度气候的情况下，为什么不可以考虑这样的创意呢？我们知道，在喜马拉雅东南通道，正是由于从海拔7000米这样的高度一个台地一个台地往东南方向延伸，才造就了中国乃至世界上最为丰富的动植物资源在这个地区垂直、立体的分布，造就了美丽的香格里拉这个大自然奇观以及适宜的气候。如果这个创意成立，背后的巨大商业利益和对中国农业的战略意义就不容忽视。

不管是什么创业机会和项目都必须有创意。创意也不仅仅是创意产业的专利。如何把机会变成项目本身就是创意，如何把一个IP成功通过创业行为形成公司、形成产品，也是创意，如何把一项技术成果转换成为在工业、在消费市场的产品，也需要创意。

乡村振兴战略是中国"三农"经历40年之后，中央根据今天中国的国情和城乡之间的关系以及"三农"工作现状提出来的国家战略，也是一个巨大的创意。但是要针对这样一个国家创意发掘出一个又一个新的商业机会，就需要把创意和商业机会进行再创意，开创出千千万万个创业机会，而不是把乡村振兴战略作为一个文件传达了就结束了，或者当成领导的指示到处讲就可以实现。需要根据中央的战略创意精神，深刻理解乡村振兴战略的要求和意义，再在中国广袤的农村大地，以乡村为单位进行专业化设计和创意，在这些设计和创意之中，找到创业机会。不能简单地按照中央的文件照葫芦画瓢地去实施。南方和北方不一样，东北和西南有区别，山地有山地的创意，平原有平原的构想；蔬菜产业发达的地方和主粮产业发达的地方不一样，农作物发达的地方和经济作物发达的地方不一样；不可能把中国美丽的乡村都建设得和城市一样，也不能把美丽乡村建设成一个模样。如此浩大的战略就像是一幅幅美丽的图画，重新规划我们美丽的乡村，也创造出巨大的投资经营和创业机会。在所有这些乡村振兴战略规划里，每一个具体的规划、具体的创意，都必须和创业的商业化逻辑相符合。

2017年，中央决定开发雄安新区，又是一个巨大的国家创意。中央直接把雄安新区的创意定义成为百年大计、千年大事。不到一年时间里，我们也看到，按照中央要求的细化雄安新区的创意内容逐渐见诸媒体。根据雄安的创建要求，雄安新区不能依靠房地产开发获得资金，解决城市发展的可持续问题，这样一个构想的出台，一下子就打破了已经成型20年的中国土地从征收到"招拍挂"的法定程序，意味着传统的政府靠土地出让金运营、银行靠地产信贷发展、开发商靠卖房子赚钱的链条在这里终结了。2017年五一假期，当想要买地、炒房的人按传统的思维惯性来到雄安时，才发现所有房子土地一年前就冻结了，失望而归。

那么问题就来了，土地不出售，开发商进不来，那么大规模的长期投资怎么来？回报靠什么？

2018年新年伊始，雄安新区决策高层提出了雄安新区发展思路，其中一条重要的内容是："要强化体制机制改革创新，从国际化和建设高水平社会主义现代化城市的视野来审视新区规划建设和发展，创新管理理念，深化管理体制改革、'放管服'改革，建立长期稳定的资金筹措机制，持续深化管控工作，建立与国际接轨、国内领先的城市管理体系。"在这一条内容中，高层已经提出：建立长期稳定的资金筹措机制，以及建立与国际接轨、国内领先的城市管理体系。这说明领导们已经看到了问题，提出了要求，但具体落实的实施方案是什么呢？这就需要创新的方案、新的创意。

早在2017年4月1日中央决定开发雄安新区的消息公布时，我就已经意识到这个问题。我当时就认为，应该借鉴国际上早就流行的房地产投资信托基金，结合中国的具体国情就可以解决，而且可以把资金筹措机制和先进的城市管理体系结合起来。

我在5月份左右，在手机上通过微信发了一条建议给河北资本研究会创始人史玉强。之后我应史玉强邀请担任了河北资本研究会顾问，而史玉强先生是河北政商界都比较接受的一位退居二线的厅级干部，曾经担任过河北商务厅副厅长和河北金融办主任，为人正直善良、思维活跃，非常热心河北的金融和经济发展事业。他看了我的建议之后，一方面希望我能够细化方案内容，另一方面积极联系河北财政厅雄安工作组负责人，把我的建议提供给他们。

我在经过反复思考后，提出了一个我认为完全可以实施的综合解决方案，这个方案既可以解决雄安新区资金筹措的机制创新，获得巨大的市场资金参与，同时还可以减轻政府财政资金的压力。通过资金的投资融资平台的设计，纳入城市综合管理的若干经济、环境、社会治理的内容。一系列创意迅速形成，在此分享如下：

关于雄安新区顶层设计的创新思考

2017年4月1日，中共中央、国务院印发了关于设立河北雄安新区的通知，这是以习近平同志为核心的党中央作出的一项重大的历史性战略选择，也是继深圳经济特区和上海浦东新区之后设立的又一具有全国意义的新区，是千年大计、国家大事。设立雄安新区，对于集中疏解北京非首都功能，探索人口经济密集地区优化开发新模式，调整优化京津冀城市布局和空间结构，培育创新驱动发展新引擎，都具有重大的现实意义和深远的历史意义。地位有了，定位有了，如何实现？举国关注。

我们认为，在雄安新区的顶层设计层面，既要达到不通过土地、房地产的级差地租来获得市场资本的参与，提高雄安新区土地和房地产的运行成本的目的，同时还要保障巨大的资金的投入。面对这一难以解决的矛盾，必须在投资融资模式上打破原有格局和思维方式，进行大胆探索和创新，通过投资融资模式创新推动城市规划、发展理念、产业导入、运作模式及管理机制、社会治理、生态治理等各个板块统筹、协同、联动发展，并且由此上升到社会治理模式改革、经济发展和运行模式改革，进一步推动政治体制改革的创新，使雄安新区成为中国经济体制、政治体制改革的最新探索和尝试。鉴于此，我们对其顶层设计形成如下几点建议和思考：

一、规划建设

按照中央通知要求，雄安新区规划建设以特定区域为起步区先行开发，起步区面积约100平方公里，中期发展区面积约200平方公里，远期控制区面积约2000平方公里；2017年4月26日，在雄安新区的首场新闻发布会上，确定先行启动30平方公里区域的规划设计。我们认为，只有首先明确以上不同发展阶段的相互关系，明确不同发展阶段，特别是30平方公里启动区在整体规划设计中的定位及需要解决的问题，才能在现有基础下对未来2000平方公里所承载的人口、产业功能等做好战略布局；同时，在规划设计中也需要注意做好原有区域生态、文化系统等的保护工作。以此为基础进行开发建设、将城市载体打造好，才有利于后期新区产业功能的发挥。

考虑到产业发展的重要性，建议在进行城市空间规划的同时，导入产业发展专业人士，把城市空间规划和产业规划统筹考虑，让产业规划布局在城市空间规划的同时融汇进来，避免产业规划和城市规划脱节。

二、产业定位与发展

雄安新区从一开始就提出，要在城市规划的同时就把产业和城市的规划同步，做到产城一体化。如果高端装备制造和产业服务成为雄安新区未来产业发展支柱，那就应该在产业规划同时，详细规划高端装备制造的种类、这些产业在全球范围内的产业链和价值链关系、中国在这些产业链和价值链里是怎么配置的、雄安新区采用什么样的方式来布局这些产业。

我们的意见不仅是要把产业和城市同步规划，同时还要确定这些产业导入和培育的方法，在导入和培育雄安产业的过程中，把产业、资本（金融）、城市进行同步规划和实施；不是被动地规划产业，而是要通过一系列创新的资本、金融、投资融资手段，主动培育产业、导入产业，以全球产业观重组整合产业，彻底改变传统的被动招商模式；不仅注重引进国内外企业、投资者，还要培育本地产业主体，培育本地创新创业，不要形成产业发展了，雄安新区就只是一个世界各国企业在这里施展的舞台，必须要培育出一批用雄安资本、在雄安注册、从雄安创业发展和腾飞的本土企业，相当于阿里巴巴之于杭州，华为、腾讯之于深圳。

三、投资融资模式创新

为规避过去单纯依靠土地和房地产投资价值进行招商引资的传统融资模式，严格落实中央"房子是用来住的，不是用来炒的"的指示要求，雄安新区自2016年6月以来即启动了对当地规划、土地、户籍、不动产交易及项目的严格管控。但新区的开发建设需要大量的资金投入予以拉动，为了在严控地价的基础上最大限度地减少政府的投资压力，建议借鉴国际上成熟的房地产金融市场模式，结合中国国情以及雄安新区特点，引进房地产投资信托基金模式，成立雄安新区房地产信托投资基金。

房地产信托投资基金是一种以发行收益凭证的方式汇集特定多数投资者的资金，由专门投资机构进行房地产投资经营管理，并将投资综合收益按比例分配给投资者的一种信托基金。在国外，房地产投资信托基金对已经建成或带有租约的不动产进行估值，并通过资本市场向公众投资者发行，已成为一个较为成熟的投资品种。以香港领汇基金为例，2005年11月25日，香港房屋委员会面向社会机构与个人，分拆出售名下180个商场和停车场，成立领汇房地产投资信托基金，在香港联交所主板上市，该房地产投资信托基金的发行使房委会得到300亿港元的收入，极大改善了其资产状况，并解决了很大一部分公租房建设资金。

鉴于雄安新区资产尚未形成的实际情况，可以考虑将雄安30平方公里启动区的土地基础存量价值作为资产池，向国开行、保险机构、四大资产管理公司等国家主流金融机构募资，以用于启动区的基本建设，在2～3年内使启动区初具雏形。一旦新区有租金收益后，即可通过中央批准，将资产打包进行上市挂牌流通，通过拆分资产份额，拉动社会资本参与投资，建立雄安新区长期持续的融资渠道。同时，通过新区建设的不断扩展及资本的流通，预计每年可实现7%～8%

的固定收益及权益增值所带来的收益，将在更大范围内吸引社会机构与个人源源不断地参与到投资队伍之中来，从而全面解决雄安新区的融资问题。

四、运营管理

2013年1月22日，中共中央总书记、中央军委主席习近平在中国共产党第十八届中央纪律检查委员会第二次全体会议上发表重要讲话，指出"要加强对权力运行的制约和监督，把权力关进制度的笼子里，形成不敢腐的惩戒机制、不能腐的防范机制、不易腐的保障机制"。现结合雄安新区的设立，如何在保障政府主导、遏制权力腐败的基础上形成政府统筹管理与社会专业分工并行的健康、有序的城市运行状态？如何在对雄安新区进行规划建设、产业导入等系统构建的同时，建立形成一种成熟完整的运营模式，继而实现新区建设运营的一体化、合理化、高效化？如果借此契机，通过对雄安新区运营管理模式的探索，成功建立起具有开创性意义的新区模式，则极有可能促使雄安新区成为全国城市建设的标杆，同时推动整个社会体制机制的创新。

为实现政府对雄安新区建设的统一指导与管控，同时满足当今社会分工及专业化程度更趋明显的外部环境要求，建议以雄安新区房地产信托投资基金为基础，成立由政府与社会资本联合组成的雄安新区投资信托基金管理公司，统筹负责整个新区的运营管理工作，拥有对于新区资产的管理权、经营权及收益权。该基金管理公司由政府控股，保障政府的宏观管控权，旗下设立若干交通、环保、通信、娱乐等各行业的子公司，为社会各个领域的运行发展提供最具专业化的管理与服务，实现社会产业功能的最大化。同时，该基金管理公司还可通过品牌授权经营、收购、合资、联营等形式，引入全球各类优质产业资源，形成产业基金，从而实现基金管理公司资产的流动及增值。

由于信托基金管理额度非常巨大，除了每年的经营成本和需要支付给投资者的投资回报之外，基金拥有巨大的投资融资能力。这些投资能力可以大规模用于雄安新区三个层次的资本性投入，创办创业基金、PE投资基金、并购基金，利用三个层面的多行业投资基金，作为雄安新区产业发展的主要投资力量。加上和这些产业、基金相关的各类金融机构的进入，必然会形成以产业基金为核心，以产业为支撑的综合金融生态。以这些产业所形成的产业集群和京津冀协同发展转移过来的产业，再加上来自全国各地、世界各地投资者构成的产业，作为雄安新区整个社会经济发展的支柱。

利用上述运营管理模式，一方面可以改变过去政府主导市场行为所导致的招商引资成果与产业发展初衷相脱节的现象；主要通过产业转移和产业导入，而不是传统招商模式带来的产业，可以保证产业发展质量和产业发展的可持续性。另一方面，由于巨大的资本力量、市场力量和经济力量，资本平台完全可以承担现有行政体制内的产业政策制定、项目审批、重大投资融资等大量目前由政府或非市场主体担负的职能，完全可以把这些职能交给基金、资本平台来解决，实现以资本为纽带推动行政体制与社会运营方式的改革。在保留政府履行行政及公共安全等基本职能的基础上，防止因政企不分所滋生的腐败，避免政府部门间的推诿扯皮，从而不断提高城市的运行效率。把投资、产业、商业、经营等交给市场，真正实现政企分离，杜绝权力对商业的寻租空间和行为，把权力关进制度的笼子。以资本为纽带整合资源，推动运作模式和管理机制创新，在政府的引导和控股下，实现公司化、产业化、市场化、专业化、社会化。

按照这样的发展、运行和管理模式，雄安新区不仅能够科学地发展产业，使新区获得产业的支撑，而且这些产业不由少数产业寡头、金融寡头控制和垄断，大量的资本属于基金资本，让更多市民能够成为资本拥有者，在获得劳动收益的同时，还能共享安全的资本收益，可以大大降低两极分化，实现社会分配的公平；同时，资本平台承担了更多社会责任和经济职能，不仅会让经济决策效率提高，还会有效防范原有的寻租现象的发生，有效遏制腐败现象。

综上，对于雄安新区这一"白纸"区域，要将其建设成为一座以新发展理念引领的现代新型城市，就要牢固抓住产业这一核心，同时充分发挥资本撬动杠杆的作用，推动财政资金与社会资本的有机结合，最大程度上实现产融结合，产城结合，引领雄安新区成为国家新城建设的示范，成为社会主义市场经济创新经济体制、社会治理结构和政治体制改革的示范，使雄安新区率先成为进入社会主义中级阶段的地区。

不管是乡村振兴战略也好，还是雄安新区的创新方案也好，从顶层设计的宏观性到落地的具体实施，必须要有一个再创新、再创意、再创业的过程。乡村振兴战略和40年前的土地承包责任制相比，带来了海量的创业机会，同样，雄安新区的创意方案也带来了巨大的创业机会。

从乡村振兴战略来看，土地的"三权分置"集约化出现了农地、宅基地、集体建设用地的集中经营，无数个基于农村土地的创业机会将从这里诞生；从土地投资经营到种植业、养殖业、种养行业的科研、生产加工、仓储物流、信息服务，一、二、三产业的联动，必将吸引巨大的社会资本下乡，给农民带来巨大的发展机会。"三农"第一次将土地经营和产业经营放在一个资本主体下，才有了中国农业产业化和现代化的腾飞。

同样，雄安新区如果将土地集约在基金旗下，由基金管理者将土地以及不动产作为生产资料，以出租、合资、合作等多种方式与各类经营主体合作，减少了创业者的创业成本，会大大吸引更多创业者奔赴雄安新区开辟人生的创业之路。

2018年4月13日，对于海南岛来说是一个不眠之日。习近平总书记在庆祝海南建省办经济特区30周年大会上宣布，中央决定支持海南逐渐创建自由贸易港。这又是一个世界级的巨大创意。自从海南建省以来，已经有很多次传言，要把海南建设成为独立封闭的国际自由港，海南的房地产价格经常随着这个信息而起伏。传言30年之后，海南不仅没有成为自由港，反而由于定位不清，地位一再下降。即使后来提出把海南建设成为国际旅游岛，但至今这个国际旅游岛的国际化也远远没有达到要求。

正当大家渐渐把海南遗忘的时候，习总书记代表中央决定创建海南自由贸易港的创意，可以说出乎所有人的预料，同时也显示了习总书记的高瞻远瞩和宏大的魄力。这个巨大的创意选在这个时候决策，比以往任何时候都更加有意义。

第一，通过创建海南自由贸易港，再次向世界表明了中国改革开放的决心。

第二，建设一个发达强大的海南，有利于巩固中国在南海地区的战略地位。

第三，通过海南自由贸易港的创建，可以更进一步引进发达国家在国际贸易、医疗健康、金融、文化娱乐、旅游等很多产业领域的经验，对于扩大开放具有非常重要的借鉴意义。

第四，通过对外开放，可以吸引大量的国际国内投资，有利于海南经济文化的发展，同样也会给海南创造优良的创业环境，提供巨大的创业机会。

海南自由贸易港的建设创意同样也给中国的创意产业带来巨大的想象空间，包括资产、股权、特种商品、金融、农产品等各种创意交易场所，此外，博彩、跑马这样的过去的禁区都有机会开启，创造超越性的突破。相信在这么巨大的创意之下，还会有无数的创意诞生在这个热带风情的海岛上。

创意绝不仅是形象思维的专利

在我们通常的理解中，创意更多是形象思维的东西，人们更是把所有形象思维的产业称之为创意产业，包括主题公园、游戏、影视创作、文化产业、形象设计、广告设计等。百度上对创意的第一个解释是创造意识和创新意识的简称。创造意识和创新意识都是哲学概念，应该包含了对于所有事物的创造与创新，不仅形象，而且抽象。所以，这一节主要是讨论创业中的意识创造、观念创造和制度创造这样一些非形象思维的创意。

改革开放40年，就是脑洞大开、充分激发中国人想象力和创意的40年。

当年邓小平面对中国向何处去的疑问，面对中国到底是继续社会主义计划经济，还是学习在工业革命中取得巨大成功的资本主义市场经济的选择，最终采用了东方人的中庸之道作为决策智慧，而没有采用西方哲学思想中的非此即彼思想，用最简单而通俗的形象思维，解决了复杂的哲学命题。

40年来，中国既坚持社会主义，也学习资本主义；既革新了僵化的理论，也吸收了资本主义市场经济的先进机制。我们走中国特色社会主义市场经济道路，政治上坚持社会主义，经济上学习资本主义市场经济。中国既坚持了马克思、毛泽东的理论和思想，也没有自立门户，想出一个完全超越的政治经济制度。这就是创意。

邓小平只是确立了中国发展的目标，达到这个目标的方式是走中国特色社会主义市场经济道路。这条道路从来没有人走过，没有可以借鉴、模拟的版本，每一步都需要创意。比如，农村几乎所有的土地在计划经济时代都是高度集约化经营的，农民被土地和制度牢牢捆绑，劳动者的能力和智慧勤劳都不能被发掘出来，土地价值怎么创造呢？但如果把土地分给农民，实施土地私有化，就是私有制了。怎么解决？承包。东西是我的，交给你经营。为什么不用信托呢？那是资本主义的。承包是什么主义？什么主义也不是。这就是激活土地这个巨大生产资料的创意，因为这个创意，中国开创了一次最大规模的创业浪潮。

国家确定了这样一个创意，整个中国从上到下、方方面面都要在这样的一个创意下去解决生存和发展问题，于是每一个行业、每一个领域、每一项制度和政策都需要在"摸着石头过河"的基础上去探讨改革开放。这对于一个大国来说，实在是太难了。基本制度不变，还需要改革开放，改到什么程度，开放到什么程度，谁也不知道。从1978年开始到1992年"邓小平南方谈话"之前，中国进行了各种大胆的探索和尝试，取得了很多经验，也出现了很多问题。大家在"摸着石头过河"这条道路上又停滞了，疑虑了，彷徨了。

邓小平这位已经退休的总设计师这时再次站出来，让大家不要争论到底是姓"社"还是姓"资"，要大胆改革、大胆开放，这才再次让大家在改革开放的道路上继续不断地产生若干创意，往前发展。

比如，对于是不是搞市场经济，大家认为，市场经济是资本主义的创立法宝，不走资本主义道路，怎么能够搞市场经济呢？社会主义按计划配置资源，市场经济按市场配置资源，怎么协调呢？

除了"摸论"之外，邓小平还有一个创意就是"猫论"，在"摸着石头过河"这个过程中，这只猫需要抓住老鼠.

于是1992年之后，中国才有了无数真正的创意突破。比如资本市场在1992年之前就已经设立了，不仅不敢发展，还不敢叫资本市场。因为只要叫资本市场，就可能被扣上资本主义的帽子。企业创办、企业创业、企业改制核心都是资本问题，但是就不能叫资本。我们叫证券市场，叫注册资金，改制叫股份制改革，叫现代企业制度。直到1997年之后，我们才敢称之为资本运营。

回顾这些历史和过程，无非是要告诉大家，国家也好，企业也好，创业过程也永远是一个创意的过程，它无时无刻不需要创意，而且这些创意绝不仅仅是形象思维。决定创业，不再当职业经理人就是你人生的创意；创业是一个人当股东，还是找几个伙伴一起创业，也是创意；创业从事农业或是制造业还是服务业，也需要创意；创业的时候设计什么样的股权结构，怎样定义企业的核心竞争力，怎样设计商业模式，做什么产品，打什么市场，设计什么品牌，创建什么企业文化，都是创意的过程。每个创业者都不要小看创业过程中每一个创意环节。

在这个过程中还需要跟着技术的进步改变你的创业创意，也需要随着行业的变化而改变你的创业创意。同样拿中国农业领域的创业来说，当年刘永好几兄弟抓住了中国发展基本的温饱需求，中国人需要吃猪肉、牛肉、羊肉和鸡鸭鹅肉，而所有这些养殖业都需要饲料工业化才能满足养殖业的发展。但如果在今天这个时代，你还用这样的思维，那就是没有创意。由于中国大的消费需求发生了变化，老百姓需要吃更加高品质的食品，过去40年只是满足基本需求，现在需要满足高级的食品需求，这个需求中国的食品生产企业还难以满足，于是，大量消费就到了海外。那么我们如何在这个时候设计创意来找到创业的机会呢？大量的创业者就做起了海外代理的创业。国际上的一流农产品几乎都在中国通过各种机制建立代理体系，有的海外华人和国内市场结合，注册海外品牌，发掘海外贴牌，形成代理一条龙，把国际产品通过各种渠道卖到中国。但是在中国国内，几乎再没有出现从种植环节发展起来的大型农业产业化企业。十多亿人口的中国在农业产业领域竟然诞生不出一个类似泰国正大集团这样的农业产业化企业，为什么？这些年来，很多人都认识到中国农村的创业机会来了，也有很多城市资本下乡创业，种植业养殖业、农业科技以及整个产业链的都有，但成功的不多，失败的很多，原因又是什么？

从成功的创业者来看，褚时健是一个典型的农业产业化的范本，褚橙的成功有什么创意吗？全中国有多少柑橘种植企业，为什么褚橙后来居上，成为不依赖地理标志产品的著名品牌？他的创意看似没有什么创意，但我认为他的创意就是在土地上做足文章。产品是种出来的，而不是推销出来的。浙江有一家上市公司叫寿仙谷，通过土地流转获得1000亩（约合66.7公顷）土地，主要种植西红花、铁皮石斛、灵芝等几种作物，把种植、科研、生产、销售的一、二、三产业链垂直打通，仅仅凭1000亩地就做成了上市公司，他们为什么会成功？有什么创意？而著名企业东方集团投资数亿，流转上万亩土地在五常种植稻花香米，为什么又不成功？投资经验那么丰富的著名企业家张宏伟为什么会在自己家乡栽跟头？从养殖业来看，中国为什么没有养食用羊、食用牛的大型优秀企业，而必须大规模从海外进口牛羊肉？中国已经有那么多著名的乳制品企业，伊利也好，蒙牛也好，雅士利也好，但为什么还是满足不了中国市场对牛奶和奶粉的需求？所以，中国农业领域一方面机会太多，空间很大，另一方面创业的风险同样很大，需要太多的创意和踏踏实实的精神。

防止创意泡沫

从1994年来北京成立公司算起，我在北京也有24年。经常有朋友向我问起，在北京工作需要注意什么，我每每不假思索地告诉对方，需要学会防忽悠的能力。北京是中国政治、经济、文化、科技中心，汇聚了全中国甚至全世界各行各业的优秀人才，但是，北京也是中国高水平、高智商骗子最密集的地方，在北京一定要学会的一种能力就是如何迅速识别高水平和高智商忽悠。

我在这方面的识别能力早在当年的海南就已练就。在1988年海南建省到1993年的海南调控的这个阶段，全中国的创意大师几乎都集中在海南。我见识了很多忽悠，也学会了怎么快速识别忽悠。

当年的海南有一块牌子叫世界银行办公室，这块牌子和另一个公司中国海南兴南集团几乎是一套人马，两块牌子打着可以引进世界银行资金投资开发海南的旗号，创建了平台，平台里几位大名鼎鼎的人物都是来自北京。这两块牌子和平台在当年的海南几乎是呼风唤雨，我们当时以为是世界银行为了开发海南，专门在海南设立的机构，结果世界银行的钱影子也没有，该平台倒是利用世界银行的招牌作为背书，得到了海南财政的支持。它最后做了几件事情：创办兴南集团，最后陷进房地产拔不出来；孵化创办了海南农业综合开发试验区这样一个正厅级机构，折腾一段时间，早已烟消云散；成功孵化出海南航空公司，成为海南开发开放这么多年唯一成功的企业，但2017年因为股权不清晰并且陷入巨大的债务危机，至今还在痛苦的重组之中。

说得好听些，这些都是那个年代最精彩的创意，说得不好听些，它们也是野蛮生长阶段的忽悠故事。

当年的海南，各种惊心动魄的忽悠故事让人非常长见识。一个中国功夫表演团体，依靠一些表演性质的武术节目，最后也忽悠出来一个股份公司，居然也可以发行股票；有人高谈阔论，把海南与中国香港、中国台湾、新加坡、曼谷等国家和地区的距离一分析，就可以提出"虽然孤悬海外，但是战略地位十分优越"等一系列结论，比较海南的土地价格与中国香港、中国台北、新加坡和东京的差距后，就认为海南潜力巨大。20多年过去了，今天海南的土地和房价仍未达到这位高人忽悠的价格。

我离开海南20多年，发现如今北京已成为中国创意泡沫最严重的城市，各种制造创意泡沫的人才都到了北京。如果你在重庆，看到的最多是来自重庆的创意项目；你在广东，看到的最多是广东的项目；但是在北京，你看到的不仅是来自中国所有地区的创意故事，还有来自全世界的创意故事。

有打着"红二代""红三代"旗号来忽悠的，有打着内蒙古、新疆、西藏的民族特色来忽悠的，也有带着退休将军来忽悠的，还有拉着影视明星来背书，拉着经济学家、艺术家站台忽悠的。

我看到的最夸张的创意故事有两个。一个是号称来自智利圣地亚哥的基金，据称这个基金所有者是1000多年前的唐朝皇室成员，在唐朝衰落的时候把巨大的皇室财富转移到了国外，这些财富富可敌国，掌控着美国最大的经济财团，也掌控着欧洲最大的私人银行。由于中国多年战乱，这些财富只能在国外传承。如今中华盛世到来，财富的传承人要把这些财富带回来，帮助中国的发展。只要是国内的直接投资项目，在基金认可的情况下，可以轻松获得百亿美元的直接投资且没有利息。当时我非常好奇，我非常清楚这完全是瞎编出来的东西，但就是想看个究竟，看看他们编出这些创意到底是什么目的。结果，在我们确定了绝对不支付任何成本的前提下，这位神秘的美籍华人传承人再也没有出现。

但几年之后，我居然发现有朋友被类似的基金欺骗了。有一位金融界的朋友因投资高速公路需要巨大的资金，前期投资也形成了不小的资产，可以作为信用，但原有的融资承诺没有了，他只好到处寻找融资机会。于是有人告诉他，海外有大量的美元基金进不来，只要有项目批文，由政府或者金融机构提供担保，这些资金就可以进来，数额不限，使用周期长、利率很低。融资中间人可以提供授权书，提供这些资金在海外金融机构账户上的存款证明。但是如果要获得这些资金，除了必备手续之外，需要先支付一定数额的保证金。我这位朋友给我非常详细地描述了这个融资的所有过程和细节，他确信无疑，并且告诉我，如果融资成功，他愿意把这些钱提供给我，一起参与重组并购。

我从一开始就不相信这样的故事，但怎么也说服不了我这位朋友。我也一再告诫他不管真假，一定不要先付钱给对方。几个月的时间里，他一次又一次告诉我，下周资金就到账了，但是最后也没见到钱。后来他不好意思地对我说，自己花了不少于1000万保证金，最后连融资的影子也没有看见。

还有一个忽悠的案例很神秘。故事是说，解放战争期间，蒋介石下令将故宫的文物运往台湾，在几批运往台湾的故宫文物中，有一批数万件文物在运送途中被土匪劫持了，蒋介石来不及剿灭这些土匪就逃到了台湾。这批文物被土匪藏在了深山里，后来这些土匪被解放军全部剿灭，没有一个人知道这批故宫文物藏在了哪里。直到21世纪，文物才被偶然发现，悄悄运回北京。在东四环一个很大的地下室，我见到了这些充满传奇故事的文物。确实很让人震撼，各种铜器陶器密密麻麻地摆在地下室，一个个封存这些文物的木箱，还隐约可以看到"中华民国"的封条，字样号称这些文物价值500亿以上。

看完这些东西，我感叹这些人真敢创意。对方疑点实在太多，真不敢相信这是在北京，带我去看的朋友也不是一般人，而是非常有身份的人，并且一再告诉我是在绝对可信的状态才特意安排我去看的，没有一定的身份，是没有机会分享的。

这就是北京！在北京工作生活很多年，你会经常遇到各种有故事的人讲一些让你不敢想象的事情，让你觉得北京就是一个深不可测的地方，什么惊天动地的大事在这里都是小事。如果没有快速识别的能力，一不小心就上套了。即使你搞明白了，也会耽误很多的时间。

当然，创意绝不是凭空捏造，不是天马行空、信口开河。对于创意来说，今天有一个非常精准的表达方式，叫做顶层设计。通过顶层设计使创意成为一个科学的系统，这样将会让创意能够有序地成为现实。对于中国来说，从创意到顶层设计是一大进步。

改革开放40年来，中国用"摸着石头过河"的方式走过了一条前人没有走过的道路。在新时代，面对越来越复杂的国际经济、政治、社会、文化环境，中国开始主动采用顶层设计，建立系统的指导方针后对重大决策事项作出安排。比如，2018年年初在达沃斯论坛上，新当选的中央政治局委员刘鹤就表示，中国开放的尺度会超过国际社会的预期；在4月11日博鳌亚洲论坛上，习主席宣布中国将要加大开放的力度，并于4月13日宣布海南将成为中国自由贸易港。这样一些重大的国际国内决策就体现了中国在顶层设计上的重大创意和智慧。

第六章

创新时代

创意和创新有时候是很难严格区分的，但是放在创业这个领域，我还是把这两者分开来写，希望提供给创业者更多的思考，也给大家分享更多有意义的探索。创意和创新是不一样的，创意主要是在创业过程中采用不一样的方法或者主意，而创新却是指在创业过程中做没有的东西，是对旧的东西的突破。以褚时健种褚橙为例，在整个褚橙的创业过程中，他把重心放在种植环节上，而不是开发一个新的柑橘品种，这就是创意，如果把创业放在产品品种上和育种上，就是创新。创办一个制药企业，生产仿制药，把重心放在功能、产品销售策略和品牌塑造上就是创意，而生产自己研发的新产品就是创新。

　　爱尔眼科创业的时候，创始人陈邦借钱买了一台白内障摘除仪器，怎么经营这台仪器是创意，而后来创办民营眼科医院就是创新。

　　共享单车的创业是创新，而用什么方式赚钱，用什么样的自行车，采用什么样的方式和自行车厂商合作，则是创意。

　　区块链是创新，利用区块链做什么应用就是创意。

　　创意和创新相互区别也相互交融，没有冲突，可谓"你中有我，我中有你"。创意中需要创新，缺乏创新的创意是没有生命力的创意，是没有持续力的创意；同样，创新中也需要创意，没有创意的创新也是难有核心竞争力的创新，也是缺乏活力的创新。

本书在上一章"创业中的创意"的基础上，讨论创业中的创新。当然，这里要写的创新绝不仅仅局限在创业行为中，还包括中国的经济体制、市场环境、国家治理、全球化等议题范围，必须把创新放到一个巨大的历史格局中，才会看到创新的光彩夺目、灿烂辉煌。

改革开放 40 年就是创新的 40 年

改革开放40年对于整个中国来说就是一个国家的变革和创新，各个时期、各个领域都是百花齐放，推陈出新。

改革本身就是创新，改革就是变革过去影响阻碍国家、民族、经济、政治、社会、文化发展的一切陈旧、落后的东西，开创一切新的东西。开放同样是这样，通过开放，吸纳接受世界各国的新东西，而我们在各方面也要通过创新走向世界。

创业也是如此，改革开放40年是创业的40年，也是创业过程中不断加大创新力度的40年。从早期被动、盲目、小规模、低层次、缺乏技术含量、缺乏创新的创业，到今天形成体系完善、群体庞大、层次丰富的巨大的创业创新潮流，已经是世界奇迹。

改革开放初期，乡镇企业的诞生是一种创新。短缺经济时代，供应为王。国有企业适应市场的能力有限，对市场需要的东西，国有企业没有兴趣投资经营，也没有参与市场需求产品的机制。我们在20世纪90年代参与过辽宁盼盼防盗门的改制工作。盼盼防盗门是辽宁大石桥市的一个乡镇企业，最早生产办公铁柜。这类产品过去国有企业不生产，市场有了需求之后，乡镇企业嗅到商机，再加上技术含量低、投资也不大，农村土地承包之后农民的剩余劳动力充足，就开始生产。后来，产品市场饱和，竞争激烈，这个工厂转型生产防盗门。企业在最难的时候被承包给了工厂管理人员韩召善，韩召善将其改名为盼盼防盗门，这个企业在韩召善的经营下，成为中国最大的防盗门生产制造企业。它虽为乡镇企业，但是早就私有化了。但是韩召善不愿意把这个企业改制成为私营企业，依然顶着"红帽子"，享受着乡镇企业的待遇，从小铁皮柜加工企业到中国当年最大的防盗门企业。当时在中国出现了不少这样的企业典型，尤其是温州，乡镇企业创业创新如雨后春笋般生长出来，不用多少资金，几乎都是前店后厂，家庭作坊似的小型乡镇企业遍地开花。为什么都叫乡镇企业呢？因为改革开放初期还不允许创办私营企业，只允许有个体经营者即个体户，于是很多人只能打着乡镇企业的旗号创办私营企业。所以那个年代能够成功创办企业都是创新。它们生产的产品都是大型国有企业不愿意生产的低端消费品。

另一类创新叫做大集体。1978年之后，知识青年上山下乡基本上停止了，大量在边疆、尤其是云南边疆的知识青年，有上百万人返回城里；而当时大学招生刚刚恢复，招收数量有限，成千上万的应届高中毕业生待业，就业成为社会问题。全国各地国有企业就创新性地开办了两类企业，一类叫做劳动服务公司，另一类叫做大集体。

劳动服务公司是由生产制造企业内部集资创建的轻资产类型的公司，主要是为生产制造企业提供生产性服务。我当时所在的重庆起重机厂主要是生产制造各种单梁、双梁桥式起重机和电动葫芦。创办劳动服务公司就是通过内部职工集资，把一些过去不提供的服务作为有偿服务开展起来，包括产品包装、运输、售后服务、上门维修，等等，在扩展生产制造企业业务范围的同时，开发创新了业务模式，还可以解决一些家属就业问题。

大集体就不一样了，由于待业青年太多，国有企业招工指标完全不能满足就业的需求，于是，就由银行提供贷款，主厂提供担保，在主厂附近投资创建和主厂业务关联的企业，延伸主厂产品链。所有这些企业的员工都没有国有企业员工的身份，福利待遇也比不上国有企业，找男女朋友都不具备国有企业员工的优势。这类企业称为大集体。在当时的条件下，这样的创业创新解决了大量待业青年的就业问题。虽然这些企业都不是国有企业，既不是国营也不是民营，员工也没有国有企业员工身份，但是在后来进一步的改革改制过程中，大量的劳动服务公司、大集体企业，只要没有关停并转的，都通过各种方式改成了民营企业。

20世纪80年代初期，为了鼓励发展经济，出现了各种各样的创办企业的形式，但有一条，必须是国有机关、政府机关或者事业单位创办的企业。那时没有《公司法》，但是创办了各种公司，为什么叫公司，谁也说不清楚。这个叫环球公司，那个叫四海公司，都没有一分钱的资本金，全部是机构担保，银行贷款。今天看起来都像是笑话，可在当时，这些创业者都是威风八面的英雄。

20世纪80年代的创业者能够创业，本身就是创新，那个年代最前沿的创业地带就是深圳、珠海、厦门、汕头四大经济特区。而其中最为成功、动静最大的还是深圳。深圳特区的基础条件不能和其他特区比较，必须要有大量基础建设投资，于是大量香港、澳门和海外华人早期的加工制造企业迅速涌进劳动力、土地成本都非常低的深圳，而这些企业也成为中国最早的创业者的老师。全国各地涌向特区闯荡的人才以及大量国有资本在深圳的投入产生出许多商业机会，使深圳成为中国市场经济环境下最早的创业良港。

深圳之后便是海南。1988年，海南建省成为中国最大的经济特区。大量在深圳学会企业经营的人才已经拥有一些创业资本，连人带钱来到海南，各种创新的创业活动比在深圳又多了很多内容。他们投资土地搞房地产、投资旅游业、投资出租汽车、投资各种贸易、娱乐业、酒店业、海运、进出口等，形成当时中国最大的创业潮。海南的创业高潮出现在"邓小平南方谈话"之后。虽然"邓小平南方谈话"推动的最大的经济事件是开发上海浦东，但是各种创业中最创新的活动一定是海南，以至于从1992年年初到1993年年底不到两年的时间，产生了后来在全国到处开花的从海南回到内地的创业英雄，海南成为中国最早的创业创新的大学堂。于是后来有人把海南称为中国市场经济的大学，这个庞大的创业、创新群体被称为"海大毕业生"。

最后，由于1993年的宏观调控，银行迅速收紧、回笼信贷，海南的创业机会突然消失了。原先到海南的创业人群纷纷带着学到的创业、创新观念和方法，像离开延安一样，奔赴四面八方。

可以说，海南的1992～1993年几乎就是一个疯狂创业创新的博览会，只要有创新的思路和理念再加上胆识，好像就没有办不成的事情。我当时的老板范日旭的故事和在他身边创新的商业经历使我终生受益。在海南，他第一个白手起家开创了出租车公司的商业模式，让吉林轻工业进出口公司出钱买车，他去拿出租车牌照，吉林轻工把汽车资产委托租赁海口顺风出租车公司，同时，顺风公司第一时间把出租车租出去，承租人一次缴足50%的租金，然后再按月支付份子钱，和今天的互联网模式差不到哪里去。"羊毛出在猪身上，狗来买单"，顺风公司坐收渔利。要讲互联网思维，老范在互联网还没进入中国的时候就已经具备了。

海南创办了中国第一个大型农业产业化试验区——海南农业综合开发试验区。这是一个正厅级单位，国家每年给5000万元，连续给五年，希望用这个创新平台闯出一条农业产业化的新路出来。这样的模式完全不是中央安排的，都是一群有激情、有想象力的精英设计出的创新思路，有了方案就可能成为现实。而今天资产上万亿的海航集团在1991年创办的时候，资产只有2000万人民币，1992年，我们的海南顺丰股份有限公司和海航集团一起，共同成为同时代的定向募集股份有限公司，经过20多年，海航集团成为世界500强企业和中国最大的民用航空运输服务企业之一。

我在参与筹备海南农产品期货市场的时候，职务是期货经纪部总经理。我通过学习发现，期货经纪是整个期货市场重要的环节，需要创办期货经纪平台，但是那个时候完全没有相关的政策、法律规定。我提出方案，带着海南省工商局市场处处长到广州走了一趟，发现广州已经成立了多家经纪人事务所，回到海南，工商局就批准我们成立了中国第一个省级经纪人事务所——海南省经纪人事务所。

1992年"邓小平南方谈话"带来的最大效应就是创新，就是勇敢试验、大胆突破。这期间最大的创新就是开创了中国的股份制企业时代，用今天的专业语言来说，其实是开创了中国资本运营和资本市场发展的时代。1992年，国家体制改革委员会制定颁布的《有限责任公司规范意见》《股份有限公司规范意见》两个文件，才使中国第一次有了公司法规的基础，对于构建社会主义环境下的市场经济意义非凡。中国第一次有了"股份"这个资本概念，这是市场经济最重要的细胞。没有资本市场，市场经济是不可能创建起来的。有了股份这个资本内核，才能真正凝聚社会财富，参与市场经营，解决市场发展需要的资本问题。

所以，这个市场核心的确立是在海南完成的。海南在短短一年多的时间里，创新性地创建了100多个定向募集股份有限公司，募集社会资本超过100亿人民币。全国各地各种机构和个人的资金被灵活创新的股份制机制吸引到海南，也是这个时代的一个创举。虽然后来海南过度投资于房地产市场，使这个创新遭到重创而昙花一现，但是创新就像一粒种子，被那个时代的闯海者传播到中国的四面八方，股份制的浪潮在全中国风起云涌，成为中国市场经济重要的推手。

现在海南的创新机会又来了。2018年4月13日，在庆祝海南建省办经济特区30周年大会上，习近平总书记宣布中央将要支持海南创建自由贸易港。从30年前建省到现在，海南经历了几个重要节点：1988年建省办特区、1993年宏观调控、2011年提出创建国际旅游岛。但是，30年来，海南并没有像人们当年所期盼的那样，成为所有人心目当中的欣欣向荣的理想王国。而这一次，被寄予厚望的自由贸易港会被看好吗？如果在过去，这样的消息出来就是房地产炒作的概念，而这一次，政府马上宣布，购房者五年之内不得出售。

中国第一个自由贸易港海南的未来会是怎样？会是新加坡，还是今天的中国香港？如果给海南特殊政策，早在2013年，中央就给了海南在医疗领域的特殊政策，但是五年之后，这些特殊政策给海南带来了什么？自由贸易港的所有内容都需要创新。而所有创新都需要有一个高水平、高效率的政府以及各种高水平人才。以目前的海南来看，这两个条件都不算好。海南缺乏人才，但是可以用什么样的方式吸引人才呢？近20年来活跃在中国经济舞台上的很多精英都有过闯荡海南的经历，当年怀着一腔热血，充满激情，今天还有这样的一群人吗？我相信渴望把海南创建成世界瞩目的自由贸易港的人才大有人在，但是今天有什么样的机制能把这些人吸引过去呢？当年海南建省的时候，中国是没有几个地方是开放的，而今天吸引人才的地方已经太多，大家凭什么要去海南？所以，政府的效率、机制和人才，将成为海南自由贸易港创新事业能否成功的关键。

如果说改革开放40年最大的创新，我觉得是成功引进股份制，在社会主义政治体制下创办资本市场。由于这个创新，中国确立了市场经济的基础，确立了市场经济中私人企业和私人资本的地位，这个地位的确立，让市场经济中最重要的资本要素和人的要素结合在一起。西方资本主义国家结束中世纪的最伟大的一个思想体系不是资本主义，而是文艺复兴时期带来的以人为中心的人文主义思潮，它解放了人的个性，焕发了人的青春，在人和神的关系上，人成为第一要素，不是神统治人，而是人创造了神。这些思想体系问题的解决，把人从神权中心解放出来，于是，他们发明了蒸汽机，开启了工业革命，同时开创了资本主义时代。资本和工业革命的结合，产生了资本主义，创造了市场经济，开创了现代工业文明。

中国社会主义的缔造者中国共产党根据中国国情，用40年时间，开创了中国特色社会主义市场经济模式，走出了一条独特道路，让全世界刮目相看。这其中非常重要的成功经验就是明确了个人在市场中的经济权利和地位，这个权利和地位就是自然人在公司资本中的权益和个人在资本市场中的权益，使普通大众拥有了财产性收益，而这个财产性收益又没有动摇整个国家的公有制主体地位。这两个几乎水火不容的要素有机地、科学地结合在一个国家，在人类社会历史上就是一个史无前例的创新。虽然在这个过程中，我们不断经历国有资产流失、混合所有制改革、民营企业控股国有企业、企业员工通过全员持股方式收购国有企业等各种难以廓清的争议和代价，国有资本和民间资本之间的冲突从来没有停止过，但是客观上又推动了中国经济的快速发展。正是由于这个创新，才让整个中国经济社会在40年时间里创造出奇迹。

创新是一个系统。发达国家走过工业革命的时候，经历过突飞猛进的时代，也陷入过发展的困境，但总的来说，还是在渐进发展的历程里走过来的，整个系统是平衡的。早期工业革命处在野蛮生长的时代，也出现过社会财富的严重分化、严重的不平衡，但是后来，这些发达国家也会利用税收、社会保障和社会福利来进行平衡。而中国在短短几十年的时间里经历了西方发达国家几百年的历程，在高速发展中出现的不平衡也是不可避免的，比如"三农"问题。改革开放初期，通过土地承包、解散人民公社，解放劳动力，让农民从土地的约束中解放出来，不仅解决了粮食问题，还提供了中国工业化所需要的大批廉价劳动力。但是这个创新之后，中国的重心就放到工业化、城市化去了，"三农"领域贡献了土地、贡献了劳动力，但是城乡二元结构之下，"三农"没有得到同步发展，这就需要再次大胆创新。但是中国"三农"的问题又非常复杂、棘手，没有魄力是难以创新的。几十年下来，矛盾已经到了不得不解决的时候。这时，十九大提出乡村振兴战略，必须变革、必须创新。

创新的价值在21世纪更加显示出生命力。发达国家早在20世纪七八十年代已经全面完成工业化，使资本主义制度和工业革命的结合达到一个顶峰，但是由于工业革命的特点和资本主义自身的深度缺陷，它们的发展遭遇了瓶颈。通过借鉴资本主义市场经济模式而获得高速发展的中国，在逐渐接近发达国家工业化水平的时候，新的工业革命形态到来了，那就是互联网和移动互联网，以及由互联网、移动互联网推动的大数据、人工智能、云计算、生物技术、新能源等全新的产业时代。

于是，人类历史上又一个从来没有过的现象出现了。一个没有完成工业革命的大国，在高速成长的过程中迎来了新的技术革命，面对这样的创新机会，中国的道路在哪里？中国的创业机会在哪里？如何处理好传统产业创业机会和新兴产业的融合？矛盾和结合同时出现，传承和创新共同展开，创新的道路就在脚下。

对于这一系列问题，最近的美国之行让我找到了很多答案，同时又产生了很多新问题。

在改革开放初期，我们是一个贫穷落后的计划经济国家，40年的过程中，我们逐渐从计划经济走向社会主义市场经济。对于市场经济来说，中国完全是从零开始，只能一步一步向西方发达资本主义国家学习，而西方最发达的资本主义市场经济在美国，于是中国市场经济的很多东西都是向美国学习的。但是美国的市场经济体系是通过第一次、第二次工业革命逐渐积累建立起来的，至今已经有200多年的历史，我们到底学什么，不学什么，学来的东西在中国怎么用，和中国的国情到底怎么结合，其实是非常困难的事情。那个时候我们基础太差，于是提出学习先进的技术、管理，但是这些技术和管理背后深层次的体系却不是那么容易学习的。有些东西可以通过开放，把发达国家先进的东西引进来，于是产品进来了，技术进来了，资金也进来了，它们推动中国发展的同时，也给发达国家提供了市场。但是，由于我们控制了开放的节奏，许多领域的开放远远不能满足我们发展的需要，但是又担心开放过快失去对它们的保护。于是，中国在金融、医疗健康、教育、文化以及若干产业领域设置了较高的门槛。今天看来，几乎所有这些没有开放的领域，都和发达国家尤其是美国之间形成了巨大差距。

2018年4月12日至22日，我第一次去美国。十天时间虽然很短，但我从大量的观察、思考和交流过程中，发现中美之间的差距超过我过去的认知。这次的美国之行正好赶上特朗普总统发起对中国实施301调查，签署协议要加大对中国商品征收关税力度，同时美国商务部决定制裁中兴通讯，严令美国所有厂商不得向中兴通讯出售产品，导致中美之间出现大范围纷争和摩擦，让我几乎是一年前就确定的行程显得有些紧张，在整个中国都在愤愤不平的时候，美国各界到底是一个什么氛围呢？

我去亚特兰大参加美亚商务论坛，并在商务论坛上演讲，接触了不少美国商务人士，他们对于我提出的产业、资本、城市三位一体模式很感兴趣，尤其是世界500强企业沃尔玛集团对进入浙江衢州世界食品安全示范中心表达了积极的意向；之后我去了世界金融中心纽约，拜访现代金融鼻祖摩根大通的总部，和资产管理业务副主席约翰先生进行了交流，他们对于中国开放金融充满期待；另外我在纽约还见了许多金融家和企业家，以及大量新一代华人精英创业者；最后我到了华盛顿，重点考察这里的医疗产业和技术项目。这里有美国国家卫生研究院，汇聚了很多医疗领域科学家和创业者。

十天的考察，我最大的感触是，中国过去不开放或者开放不充分的领域并没有在保护中发展起来，远未达到或者接近美国的水平。中国在这些行业与美国存在系统性差距，而非像传统产业那样仅仅是一部分尖端技术、产品上的差距。这次中兴通讯被美国处罚所暴露出的在集成电路和芯片制造技术上的差距，正好说明了这些问题，让国人看到了我们的落后。最近两年，国内一种很主流的声音就是希望通过中国在大数据、人工智能、移动互联网、云计算、物联网、区块链这些创新领域对美国的超越，来实现中国经济的弯道超车，在没有完成工业化的前提下，提前进入后工业社会。十天时间里，我看到了中国在医疗健康、教育、金融、文化体育、社会治理这些方面的整体差距。我认为中国还需要反思，40年绝对无法等于200年。

创新与传承

这是一个尴尬和矛盾的时代。2001年，中国加入WTO，从此融入全球经济，开始了全球化的时代。在中国和WTO缔约国之间的贸易门槛降低之后，全球产业和价值链之间的关系重新配置，短短十几年时间，中国成为世界工厂。全世界主要制造业进入中国，大大提升了中国制造能力，迅速缩短了中国和发达国家的距离，加快了中国的工业化进程。

与此同时，世界计算机行业出现了一个颠覆式业态，就是计算机和计算机之间从孤立的关系变成关联关系，这就是互联网。由于技术进步的加快，互联网又从PC计算机被移植到人手一台的手机身上，移动互联网的出现把人和人的交往方式彻底颠覆。同时，由于交往方式的变化，信息的采集、传输方式以及传输速度都对原有的生产、贸易、结算、信用产生了巨大的影响和改变。传统产业，不管是什么行业，不管是科研还是应用，不管是生产制造还是服务贸易，没有一个领域不与互联网以及移动互联网发生关系。于是，一个有趣的现象出现了，中国一方面和发达国家之间存在不小的差距，不管是制造业、服务业还是消费品行业都还在积极追赶的过程中。中国不希望在传统行业成为一个产业空心化的大国，由此陷入中等收入陷阱，最终不能达到发达国家水平。另一方面，由于发达国家市场缺乏活力，人口老化严重，年轻人占有比例下降，互联网、移动互联网以及和这些行业相关的领域科研、投资、消费都不活跃，反而是中国这样一个发展中国家显示了对移动互联网的强大的推动和应用能力，再加上互联网和移动互联网最需要的就是活跃的用户和市场，这是中国的独特优势。这样，中国很快就成了互联网、移动互联网以及相关行业和应用最活跃的国家，同时，中国传统产业和移动互联网之间出现的融合，形成了"互联网+"的巨大产业生态，给中国带来了从未有过的创新空间。

从2000年中国进入互联网时代开始，到2017年，这个时期中国的创业就从传统产业进入到新兴产业创业，以及传统产业和新兴产业融合创业阶段。传承和创新的融合成为中国新时代创业的主题。这个阶段的特点是：

第一，互联网泡沫时代。

互联网进入中国是在20世纪90年代后期。作为一个新物种，大多数投资者、创业者不知道互联网的商业机会和创业机会在哪里，这期间的创业者除了后期成功的互联网门户网站之外，直接依靠互联网本身创业成功的没有几个，新浪、搜狐、网易是今天活下来的样板。很多创业者创办了行业专业网站，最后找不到盈利模式，基本上都失败了，行业互联网门户网站只能简单生存。但是互联网发展带来了大量的相关业务，主要是应用软件和系统集成，从网络接入的系统集成到基于视频作为终端的系统集成。

这个浪潮仅仅持续了几年时间，就因为21世纪美国出现的网络泡沫破灭而终止，代表性事件是美国纳斯达克这个以科技股票为主要交易市场的股票指数从5000多点跌到2000点以下。

第二，理性回归时代。

虽然互联网经历了打击，但是其发展前景并没有被忽略和怀疑。随着技术进步，互联网移动终端开始发力，摆脱办公室等空间的限制，随时随地可以进行通信、信息交流、处理商务成为时尚，阿里巴巴创建的虚拟商场模式获得成功，美国苹果公司开发的iPad创造了移动终端的新体验，互联网超越了门户网站，依靠广告和会员费吃饭的时代被颠覆，互联网终于找到了新的生存法则。互联网进入中国十年左右后获得爆发的机会，和传统产业之间的玻璃墙被穿透。21世纪过前十年，中国提出"互联网+"的概念，传统产业和互联网之间的融合加剧，跨界成为时尚，互联网产业上升到一个平台级阶段。这个平台级阶段不仅仅表现在互联网本身这个虚拟产业的价值上，同时还表现在互联网很强的产业关联性上。这种关联性一方面表现为互联网对各种新技术的研发需求从互联网延伸至很多领域，另一方面表现为互联网相关的基础产业的发展。例如，互联网发展起来之后，产生了难以计数的海量数据，这些数据呈几何级数增长，需要把这些数据用数据云的方式存储起来，存储这些数据和传统产业的仓库不一样，虽然看不见摸不着，但是数据存储也需要方法和技术。于是诞生了数据云。全国开始创建云计算中心，云计算中心创建起来之后，这些海量数据的存储需要建设若干个大数据中心，每个大数据中心的建设都要大规模投资生产硬件设施，这就是计算机服务器，数据存储越多，效率要求越高，也对这些硬件设备提出了更高要求。谁也没有想到，在贵州这么一个曾经是"天无三日晴，地无三尺平，人无三分银"的地方，会发展出中国最大的大数据存储中心。

计算机的发展，芯片最为关键。芯片研发和生产制造的水平决定了计算机发展的水平。中国每年需要用几千亿美元去采购芯片，这个需求带来了中国自主研发生产芯片以及芯片设备和整个生产线的需求。大规模投资芯片生产同样成为创业创新的领域。没有互联网的时代，传感器早就出现了，但是传统产业里的传感器主要应用在工业、农业生产以及军工领域。互联网时代改变了消费电子产品的终端，传感器就被互联网带到了社会的方方面面和市场的每一个角落，传感器的要求越来越高，传输感应速度越来越快。

在这个期间，创新超过了以往任何时期。腾讯开发的软件产品微信刚刚出现的时候，我看见有人对着手机讲话的样子有些狼狈，谁也没有想到这样一个软件产品会打败三大运营商，好比高速公路上一辆汽车的价值超过整条高速公路。同样更加没有让人想到的是，微信成为了一个强大的社交平台，把全世界的数亿人连接在这样一个平台上。传统的媒体被新媒体渐渐取代，传播媒体的传播功能和传播方式都遇到了颠覆性创新，广告行业被颠覆，传统的产品销售模式被颠覆，人们的生活方式发生了巨大变化。

在这样的生态下的创业行为井喷一样爆发出来，如基于互联网和移动互联网的创新，互联网主动渗透到传统产业的创新，传统产业主动运用互联网进行变革的创新，等等。

第三，传统和创新融合时代。

互联网的生命力随着与传统产业的融合而越来越强大，它的创新一方面颠覆着传统产业，另一方面也给传统产业带来了新的生命力。同时，互联网还创造着许许多多新的物种。汽车是第二次工业革命中的巨大产业之一，也是第二次工业革命最顶峰的产业集成，第二次工业革命的所有新技术几乎都体现在汽车身上。从20世纪初到21世纪初的100年里，汽车都没有发生太大的变化，世界汽车产业的整合度、集中度都很高，世界著名的汽车厂商就是大众、宝马、丰田、福特、奔驰、菲亚特、雪铁龙等。但是21世纪开始没多久，互联网在汽车产业领域的创新渐渐开始了，汽车产业作为传统产业最大的领域之一，到了100年后，让人们看到了全面的改变和创新就在不远的未来。第一个是能源结构的创新，从传统的化石能源到新能源的创新是汽车产业变革创新的第一步。中国希望在传统汽车产业领域的落后、被动局面得到迅速改变，直接通过创新来实现超越。以深圳新能源汽车创业企业比亚迪为代表的新能源汽车在中国迅速崛起，其股票上市之后被巴菲特投资，这是中国很少有的被巴菲特投资的企业。由于政府产业政策的支持和鼓励，新能源汽车创业企业群雄逐鹿。从新能源自行车、摩托车、三轮车到轿车、公交车甚至高级轿车纷纷被研发出来，新能源电池技术也在不断被突破。纯电动、混合动力以及氢燃料动力发展迅速。第二个突破就是驾驶技术的突破。从辅助驾驶到无人驾驶的创新让人看到了无人驾驶汽车时代的来临。第三是互联网对汽车产业的渗透。汽车卫星导航技术的运用以及与互联网的连接，让大家对汽车提出了新的概念，那就是智能网联。人工智能、互联网、物联网开始颠覆传统汽车的概念。

这里不得不说说我的老朋友陈卫。他的年龄和我相仿，是20世纪80年代从重庆去美国留学的一个技术人才，博士毕业之后，他加入美国哈勃望远镜公司，后来去了摩托罗拉。回国后他创办了北京信威通信技术股份有限公司，主持开发SCDMA这个由中国人自主开发的第一个无线接入系统。2011年，持有若干项领先技术的陈卫开始和我讨论用"互联网＋"的方式通过资本运营来改造传统产业，我们一起做了好几项商业模式的设计，但在还没有找到落地方式的时候，陈卫被尹明善挖走了。这位通信系统的杰出人才怎么会去重庆力帆这么一个传统汽车厂家呢？就是因为尹明善看中了陈卫在新能源、互联网、物联网方面的技术创新和商业模式的创新能力。陈卫开发了新的汽车电池技术以及充换电模式，同时还开发了互联网、物联网和汽车链接模式，这套模式进入力帆之后，他们很快开发出重庆盼达新能源汽车，车辆生产出来之后，不是出售给客户，而是有另外的公司通过融资租赁公司来经营，力帆把车卖给租赁公司，租赁公司把车出租给运营公司，运营公司把车投放到市场，消费者可以随时在街上的停车场通过互联网找车、开门、驾驶，到达目的地之后停车离开，通过互联网支付。这就是智能网联汽车早期的雏形。我相信随着技术和商业模式的突破和创新，这一定会是汽车产业发展的新方向。不久的将来，汽车就会具有多重功能，想体验驾驶乐趣的可以买汽车；不喜欢开车的，再也不用买汽车，可以随时通过互联网约一辆无人驾驶车到面前，坐上车后，人工智能系统可以帮助你处理很多事情，包括开会、娱乐、购物，到了目的地下车完成支付就可以了。

除此之外，汽车和飞行技术、轮船技术的融合也在紧锣密鼓地进行，无法阻挡的创新之后，汽车走向何方，已经很难再定义。我想这些创新可能十年之内就会成为现实。过去100年从诞生到渐进式发展的汽车行业，十年之后，可能被完全颠覆。

随着第四次工业革命、第五次工业革命之间的频率加快，创新的技术、创新的工艺、创新的机制会加快传统和创新的融合。图书是传统的，但是图书的载体由纸变为互联网媒介之后，传统图书、出版发行模式、图书的内容之间的关系就发生了变化，目前它们共存共生，但如果人工智能直接把图书转换成配上音乐、制作成为裸眼3D的形式呈现在你面前，那些抽象的专业知识读物也被人工智能用大数据重新整合之后，纸质的图书还能生存吗？

但是很多传统的东西是不能轻易被创新颠覆的，消费领域表现得较为突出。但在文化、艺术、语言、食品、娱乐、旅游、时尚、珠宝、服装服饰等领域，我们可以通过创新和传统的融合来提高安全性、舒适性，以及提供更好的体验、更好的场景，使之更加丰富多彩。

服装服饰方面通过技术可以改造或者创新面料，可以通过人工智能帮助你设计、定制、加工最满意的产品，但是不管怎么创新，我们必须要穿着舒适，必须要有美感，要温暖，要有文化，不能在创新之后偏离了服装服饰这个行业的本质需求。

足球比赛是发明很多年的体育项目，也是一项产业。创新的科技可以有效地帮助这个产业的发展壮大。没有电视机的时候，足球就非常封闭，我们只是在报纸、杂志、广播里知道世界杯，知道贝利。电视这个创新的产品和卫星转播技术的出现，把足球比赛现场的转播传遍世界的每一个角落，让全世界可以同步分享比赛的乐趣。

中医中药是几千年传承下来的中国传统医药学，而西医西药是工业革命的产物，由于中医中药和西医西药的哲学体系、工业体系都不一样，存在很多的争议和分歧，甚至有呼声建议取消中医中药。但是我们看到，我们已经从生物学、计算机、互联网、移动互联网、大数据、人工智能等很多领域开始，在继承和发扬的基础上改造中医中药，同样是传统和创新的深度融合。

所以，从产业领域来看，新兴产业前途无量，空间巨大，但是所有基于创新的工业革命技术和模式的创新，和传统产业、文化、机制之间通过融合，在传承中创新，在创新中提升，会为我们的创业创新行为开拓视野，发现新商机。

在创新与传承方面，最近的一个故事很有意义，这是一个关于古老的传承和未来的创新的融合故事。

我的朋友孔众先生邀请我去了一趟山东曲阜的尼山，中国伟大的思想家、教育家孔子出生的地方。孔众先生是孔子第78代孙，他的父亲孔德成生于孔府，长于孔府。孔众毕业于牛津大学，先后供职于瑞士银行、摩根士丹利国际投资银行，后来投资医药工业成为上市公司，最终为了弘扬先祖文化和教育事业，退出投资事业。

作为孔子家族的传人，孔众先生意识到，中国需要发扬和继承儒家文化思想，自己应该当仁不让地担当起传承孔子思想的责任。他希望在孔子出生的这个地方打造一个儒家文化学说和思想的传承载体。但是，长期从事国际资本市场工作和医药工业的投资事业，让他对如何打造这个载体感到困惑。而今天的尼山，距离曲阜市区还有几十公里，就是一个光秃秃的山坡和山下的一个普普通通的北方农村。距离尼山几公里之外，政府已经在一个湖边和一个大型企业集团投资上百亿，打造了一个以尼山胜境作为开发对象的文化旅游项目。

我一边考察一边思考，孔众也考验着我的创意能力。考察结束后，在山谷一处度假酒店里讨论创意时，我提出，既然政府和企业已经在旁边以孔子文化为主题大兴土木，我们一定不能重复建设，不要在规划建筑上大做文章。孔子的儒家思想在历史上发挥的主要作用有两个，一个是建立国家秩序，一个是建立家族秩序，理家治国。旁边是国家投入，代表国家对孔子的尊敬和传承；那么在尼山，就要代表孔子家族，从家的角度来思考儒家文化的传承。尼山的今天没有被城市化，我们也不要从城市化的角度在这里来造城，改变尼山会破坏儒家文化的历史和人文。我建议采用乡村振兴战略的形式，把尼山打造成为具有孔子家族色彩的、结合传统和现代的传承儒家文化的胜地。至于内容和规划形态，我们可以找各方面专业人士，尤其是儒学大师们一起讨论。

我的建议得到了孔众的认同，大约一个月之后，我们再度相聚于北京，孔众给我介绍了他的最新创意，这个创意叫"儒学+"。

短暂交流后，我知道"儒学+"是什么意思了。就是以儒家学说和价值观为基础，发掘古老的儒家文化作为人文精髓，把儒家文化的"仁、义、礼、智、信"与今天的技术、科技、文化、生活、行为、产品等进行创造和融合，使今天和未来的乡村治理、社会治理、生活形态、商业模式和商业行为打上儒家思想的烙印、符号、元素，呈现出古老的哲学思想在未来生活方式中的新价值。

我觉得这是探索，是创新，是挑战。我觉得未来我们不管走得多远，不管我们有多少创新，我们都来自历史的长河，脉搏里都流淌着历史的血液和传统。我期待着和孔众这位流淌着孔子的血液、身体内激荡着孔子的基因的孔家后代，以及所有精英一起，开创一种连接上下五千年文脉、与未来和时空对话的创新呈现。

创新与借鉴

创新是人类社会永恒的主题。人类社会在经济、政治、社会、文化各个领域从来就没有停止过创新的步伐。在人类文明高度发达的今天，创新也在不断刷新高度。商业领域也是这样，个人、集体、国家和民族生活在竞争与合作同存的地球上，为了追求各种不同的利益，创新就成为商业获得竞争优势的必然推动力。由于世界经济和文明发展的不平衡、不同步，有的国家是先发先至，有的国家是先发后至，也有的国家是后发先至。这样的文明进程也告诉我们，不一定非要经过创新来推动文明进程，不要做为了创新而创新的事情，应该把学习、借鉴、传承和创新结合起来。

在人类历史发展的过程中，中国曾经是这个世界上最伟大文明的创造者。从隋开始到唐宋，中华发达的文明从文字到生活方式，再到文化艺术，都将自己灿烂的文明成果传播给世界，尤以日本为甚。唐朝时期，日本向中国先后九次大规模派出遣唐使，向中国学习语言、文化、艺术、科技等。那个时候还是封建农耕社会，没有今天的商业保护观念，也没有专利保护机制，用今天时髦的话说，就是共享文明。包括后来中国的明朝，也组织人员七次下西洋，把中国的先进文明通过海上丝绸之路传播到西方。

200多年来，西方依靠工业革命发展了资本主义经济制度，走上了发达之路，创造了人类历史上新的辉煌。没有同步进入工业革命的中国，历尽艰难再次崛起，通过改革开放的40年，通过在开放的过程中学习和借鉴发达国家的先进技术、工艺以及市场经济体系而快速发展起来。所以，中国改革开放40年的成功，一方面是我们在观念、体制上的变革和创新，同时也是在寻求自力更生、自主发展的同时，不断在发展中学习借鉴发达国家的文明成果。我们通过学习和借鉴，完全可以少走很多弯路，减少许多不必要的环节。

近十年来，我在全球并购、中国整合的业务历程中，有一个很深的体会，就是中国在整体推进现代化进程和中华民族崛起的过程中，在发展、创新的同时，充分借鉴发达国家已经取得的文明成果方面做得还不够。一方面，我们承认自己与发达国家之间存在很大差距，总是在制造一种不断在各方面追赶和超越发达国家的氛围，另一方面，我们又仅仅采用各种抄袭和简单模仿的山寨方式，粗暴地获取发达国家的经验和方法。

我建议中国的创业者在创业过程中要有创新的意识、方法和手段，同时也需要在创新过程中学会借鉴，甚至在借鉴中找到创新的机会。以高铁为例，中国就是在对日本、法国、德国这些在高速铁路领域的发达国家学习和借鉴的基础上发展起来的，然后在发展中通过不断创新，成为世界上高速铁路最领先的国家之一。总体来说，中国改革开放40年取得的成绩，就是在学习借鉴过程中又不断创新走过来的。但是要看到，我们在这个过程中，也出现了一些"只见树木不见森林"的现象，尤其在学习借鉴高科技的方面，我们只重视了技术本身，而忽略了这些技术产生的系统生态。

以以色列为例，这个只有800多万人口的国家创造了全世界许许多多的高科技成果。如果要讲国家和民族的灾难，以色列是这个世界少有的苦难深重。他们曾经创造了悠久的文明，但是犹太民族却在地缘政治中被赶出了曾经的聚居地，流落他乡，成为一个离开自己发祥地的民族。千年之后，他们历经磨难，重新回到发祥地，重新艰难建国。他们一边争取国家的独立，一边发展教育和科技，在战乱中读书，在硝烟里做科研，不断发明研究出创新的医疗、农业、生物、信息、材料、军工等领域的技术成果，通过孵化体系、创业投资以及到发达国家的市场去应用，实现产业化，最后获得高额退出收益，形成良性循环。以色列为什么能产生那么多技术成果呢？饱经磨难的民族精神，犹太人的聪明头脑，热爱读书的习惯和传统、科技激励机制，懂得和市场接轨及金融资本的经验，这就是完整的体系。但很多人都问，为什么以色列没有诞生什么大公司？这也是他们这个体系的聪明之处。他们非常清楚自己的优势就是创造和创新，如何把创造、创新扩大到产品和产业，不是只有800多万人口的国家所能承载的。哪里有市场，哪里就有他们的身影。所以仅仅是局部的因素和急功近利的指导思想，是不可能诞生令人尊敬的以色列和犹太民族的。

所以，我们要善于吸收人类文明共同的成果。既然可以古为今用，为什么不可以洋为中用呢？在对外投资和并购过程中，我们很注重技术性资产的并购，但不注重服务型企业和资产的并购。其实一家有技术优势的企业，经常不如一家有服务优势的企业。有技术优势的企业一旦技术被超越、被淘汰，企业的价值就很容易失去，而有服务优势的企业往往是经过很多年服务模式和品牌的积累，往往不容易被超越。但是中国在对外投资和并购中，也包括在创业和创新的过程中，企业大多很在意技术，而经常不在意品牌和服务；在意技术的创新，而不在意服务模式的借鉴；在意学习发达国家的技术、知识产权，而不在意学习和借鉴长期积累的品牌经验和商业模式、服务模式的价值。比如，麦当劳、肯德基、可口可乐这样的企业，有多少技术含量呢？这些企业为什么没有因为互联网、移动互联网的冲击而倒闭呢？从改革开放到今天，我们早早就看到了麦当劳、肯德基、可口可乐这样的没有太多技术含量的企业进入中国，多少年来一直都有企业在学习、借鉴甚至创新，但是今天有几个成功的产品和企业品牌呢？可口可乐、麦当劳、肯德基这样的传统企业，上百年来产品、品牌、市场有多大变化？中国这些年来为什么就没有多少成功的借鉴呢？一些创立时不错的品牌、不错的产品，为什么持续不了多久就消失了呢？

在这一点上，我想又起了谭木匠。谭木匠的创始人谭传华已经从经营管理的位置上离开十多年了，当年他在任时，总是希望不断创新、不断想超越自己，总是担心品质和创新被人超越。没想到他离任这么多年，产品还是这些产品，品牌还是这个品牌，门店还是这些门店，企业并没有衰退。

我们今天确实面临一个创新的时代，但是创新一定不是全民运动。一定不能因为区块链有巨大的应用前景，就马上把还在继续发展应用的互联网、移动互联网称之为"古典互联网"。技术、产业的快速颠覆和迭代，听起来很时髦，但是我们一定要用这么巨大的创新成本和投资代价去推动文明的进步吗？

中国经济和社会走到今天这样一个关键的历史阶段，创新和借鉴也进入了一个深层次的矛盾的阶段。中国有很深的民族情结，有悠久的历史文化自信，人民有勤奋精神和聪明智慧，尤其是被世界列强压制100多年以来，总希望依靠自己的双手建设一个伟大的国家，毛泽东主席提出的"独立自主、自力更生"的指导思想是一个非常重要的思想基础。但是在经济全球化的今天，全世界早已是你中有我、我中有你，我们不仅要借鉴世界所有文明成果，还需要用我们的成果来指导和支持不发达国家。但是今天的深层次文明冲突对我们的学习和借鉴方式提出了挑战，最近发生的美国商务部禁止美国企业七年之内向中兴通信出售产品和技术的禁令就给我们带来深刻的教训。因为这个禁令发生在中美贸易摩擦这个敏感时刻，于是大家都把这个事件和中美贸易摩擦联系起来，也和政治联系起来。一方面加深了中美之间的冲突，另一方面又激起了中国的民族情绪。

我认为，我们各行各业对发达国家的市场经济体系还是没有深刻了解。现代市场经济体系已经形成了200多年，虽然这个时候我们因为中兴通讯事件痛定思痛，反思我们为什么不能独立自主地造出世界一流水平的芯片，也提出砸锅卖铁也要造出"中国芯"，但我觉得这个观点不完全正确，我们需要自主研发、设计、制造世界级高水平芯片，用来发展中国的信息社会，但是，除了芯片，我们还有很多新的技术不掌握在自己手上。除了技术、产品、工艺这些我们非常清楚的节点之外，我们需要学习和借鉴的还很多。很多产品和技术是看得见的，但更多东西是看不见的。产品背后的工艺、质量，产品制造者的能力和素质，技术研发的团队和研究机制，研究体系后面的基础研究体系，基础研究体系背后的科研机制，研究者的保障，研究人员的科研精神，等等，都是我们容易忽略的。除了产品、企业、管理、资本这些因素外，还有产业体系、法律体系、现代教育体系、人文体系和价值观。而且，在现代开放的区域和国际化、全球化时代，我们即使借鉴，也有很多创新的借鉴方法，而不是遇到障碍就失去理性，任由情绪指挥大脑。

在借鉴过程中，我们比较局限于技术的借鉴、产品外观的借鉴、知识产权的借鉴，而忽略了管理的借鉴、技术体系的借鉴、工作态度的借鉴、价值观的借鉴等。同样在全球化过程中，我们注重产品的全球化、贸易的全球化，而忽略了资本的全球化。

创新的广度和宽度

创新不是停留在一定范围内的，创业者的创新视野一定要有宽度和深度。既要把创新倾注在技术上、工艺上、品质上、市场上，也要把创新置于创新的生态里、区域里、领域里。

创新有很大的空间。从创业行为来看，有的创新在于创业行为本身，而有的创新却在于空间关系，还有的创新和时间相关。

从创业行为本身来看，创业需要很多的要素，你可以在每一个创业要素里都考虑创新。创业要素首先是产品类型，产品是农业产业、工业产业，还是服务业；是技术创新、工艺创新，还是商业模式创新；除此之外，还有外形的创新、包装的创新、品牌的创新等；从产品到销售、市场、仓储、物流、投资、融资、财务、成本、公司名称、企业文化、治理结构、组织结构、内部团队、外部资源，有许许多多难以穷尽的创新空间。

从销售的角度来说，没有互联网的时代，销售这个要素已经在工业革命整个历史进程中产生过无数的创新模式了。最古老的销售模式是以物易物，后来有了货币作为中介，以物易物消失没有呢？没有，直到今天还有易货贸易。传统经济领域的销售模式举不胜举，到了互联网、移动互联网时代，销售模式被颠覆、创新。有的销售几乎完全被互联网取代，有的是互联网和传统销售模式结合，也有的是传统销售模式被互联网改变了结构和支付方式、结算方式。

物流环节也是这样。传统产业发展的时候，一个大型企业从原材料采购到中间产品、部件加工，最后到产品运输，都是产品生产者自己来完成，效率很低，还要养庞大的车队，有的企业还有铁路、火车和轮船。出现创新后，物流就成为一个独立的行业，独立于买卖之间的第三方。

物流的外包又出现买卖双方在结算上的很多矛盾，原材料、辅料、半成品、成品、包装、物流成本等一系列资金周转和银行结算数量规模巨大，就出现了成本分歧。于是又一个独立机构出现了，就是供应链金融。供应链金融由金融代理机构根据供应链关系进行精确计算，在物流和资金流之间开发出金融服务的创新空间，这个创新又可以加快结算速度，降低资金成本。

以上这些创新总体来看还是内涵式创新，除此之外还有外延式创新，或者叫平台式创新。我想来讲一讲房地产行业的创新。

中国的房地产是中国城市化发展最大的产业，也是最受诟病的产业。它是市场经济以后才发展起来的行业，由于中国的农村城镇土地都是公有制的，再加上过去计划经济时期城市化程度很低，中国要解决至少十亿人的住房。目前中国人均住房面积已经达到40平方米，绝大多数是改革开放以后建的房子，也就是说，这些年来中国建了全世界最多的房子。土地公有制下如何发展房地产本身就是一个制度创新，土地的所有权和使用权的分离创造了市场化发展房地产的商机，是这个产业成为中国经济高速成长的大功臣。但是这个行业在20世纪80年代经济特区刚开始建立的时候，几乎什么都不会。规划、设计、建筑、施工、装修、销售等等，几乎都是向香港学习的。深圳的万科最早开创出一整套规模化、标准化、现代化、专业化住宅开发模式，从地块的选择、策划、规划、户型的设计、材料的使用、景观设计、交通组织、物业管理各方面形成了系统的创新，让整个中国房地产行业依靠创新而快速发展起来。同时，万科从多元化经营中走出来，把房地产业务以外的其他所有业务全部处置，成为专业化住宅开发商。这个调整和创新使万科成为中国房地产的第一个著名品牌。而随着城市化的快速发展，在城市中心商业和住宅的产品创新方面突然杀出一匹黑马，那就是万达集团。

万达集团开始在房地产领域并不突出，反而是靠足球出名的，在房地产的创新是因为他们投资了商业地产。从住宅地产到商业地产是一个创新，这个领域的创新最早是深圳的铜锣湾百货。他们第一个把国际上融购物、餐饮、娱乐、休闲为一体的购物中心模式引进到中国内地，但没有经验的万达集团借鉴这个模式，一开始就犯了错误。他们在完成第一个购物中心建设的时候，首先把价格最高的底商物业卖了，既然是分割式出售，就应该由业主自己决定开展什么业态，结果，购物中心的业态规划毫无章法，王健林不得不高价回购。他发现，仅仅是一个孤零零的购物中心，不能分割出售，财务上算不过账。于是，他们创新性地设计了把酒店、购物中心、写字楼、住宅组合到一起的城市综合体，每一个综合体都有足够大的面积，商场作为一个产品不能分割，但一个城市综合体是可以分割的。每一个项目，只要把住宅全部出售，其他物业的投资成本已经全部收回，物业不出售，只是出租就可以。这个创新就是在万科集团产品创新的基础上，发现了市场需求的变化，找到了一个产品体系创新的模式，最终让万达一举成为中国最大的地产商之一。万科模式最大的问题是居住者的生活不方便，所以万科的项目不适合选择城市中心。而万达地产根据中心城市商业的需要全新设计了多功能的城市需求，把城市的功能要素组合在一个建筑综合体里，满足城市中心人群的购物需求、居住需求、办公需求、酒店需求、餐饮娱乐需求等，各种不同需求的人到万达广场可以各取所需，使万达广场成为一道城市的风景线。但是万达广场的商业模式和万科住宅相比较也有缺点，即万科的产品可以全部出售，加快现金周转，而万达的商业地产模式最容易出售的是住宅，然后是写字楼，酒店和购物中心就不能出售，都是持有型物业，这就会影响到企业的现金流。

如果这个阶段，中国创新性地推出国际上流行的房地产投资基金，万达就有机会成为中国房地产金融最早的受益者。万达集团CEO王健林曾经和我约定，如果成功在香港发行房地产基金，他就让我和他合作，在中国采用大举并购的方式，实现购物中心的并购扩张模式。

房地产行业领域的另一个创新模式，既不是靠产品创新也不是靠产品组合创新，而是充分发掘政府对城市化的需求，从承担政府不擅长的职能着手，提出产业地产模式。企业代表政府成规模地获得大型产业园区的土地，进行各种综合产业规划和投资建设，企业把产业导入和城市发展、住宅建设、环境规划都结合起来，这就是房地产行业又一个后来居上的创新模式代表——华夏幸福。

但是华夏幸福只是解决了政府的一部分问题，毕竟产业新城的可持续性最终需要产业的导入，产业的兴旺才能吸引居住人口，才能形成商业，才能形成消费。没有这些，产业新城也会成为空城和鬼城。

产业在哪里呢？目前华夏幸福通过与多家大型产业机构合作，通过多种方式导入一些产业进入产业园区，但是产业导入的数量远远不能满足华夏幸福产业园区对产业的需求量。于是，巨大的创新思路就出来了。

2017年5月，我应邀担任吴晓波频道创办的企业家学习投资的教育平台"企投会"的首席学术委员。我的第一堂课讲课获得满堂喝彩，其间我收到一位学员、全球最大的建筑集团中建集团旗下一个投资公司的总经理发来的微信。这位总经理告诉我，中建集团希望转型，想从单纯的建筑承包商这种商业模式里走出来，希望通过创新进入基建投资领域。当他们往这个领域转型的时候，发现基建投资领域的风险太大，因为巨大的投资在大型基建完成之后，如果后期收益达不到前期论证和招商的效果，不仅支持不了基建融资的财务成本，有可能连本金都收不回来。这就是中国模式的PPP。

我曾经于2014年在英国深度介入过一个标准的PPP项目。这个项目是要在伦敦泰晤士河入海口建设一个跨河隧道，双向两层。下面是铁路，上面是公路。总长度16公里，总投资57亿英镑。我当时下了很大的功夫，想为这个项目找到中国的大型基建机构来建设，最后没有成功。原因很简单，中国的基建机构都是做乙方的，都是乙方思维。而英国这个项目是发达国家典型的PPP项目，议会、政府只管审核批准，然后依法监督，而投资、经营、管理都是甲方的。那个时候中国还没有PPP这个概念，同时中国基建的标准也没有英国的高，所以未能承接这个项目。

两年之后，中国开始学习PPP模式，但是中国的基建机构几乎都是扮演着明股实债的融资角色，不是投资行为，依然有政府、金融机构提供支付保障或者担保，中国的基建机构还是难以进入投资这个环节。

通过和这个学员交流，我们发现中国还在不断创建新的城镇，包括各种各样的特色小镇，我相信，我非常担心的事情一定会发生：未来会有很多特色小镇成为无法生存的特色空镇、鬼镇。在我和这位总经理的多次讨论过程中，我发现中国有一个巨大的危机难以避免，就是产业动能的新旧转换达不到支撑城市化快速增长的需求。这位总经理之所以对我讲的课有这么多感慨，就是她没想到我有这么丰富的产业经验，尤其是对全球产业的分布和关系很熟悉。

其实我在和这位总经理认识之前，对城市化、城镇化就不陌生。我和中国非常有经验的城市发展综合方案供应商泛华集团非常熟悉。早在2008年，我就多次和泛华集团董事长杨天举一起考察吉林、辽源、河南漯河、云南大理，并且促成了其和大理的合作。对于城市发展、产业规划、空间规划、战略规划、环境规划、交通规划、投资融资模式，我也不陌生。十多年前，城市发展还在突飞猛进，四万亿撬动的投资规模还在"大、干、快、上"，但是今非昔比了：地方政府的债务空间没有了，投资饥渴还有；已经建成的若干新城、产业园区严重过剩，产业空心化已经出现，过剩严重；建成的房子房价居高不下，炒房盛行；大量的中低端产业承担不了城市成本，要么转移到国外，要么转行不干了；新的产业业态，不管互联网还是物联网，云计算还是大数据，人工智能还是虚拟现实，要么没有形成产业规模，要么因为产业形态的特征不需要土地，不需要太大的工厂，一栋大楼可以容纳许许多多创业公司，甚至大量的创业者就在咖啡厅和家里办公。

在问题面前，我们发现了巨大的创新机会，同样也是巨大的创业机会。机会何在呢？

这就和我这些年全世界游历所发现的商机结合起来了。从2008年开始，我用了十年时间往来于中日、中欧、中美，也去过南太平洋、东南亚国家，参与了大量海外并购项目，提出了"全球并购、中国整合"这样的理念，出版发行的同名书也成为畅销书。我看到中国企业和资本出现了大规模的海外并购浪潮，但是由于各种各样的原因，自2017年开始，海外并购交易迅速降温。在这样的背景下，是不是中国海外并购的机会消失了呢？是不是中国企业和资本的海外并购、国际化战略意愿下降了呢？都不是。不管是习总书记发起的"一带一路"倡议也好，还是推动全球化也好，都说明这个浪潮是不会停止的。但是，方法可以变化，可以创新。

通过十来年的经历和观察思考，我提出了一个"三链理论"，就是中国自2001年加入WTO发展17年以来，在全球化过程中，分别与发达国家、发展中国家、不发达国家之间形成了很有规律的产业链和价值链关系。党的十九大结束后，我把关于这些关系和创新的思路写成了一篇文章《十九大与中国资本全球化》：

"毫无疑问，中共十九大是中国共产党有史以来引起世界关注度最高的一次盛会。十九大结束后，我在主持投资欧洲的峰会上开玩笑似地对与会欧洲嘉宾说：目前，整个中国上至部长省长，下至普通百姓，都在学习十九大文件精神，深刻领会习近平新时代中国特色社会主义思想体系的内涵，我也希望外国朋友好好学习中共的十九大文件，这样才能准确地投资中国或者获得中国投资。"

十九大报告指出"推动经济全球化朝着更加开放、包容、普惠、平衡、共赢的方向发展"，除重申中国坚持对外开放的基本国策外，还将"发展更高层次的开放型经济"写入新时代中国特色社会主义思想基本方略，并在"建设现代化经济体系"部分中将其细化为一系列具体部署，包括实行高水平的贸易和投资自由化便利化政策，全面实行准入前国民待遇加负面清单管理制度，大幅度放宽市场准入，探索建设自由贸易港等。

党的十九大刚结束，中国就和来访的美国总统特朗普一行签署了2500多亿美元的投资贸易协议，创造了一次性对外投资贸易合作的最大金额。与此同时，中国金融监管当局决定：放宽外国投资者投资中国金融机构的持股比例，可以达到51%，运行一段时间后可以到100%。态度十分鲜明，说到做到。

带着对十九大精神的理解和对中国资本全球化的思考，我在2017年12月3日到12月11日到欧洲考察、交流，和欧洲企业家、金融家、汉学家一起，讨论中国与全球化的若干问题与合作路径。在此，我将党的十九大之后，我对中国全球化的一些观点和建议给读者们分享。

一、十九大与全球化背景

党的十九大是在世界经济全球化与逆全球化的争议之中召开的，十九大报告关于中国是否继续开放，是否继续高举全球化的旗帜的观点尤为受到关注。十九大召开前一年，世界政治经济秩序发生了自冷战结束以来最大的动荡。世界经济自美国金融风暴和欧债危机以来持续低迷，各国贸易保护主义抬头，世界各主要发达国家的大选过程表达了非常复杂的社会情绪。英国脱欧，已经实质性地影响着整个欧洲的政治经济关系，欧洲的前景和未来一片迷茫；美国迎来第一个旗帜鲜明反对全球化声音的总统，他上任一年，兑现了他在竞选中关于美国优先的一个个承诺。不管是退出TPP（Trans-Pacific Partnership Agreement，跨太平洋伙伴关系协定），退出《巴黎气候协定》，还是一次又一次抱怨全球化让美国经济吃亏，这一切好像都在认为，全球化剥夺了美国的利益，仿佛全球化成了世界经济复苏缓慢的罪人。

如果这时党的十九大以及新当选的中共十九大领导也集体发出对外封闭、保守的政治经济信号，中国这个目前全球影响力巨大的经济体也作出不积极参与全球化的决定，我觉得这将是灾难性的。因为2016年，中国的外汇储备从2014年的最高3.99万亿美元下降到3.01万亿美元，中国采取了非常严厉的外汇出境控制手段，同时调查万达、海航、复星、安邦等中国对外投资和并购最活跃的大型民营企业对外投资和并购的资金流向，给世界带来很多不确定性。所以，党的十九大备受世界关注完全正常。党的十九大不仅提出推动经济全球化，而且还把推动构建人类命运共同体，以及推动全球化最重要的手段"一带一路"写进了党章。由此可以说，所有关心中国经济建设以及与中国经济全球化有关的国家和个人，完全可以通过十九大而吃上定心丸。

二、中国经济全球化的核心到底是什么

推动构建人类文明共同体也好，实施"一带一路"互联互通倡议也好，中国推动全球化首先要推动经济全球化，通过建立良好的世界经济秩序，让世界经济在全球化进程中健康发展，才能有利于"一带一路"建设和人类命运共同体的建设。那么，中国经济全球化的核心又是什么呢？以我个人多年来从事国际国内资本市场的经验和理解来看，我认为，中国经济全球化的核心应该是从贸易全球化到资本全球化。

中国经济全球化在过去40年的改革开放历史中，可以分为两个阶段：1978年开启改革开放到2001年加入WTO是第一个阶段，2001年至今是第二个阶段。

第一个阶段中国主要是通过原材料出口和"两头在外"以及引进外资、引进技术所开展的以贸易为主的被动融入的全球化；第二个阶段是大规模开展产成品进口、产业要素和原材料以及工业产品出口贸易、国际基建以及配套投资为主的经济全球化。

通过两个阶段的全球化，形成了中国经济与世界各国的产业链和价值链关系。但总体来看还是处于贸易全球化阶段，也就是在巨大的进出口贸易额当中，我们主要是挣了贸易买卖的差价、加工利润和一定的产品制造利润，知识产权、技术服务、资本这样的高附加值收益很少。但是自2014年开始，一个巨大的变化出现了，中国第一次在对外投资和引进外资上出现顺差，也就是对外投资总额第一次超过引进外资总额，这个比例的变化就意味着，随着中国进出口贸易规模的扩大，中国的知识产权、技术，尤其是资本收益会增大，这是中国转型升级、供给侧改革以及经济质量提高的表现。

如果这种状况持续下去，必将出现一个从贸易全球化到资本全球化的趋势，这个趋势就是中国经济全球化的核心。如果科学地把握、利用好从贸易全球化到资本全球化的规律和方法，将非常有利于中国推动"一带一路"建设和构建人类命运共同体。

三、中国经济全球化的第三个阶段

应该把2014年当成中国经济全球化第三个阶段的元年。因为这一年，是中国经济从贸易全球化走向资本全球化、投资全球化的标志。

如何理解并利用、把握好贸易全球化到资本全球化的机会呢？我们必须弄清楚中国经济全球化复杂的产业生态关系。我把这个关系称之为"三链关系"，也就是说，从改革开放以来到现在40年时间，中国已经和全世界各个国家和地区都建立了贸易关系，这些贸易关系的背后是非常复杂的经济全球化带来的产业链、价值链关系。我们大致可以把中国经济和发达国家、发展中国家、不发达国家之间按照产业链和价值链的分布，梳理出这样一个"三链关系"出来。也就是说，中国和发达国家之间、中国和发展中国家之间、中国和不发达国家之间形成的产业链、价值链的关系是不一样的，是有规律可循的，如果从宏观上分析梳理出"三链关系"并且建立市场模型，主动地利用投资、资本进行配置，制定相应的国家战略和市场规则，将会使中国在经济全球化过程中把握主动权。

如何理解"三链关系"呢？

以汽车产业为例。中国已经成为全球汽车产业最大的制造国和消费市场，中国生产制造的汽车主要是发达国家汽车品牌。中国和发达国家在汽车产业全球化配置过程中，形成了典型的产业链和价值链关系。这个关系的基本逻辑就是世界各大著名外资品牌向中国输出资本、技术、管理和知识产权，中国提供低廉的土地、厂房、劳动力、低关税、低价原材料、能源、资源。在整个汽车产业链全要素进出口流动中，巨大的中国市场创造了巨大的汽车产值和GDP贡献，拉动了中国的交通、旅游、消费和相关产业，但是巨大的产业总量里，最大的价值贡献却源源不断流进了发达国家汽车企业和资本、技术拥有者的口袋，产业链和价值链严重倒挂，不管是汽车产业还是其他高端装备制造领域，医疗健康产业、高端消费品、食品、文化、体育、高科技，莫不如此。由于发达国家所处的地缘位置，也存在不一样的产业结构和产业优势，中国和发达国家之间的这种产业链、价值链关系还因为地缘政治、经济、文化、产业的不同分布而各异。中日之间虽然有很深的历史渊源、很近的地理关系，但是中日之间产业链和价值链关系表现不一样；中美之间更多表现在高端装备、能源、高科技等领域；中国与欧洲各国之间更多表现在医疗健康、环境、新能源、汽车、航空、消费品等领域。

中国和发展中国家主要指中国和印度、巴西、俄罗斯，以及南非、西亚、中亚、东欧、南美洲等国家和地区，中国和这些国家之间的产业链、价值链关系与发达国家之间完全不一样，主要表现为互补性、协同性关系。比如中国和俄罗斯之间，俄罗斯主要在天然气、军工产业、部分高端技术上具有优势，在这些领域，中国和俄罗斯之间形成产业链、价值链的逆差，但是在大量日用工业品、消费电子、通用机械方面，中国与俄罗斯之间就是顺差关系；中国和巴西主要在矿产品、资源产业领域表现为产业逆差，而在工业、大宗消费品方面表现为顺差。

中国和不发达国家之间主要表现为产业优势和资本优势，我国钢铁、化工、机械、电子产业都具有优势，通过国际产能合作形成了在不发达国家拥有的产品、技术、管理优势和投资优势。产业链和价值链处于顺差关系。例如，中国和东盟、非洲之间已经通过基建输出、产业输出形成了大量的贸易关系。

通过系统地对"三链关系"进行梳理，我们如何通过"一带一路"倡议来推动从贸易全球化到资本全球化战略呢？

从2001年中国加入WTO、2002年党的十六大提出"走出去"战略到2013年习近平主席提出"一带一路"，中国已经完成了从贸易全球化到资本全球化的早期布局和投资，否则不会出现2014年历史性的逆转，以及此后连续几年出现的全球并购浪潮，中国2016年全球并购的数额超过2000多亿美元。

我认为，党的十九大之后，中国将迎来贸易全球化到资本全球化的新时代。从贸易全球化到资本全球化，最佳的方法就是通过不断分析把握中国和全球发达国家、发展中国家、不发达国家之间的产业链、价值链关系，以及这些关系在世界经济、政治关系不断变化过程中的演进规律，通过资本方式进行重新配置，由此实现从贸易全球化到资本全球化的目的。

从贸易全球化到资本全球化的方法都有哪些呢？

首先，针对发达国家，我们应该深刻认识党的十九大提出的新时代我国社会主要矛盾的变化，从供给侧结构性改革的角度理解"人民群众日益增长美好生活需要和不平衡不充分的发展之间的矛盾"。对于发达国家来说，至少从1945年第二次世界大战结束到今天为止，他们经过了六七十年的"美好生活建设"，创造了经济、环境、生态、文化等若干方面的美好生活模式和形态，我们完全可以通过"全球并购、中国整合"模式，把这些"美好生活"按照中国的产业政策需求移植过来，通过这些以资本运营为核心的并购整合，实现我们的产业转型升级和对美好生活的打造，同时扭转中国经济和发达国家之间产业链、价值链严重倒挂的现状。

其次，鼓励中国优势产业企业在金融资本、出口信贷的支持下，投资金砖国家和中东欧、中亚国家，把中国大型企业在发展中国家的产业优势变成投资优势、资本优势，例如华为、TCL、海尔、联想、吉利、小米等。

再次，鼓励地方政府与各地区商会、民营企业输出中国产业园区模式，通过产业园区和地区、行业协会及商会，将中国在不发达国家的优势产业按照产业链、价值链模型组成产业集群，与不发达国家展开整体合作，在输出产品、产业要素、劳动力、管理的同时，获得投资优势和资本优势。这种有序的由政府和商会、行业协会组织的形式，可以避免民营企业和民间资本在法制不健全、政治相对不稳定的国家和地区单打独斗的风险。

以上三种模式的实施需要注意的问题是：

在发达国家，由于中国整体上还处于发展阶段，与发达国家企业和产业存在不小的差距，对发达国家企业的并购整合存在逆向整合的逻辑关系，必须充分认识到并购整合的难度；在发展中国家，需要充分发掘与发展中国家的产业协同性和互补性，在互联互通之中找到中国产业投资的机会；在不发达国家，关键是要建立政治、社会、文化、宗教、法治方面的国家保护机制，降低中国在不发达国家投资的生命、财产风险，保障安全。

四、构造"产业、资本、城市"三位一体，助推中国资本全球化

传统观点认为，从贸易全球化到资本全球化就是简单的对外投资、对外并购或者产能输出，我认为完全不是。

资本全球化不是简单的资本输出，而是以资本为推手、为核心，以资本运营的技术促进产业要素在全球范围的流动和配置。理解了这个原理，再认真、深刻学习和理解习近平新时代中国特色社会主义思想，会给我们带来无限的创意和想象空间。

关于实现由大而强的主要路径，党的十九大已经给我们绘制了很好的蓝图。我的理解是：

首先，需要实现中国以省、市、县、乡（镇）为单位的综合发展。经济相对发达的地区，朝着美好的方向发展；经济相对不发达的地区，朝着发展充分、发展平衡的方向发展。

其次，中国过去40年的发展主要推动了中国的城市化进程，中国经济的高速发展已经使城市化率从改革开放初期的不到20%，到今天的56%，但是以土地开发和房地产发展推动的城市化，导致房地产价格严重失控所形成的结构性通胀给实体经济发展和产业转型升级造成了严重阻碍：一是规划不合理，城市规划和城市建设严重脱节；二是产业和城市严重脱节，发展产业没有充分考虑城市的承载能力，造成交通拥堵、环境破坏、生态失调。

因此，我认为，如何根据中国各地城市发展过程中产业发展、转型升级的需求，真正以产业为先导，整合全球范围的优势产业资源，按照产业链和价值链规律，以产业集群为优先，改革和创新传统招商模式，不要再通过简单的政府招商大会，政策招商、土地招商模式，而是充分运用国内产业投资经营主体和资本金

融功能，把全球产业资源与城市需求深度融合，创新"产业、资本（金融）、城市"三位一体运作模式，不失为中国资本全球化的最佳创新模式，它完全符合党的十九大的总体目标与国家发展战略。

五、"产业、资本、城市"三位一体的商业逻辑

"产业、资本、城市"三位一体是经济发展进入高质量、高水平阶段的必然选择。目前各地方政府以及资本金融、实体企业都意识到了这个严峻的问题，每个地方都在提倡"产城融合"，所有金融、资本平台都在讲"脱虚向实"，党的十九大也提出金融要服务于实体经济，几乎所有实体企业也在讲"产融结合"，几乎所有大型房地产开发商也在往产业地产转型。但是，大家都没有找到一个能够把产业、资本、金融、城市深度融合的方法。

原因何在？

首先是产业。经济全球化已经形成全球产业按照产业链、价值链的规律分布于世界各地，如何通过资本的配置，把中国需要的产业带进来呢？我以为本可以通过"全球并购、中国整合"带进来，但是实践中我发现：中国企业走出去的能力远远不够；中国地方政府有资金，但是钱出不去；中国创办了若干个中德、中以、中韩产业园，但是没有一整套产业导入的机制，而发达国家相对于中国在产品、技术、管理、品牌上有优势的产业非常巨大，涉及高端制造、医疗健康、高科技、新材料、消费品等许多领域的大大小小企业，他们由于市场原因和经济不景气、增长乏力，非常希望进入中国，又苦于对中国不熟悉，也缺乏投资能力。

其次，中国的资本和金融已经非常有规模了，完全具备了服务实体经济的能力，但是由于中国没有实现资本项下的人民币自由兑换，还担心外汇流失导致进出口外汇比重和汇率失衡，巨大的私募基金规模却很少有海外投资并购基金。

再次，中国由各级地方政府管理和控制的城市发展、城市规划、土地开发、城市建设领域很难主动融合产业内容和产业资源，体制、专业都很难建立高水平的跨界机制。

基于以上逻辑，强烈建议有关党政机构以及金融、产业、地方政府部门高度重视新时代中国产业、资本、城市三者之间的内在逻辑关系，充分认识产业、资

本、城市的深度融合对于中国经济的重要性。

六、如何实施"产业、资本、城市"三位一体模式

实施"产业、资本、城市"三位一体最重要的是各级地方政府。不管是旧城更新还是新城建设，首先，是在城市规划中确定产业规划，甚至是根据产业规划倒推城市规划，使产业规划与城市规划融为一体。避免产业规划和城市规划的脱节现象。其次，改革传统的依靠土地招商、政策招商、税收招商的行政模式，创建由政府引导基金、公有资本、上市公司、民间资金、金融机构构成的产业投资基金，根据城市对产业的规划，面向全球主要发达国家按照产业链和价值链规律，进行产业集群导入。导入形式可以是并购、可以是合资，可以是授权经营，也可以是独资招商，同时还可以将导入进来的产业与城市原有产业存量进行科学的重组和整合，实现原有产业转型升级。

用这样的"产业、资本、城市"三位一体模式一方面避免了中国企业单打独斗走出去投资和并购的文化冲突，避免了大量外汇流失的担忧，减少了公务员出国的困境；另一面也给发达国家优势产业资源找到了中国这个巨大的市场，降低了发达国家企业进入中国的投资难度和投资风险，非常有利于中国各地从注重发展速度到注重发展质量的转变，实现从高速度向高质量的转型。

以我最近观察的浙江衢州市为例。该城市正在创建世界食品安全示范中心，已经通过大量的投资进行大规模农地改造，同时要对改造后的土地按照世界发达国家食品产业的标准，从食品产业上游的品种选育、种植养殖、生产加工、仓储物流、贸易流通和消费追溯面向全球进行招商，形成衢州甚至逐渐带动周边省市以及全国的食品安全示范和推广。如果在目前规划阶段，首先从产业导入、产业集群导入、产业链的导入出发，在全球范围发掘出这些产业、企业，再按照这些产业和企业的要求来规划这个示范中心的环境、空间和地下管廊，以及产业与人、产业与各种要素的关系，我相信这个示范中心能真正成为世界食品安全示范中心。

学习十九大文件精神，结合今天全球的经济政治秩序，以及中国积极推动全球化的高瞻远瞩，我认为最重要的就是变革和创新，只有这样，我们才能真正不辜负我们所迎来的新时代。

针对这样的"产业、资本、城市"三位一体的创新，把我们的创新从内涵的创新模式放到一个巨大的创新舞台上，在这个舞台上又会给市场带来巨大的创业和创新的机会。

创新不是空中楼阁

我们处在无时无刻都不在创新的时代，但是面对眼花缭乱、打着各种创新旗号的概念，我们也必须头脑清醒，不要被盲目的创新所忽悠，也不要在创新的空中楼阁里迷失了自己。这一节的内容主要想表达三个意思，第一是创新是在坚实的基础上产生的，不是幻想、不是做梦得到的；第二是绝对不要打着创新的旗号，从事欺诈的行为；第三是要善于识别创新的真伪。

记得20世纪90年代初我刚到海南的时候，发现海南就是一个任自己发挥想象力、遍地都在创新的世界。置身其中，你会觉得每天都被创新所包围。20多年过去了，回忆一下，当年那些信誓旦旦的故事还有几个存在的？成千上万的创新故事里面只有一个海南航空走到了今天。

当年海南最大的创新故事就是让海南成为全方位对外开放的自由岛。创意很好，创新思路也很好。方案的设计者全面了解了西方发达国家的高端消费形式、高度自由的消费态度以及高端消费的能力，然后深入理解中国人长期被封闭的猎奇心理，幻想着不用出国就可以实现和获得外国的理想和自由。在当年中国国门还没有真正打开的时候，缩小中国和发达国家的差距确实成为很多人心中的梦想。包括我在内，当时也非常高兴，觉得如果海南真的这样开放，我自己也是这个成果和梦想的分享者，也是我的荣耀。其实20多年过去，当我自己也走遍了发达国家的时候，当今天的中国和发达国家的距离越来越近的时候，我才发现当年所谓自由岛的创新设计，其实很难最终实现。我反而觉得，今天也许到了要重新思考创建海南自由岛的时候了。

如果今天要在海南创建自由岛，我相信一定是基于贸易为基础的推动投资、发展产业的自由岛。比如，目前在全球范围内，中国和发达国家之间很多产业和科研领域都存在差距，我们可以制定许多优惠政策，从签证、居住、购房、置业、关税、人才引进等很多方面，向这些特定行业放开，包括医疗健康、养老、教育产业化、文化体育、互联网、人工智能、现代农业、食品、旅游、娱乐、现代服务业等，让所有这些投资者、经营者、消费者能够享受与中国香港、中国澳门、摩纳哥、巴厘岛等很多国家和地区相类似的软环境，海南这个自由岛就有了实验意义，有了创新性，成为很多制度和政策在大陆实施前的滩头阵地，这样，海南就会很快发展起来。海南的创新就会给许许多多创业者提供更多的机会。

这个当时海南最大的创新愿景成为一块经常敲门的砖头，不时要来光顾一下，但在1993年之后，再也没有人提及。其实这个时候反而是最需要创建自由岛的时候，给新时代的海南创造一个奇迹。

除了这个当时最大的创新故事之外，海南的另一个创新故事就是洋浦港的开发建设。当时的创意者也把洋浦港的价值和作用包装得天花乱坠，把孙中山都抬出来，好像中国除了洋浦港就再找不出第二个优良港口建设的选址，后来海南把洋浦港以及周边30平方公里土地租给当时的日本企业熊谷组的时候，竟然引发了巨大的纷争。30年过去了，纷争再也没有了，洋浦港在中国若干个巨大的港口里面排名第几呢？前30名都进入不了。

当时一个著名的技术创新项目就是沈太福的长城机电公司，这个公司打出节能电机技术创新旗号，利用一种创新的技术进行融资，在法制不健全、监管不到位的情况下，沈太福打着创新的旗号到处融资，当时的国家科委领导也出来给他站台，《科技日报》也公开刊登他们的创新事迹，结果后来因为非法集资，沈太福被判死刑。

还有一个所谓的著名技术创新项目——水变油项目。现场演示者在众目睽睽之下把一桶水和他们研发的不知名的添加剂混合在一起，注入一辆拖拉机的油箱内，然后发动拖拉机就可以当场开动。围观人群大多不得其解，不少人参与投资，最后才知道上当受骗。

改革开放40年来，不同阶段有不同阶段的创新模式、路径和项目。互联网时代更是打开了人类创新的大门，但互联网时代也是许多不切实际的创新行为的陪葬时代。从最早的互联网门户网站到今天的APP，都有数不清的创新创业者被拍死在浪潮前面的沙滩上。早在20年前互联网刚刚进入中国的时候，我当时的创业伙伴、后来的中国并购公会的创始人王巍就认为，互联网照这个逻辑发展下去，带来的创新和颠覆可能改变投资银行的生存方式，企业并购今后在互联网上就可能发生，于是他很快就去创建了万盟的网站，希望万盟成为中国专业从事并购的网站。20多年过去了，互联网发生了很大的变化和进步，但是我们没有听说国际国内有一个并购交易是在互联网上直接完成的。

互联网金融（P2P）是几年前非常热门的创新创业模式，成功的代表是宜信。宜信通过互联网构建的对等模型，在互联网平台上将资金的借方和贷方直接联系起来，完成贷款交易，在交易中获得服务收益。这个模式被称为金融的脱媒，即不需要金融中介、银行中介。一时间，P2P就像见风长一样迅速在全国蔓延起来，一时间让银行也非常紧张，是不是这个创新模式一旦发展起来，存款者再不需要把钱存到银行，直接在网上把钱借出去，获得的收益就比银行利息还高？监管机构也一时没做出反应，P2P模式既没有从借款者手上把钱吸收过来作为存款，同样也没有直接从互联网创办者手上将钱直接借给需要钱的人，宜信成功了，还在美国上市了。但风起云涌的时候也是泥沙俱下的时候，由于创业门槛非常低，接下来P2P创业企业越来越多，竞争也越来越激烈，各种妖魔鬼怪就出现了。一些P2P机构开始打着互联网金融的旗号展开了高息揽存的非法吸收公众存款的业务，几个亿、数十亿甚至上百亿的互联网金融公司就出现了。E租宝、昆明泛亚、中晋系等一大批骗局打着互联网金融的旗号，钻了监管不力的空子，给市场信用造成了巨大的伤害。

"互联网+"出现之后，确实给利用互联网对接传统产业创造了许多创新空间，创新无处不在，共享空间的出现、共享理论的出现也诞生了巨大的共享创新模式。但共享模式其实并不是互联网的专利，生活当中有很多共享模式的案例。重庆火锅最早的商业模式就是共享模式。

重庆火锅最早创建时，是生活在江边或船上的社会底层的劳苦大众，在寒冬腊月瑟瑟的风中为了吃上一口热饭热菜，干脆把一锅蔬菜、荤菜加上重口味调料放到锅里边吃边煮，后来经过商业化改造之后，发展成为共享火锅。一个炉灶上一口锅，锅里九个格子，一群互不相识的人共享一锅汤料。你要吃什么、吃多少，直接买来放到属于你的格子里下锅烫煮，吃完结账走人；另一个人来了同样可以坐上来再买再吃。觉得辣味不够，征求大家意见，加点辣椒；味道不浓，可以添加牛油。共用一锅能节约能源、降低成本。

互联网时代，利用共享机制把一些上班族的车征用起来，可以随时接受互联网公司共享的数据信息资源，接收信息之后成为出租司机，自己的车成为经营性资产。互联网出租车公司不需要购置一辆汽车就可以经营起来，于是，若干种基于互联网的共享经济模式成为创新经营模式，被许多创业者模仿，从物到人都被共享起来。

我相信还有很多共享模式可以开发用于创新，但是作为创业者，要采用共享机制进行创业的时候，最重要的成功要素是什么呢？

共享经济创业模式首先是需要确定一种或一类共享物或者人，这些人或者物被确定为可以被共享。比如一个农场，有1000亩（约合66.7公顷）地，农场主同意把这1000亩地作为共享资源，就可以和创业公司签合同。创业公司获得经营这1000亩农场用地的机会，采用各种方式把这1000亩地改造出各种功能，让有兴趣的人来种植、养殖，在分享劳动成果的同时还可以吃到放心的农产品。公司将经营收入和土地拥有者共享，也和经营者共享。类似这样的共享创新创业机会比比皆是，但是创业风险在哪里呢？就是每一个要素之间的逻辑关系和投资产生正现金流的周期。

很多人在共享经济这个创新模式中失败的原因，就是最后没有走到现金流为正的时候，钱"烧"完了。

这几年非常流行的创新就是众筹。众筹是一个既可以在线上，又可以在线下操作的把投资、融资、创业、经营同时捆绑在一起的创新模式。这既是一个金融领域的投资银行业务，也是一个创业行为。我的一位美女朋友王琴同学一直想用众筹这个模式做些业务。她是学传媒的，曾在江苏电视台工作过，还做过房地产营销和房地产投资。几经周折，她发现在北京可以利用众筹做民宿改造的商业模式，于是把北京可以出租的具有经营价值的民宿租下来，然后通过众筹获得资金，用这些资金对民宿进行酒店式改造，通过互联网进行营销。众筹出资人可以分享投资收益，也可以自己来消费。取得一个店的成功之后，她就发现了这个商业模式的成立，开始一个个不断地征集众筹对象，扩大融资规模，也不断地发掘北京可以出租的民宿，进行投资改造。如果良性循环下去，王琴同学真有可能成为利用众筹模式经营民宿的民宿女王。

每年有很多众筹公司倒闭，为什么"70后"的王琴能够成功，那么多"80后""90后"的众筹模式失败呢？筹看起来是互联网行业，其实对于创业者来说，比互联网重要的还是创业者的商业经验。包括从哪里去找到民宿，怎么判断这个民宿的区位价值，怎么进行改造装修，需要的都是传统行业的经验。"互联网+"不仅需要懂得互联网怎么去加传统产业，也需要具备传统产业的经验和资源。在这些方面，我们的"80后"，尤其是"90后"都是非常缺乏的。

创新需要勇气和智慧

我们处在创新的时代，创新是我们这个国家和社会的基本命题。我们的国家所走的就是一条没有前人经验可以借鉴的道路，我们的国家战略也是要成为一个创新型国家，没有老路可走，一切都是新的。因为我们国家选择了一个不一样的政治制度，怎样创建一个与这个制度相适应的经济体系、经济制度，这在世界上就没有成功经验可循。尤其是当中国在创新的道路上已经走了40年，经历了那么多沟沟坎坎之后，我们依然无法停止创新的脚步，而且越往后，创新的难度越大，这就需要我们具备足够的勇气和智慧。

对于企业来说，不管是创业型企业还是成长型企业，不管是成熟企业还是大型跨国企业，面对不断变换的市场、技术以及企业经营环境，每一个企业、每一个创业者都必须要时刻保持创新的意识和创新的机制。原因很简单：不创新很可能就是等死。

以我这么多年对中国改革开放的经历和观察来看，由于政治和经济关系太紧密，政府拥有太多的经济政策资源，但又负责社会治理、公共事业、行政管控等很多非经济、非市场工作；政府参与经济的方法往往又不是完全市场化的方法；很多创新的空间需要去突破，但是资源又在政府手上。由于政府不是市场经营主体，不承担风险，没有投资责任，缺乏企业经营的专业性，对于创新的专业性也不一定理解，往往在某种程度上阻碍了创新。这是我多年来遇到的最大的困惑。所以这样一个特殊的国情，就需要我们的创新者既要有创新的专业性，还需要具备创新的勇气和智慧。

我经过差不多十年的实践、观察和操作，提出了"全球并购、中国整合"这样一个巨大的商业创新命题，我认为这是中国实现产业转型升级和产业新旧动能转换，以及避免中国出现产业空心化、陷入"中等收入陷阱"最好的方法。通过国有、民营企业和资本并购、投资发达国家优势产业，然后和中国各地区相关产业进行重组、整合，不仅有利于发达国家产业优势的继续延伸，作出中国对世界经济的贡献，同时可以实现中国工业化进程，再和第三次、第四次工业革命结合，完全可以实现中华民族的崛起。我认为这是一个千年商机。但是这些创新思路和方法提出来之后，很难为此构造出实现的商业模式，所有用于全球并购，中国整合的金融资源、政策资源、投资并购主体资源都不在市场手里。

2011年，我把一整套方案提供给上海国际集团这个上海最大的金融控股平台，和他们讨论一起创办上海国际全球并购基金，对方很快也同意了，并拨出500万人民币进行筹备，但由于一些考虑，只让我担任首席战略官，没有权力，只需要我提供思想和方案，这完全不是一个市场行为，我认为这个体制下一定做不好，只好退出，由一些没有做过国内并购的人去负责做全球并购。最后上海国际集团花了不少钱，什么事情也没有做出来，不了了之。

从2012年开始，我就一直不停地用各种方式在中国推动这样的创新，但收效甚微，很难找到一个有效的市场机制来推动这样的创新。虽然中国企业全球并购的数量和金额连续几年大幅升高，但是由于各种原因导致中国外汇储备急剧下降，从2014年的3.99万亿美元下降到2016年的3.01万亿美元。国家不得不采取紧急措施限制外汇出境，好不容易培育起来的海外并购势头降了下来。一方面我们看到中国企业和中国资本的全球化是一个长期的大趋势，另一方面我们又存在很多障碍，如何是好呢？

创新动力迫使我们必须找到更好的思路。正好这个时候，我认识了中建集团投资公司总经理，我们经过一次又一次讨论，提出了"产业、资本、城市"三位一体这样的创新方案。方案提出来几个月，已经获得各方面的赞同和普遍的支持，带着这样一套思路和国内很多省市领导交流，没有一个不赞同的。这个创新方案的智慧在于中国一、二、三线城市都需要产业转型升级，都需要从高速发展走向高质量的发展；另外，这几年中国在大力推动去杠杆、去库存、减过剩工作的同时，促进供给侧结构性改革，消费占比增加很快，海外各类大中小型企业都希望进入中国市场，但是由于海外企业不懂中国市场销售渠道，对中国也不熟悉，大量进入中国的企业都是通过寻找代理进入中国，而且国外公司也没有太热衷于把企业做大做强，这就给中国资本通过产业集群的方式将其带进中国留下了巨大空间。两边都有这样的需求的时候，就需要专业的组织和资本金融平台把他们引进中国。如果中国能够把握这样的机会，千年商机就不会丧失。

目前我们已经在推动让全世界优质食品产业以食品安全示范中心的方式进入浙江衢州，我们会与世界著名的农业和食品产业优势国家，如荷兰、美国、瑞士、澳大利亚、新西兰等国的优质食品产业集群进行对接，从产业链和价值链，包括整个食品安全监测标准和体系进行全面导入，在此基础上，结合中国的具体情况，在各种类型的食品产业里形成中国的高标准食品安全体系，引领整个中国高水平食品安全体系的创建；我们也在帮助哈尔滨市利用中国举办冬奥会、发展冰雪运动的机会，把全球高端冰雪装备制造产业集群带到哈尔滨，创建哈尔滨国际冰雪产业园。通过考察我们发现，虽然中国是人类最早开展滑雪的地方，但是作为一项体育运动，同时又是体育产业，中国冰雪运动和发达国家相比，不管是专业水平还是普及面都有很大的距离，刚刚结束的平昌冬奥会，中国代表团仅仅获得一枚金牌。中国冰雪项目水平不高，普及度不够，但是消费增长的需求又非常强烈，我国每年在冰雪装备、冰雪设施上的投入和消费增长很快，国内产品和品牌往往不是消费者的首选，于是全球著名品牌都进入了中国市场。另外我们发现，冰雪装备这个产业领域并没有被阿迪达斯、耐克等著名运动品牌整合，而是非常分散，主要集中在美国、加拿大、瑞士、德国、荷兰、日本、奥地利这样一些发达国家，而这些企业很多经营不善，如果在哈尔滨创建一个整合全球冰雪装备的产业园区，完全可以把这些世界品牌通过并购、投资、授权等经营模式引进来。

我们与河北资产管理公司合作，同时联系金风科技、特变电工、天合光能等新能源企业与河北张家口合作，推动全球新能源产业落户河北也是一个非常创新的思路。中国的河北、山西、内蒙古等省份都是中国传统的能源大省，但是能源结构主要是产煤为主，由于国际能源结构的变化，中国产能过剩，这些地方的产业转型升级遇到严重的障碍。我们认为应该把握全球能源结构调整的机遇，在国际市场尤其是美国大规模采购成品油气产品和并购油气田，将发达国家油气产品，尤其是天然气产品所形成的产业联合产业集群整体导入中国上述地区，形成燃气替代燃煤的能源结构，这样不仅可以把我们的煤炭资源保护起来，同时还优化了环境，实现了产业转型，让这些地区的煤炭集团转型为以燃气为主营业务的能源企业。

我非常清楚，这是全中国几乎每一个城市都需要的创新。如果过去他们还没有这样的意识的话，现在每一个城市都会面临这样的压力。为什么呢？是因为过去这些年，每个城市土地财政的空间都被压缩得很小了，政府的负债空间几乎没有了，变通的PPP也玩过头了，只有特色小镇、田园综合体还在继续。接下来的危机就是产业空心化，高附加值产业都不需要大面积土地，都是无形的、看不见的轻资产。全中国都在说大健康、工业4.0、人工智能、节能环保这些概念，但是中国的产业主体、产业集群都没有太大的优势，都知道是打着这些旗号去各地要土地，没有一定的住宅配套指标，基本上都不敢出手。

更为残酷的是，钱从哪里来？政府还有负债空间的时候，市场资金根本就插不上手，政府信用没有了，通过银行资管、信托资金、保险资金、财务公司、第三方理财这些资金渠道形成的结构化融资渠道也基本堵死了，原有的低水平、高速度发展方式走进了死胡同。

高质量、高附加值产业荒将成为党的十九大之后，困扰中国各地的最大痛点，尤其是北方地区更加困难。中国是否能够真正摆脱产业空心化和"中等收入陷阱"，就看这几年转型升级的水平和能力。

所以，"产业、资本、城市"三位一体的模式创新一定会成为中国发展的潮流，其中存在的产业并购、投资、孵化、代理、合资的创新商机会层出不穷，城市综合体创新发展的机会也是层出不穷，资本投资和运营以及协同上市公司参与的投资、并购、合资、整合的机会同样层出不穷。

但是这些创新对于各地政府来说，过去是没有经历过的。大家躺在传统的、在土地财政基础上招商引资这张舒服的床上很久了，而创新的招商模式需要敢于走出去，敢于决策，敢于挑战没有成熟经验的领域。

作为创业者，创业之前和创业的过程中具有比较多的创新精神很正常，但是在获得一定成功之后还具有创新勇气的已经不多见。在中国的早期创业者中，重庆的尹明善就是一个敢于创新的佼佼者。他和我第一次见面时就对我说，他50岁创业做摩托车，60岁做汽车，70岁了要向我学习做资本。虽然有些开玩笑的意思，但是他作为一个教师出身的创业者，50岁创业已经很晚，60岁时做成了重庆三大摩托车集团之一，还敢于再次创新投资做汽车，当时遭到很多人的嘲笑。这个领域更加有勇气的是被称为汽车疯子的李书福。他经历若干次创业之后，突然提出要创办吉利汽车，几乎所有人都认为他是疯子，对他造出来的吉利汽车编了很多顺口溜来挖苦。但是李书福不仅造出了车，更惊天动地地并购了世界著名的汽车品牌沃尔沃。经过多年的整合之后，在全世界汽车产业大变革前夜，吉利石破天惊地成为世界最著名的汽车品牌奔驰母公司的第一大股东。一路走来，李书福依靠大无畏的创新勇气从一个农民白手起家，并且有可能几年之后成为世界汽车巨头，成为改变世界汽车产业百年版图的中国人，一切都源于创新的勇气和智慧。

汉能集团的李河君在创新的路上还在艰难地努力着，他的成功也是得益于创新。作为民营企业投资数百亿建造大型水电站，几乎是九死一生的项目。汉能总投资超过200亿，耗时十多年，最终建成世界最大民营水力发电企业。成功之后，每年几十亿的现金流，和印钞机差不多，李河君完全可以躺着赚钱。但是汉能却看到太阳能发电的创新机会，在全球范围内发掘、并购薄膜太阳能发电技术。怀着一定要把太阳能薄膜发电技术成功产业化，为人类造福的理想，这些年汉能也是历尽艰辛，把水电站赚的钱几乎全部投入到太阳能薄膜发电领域，至今还在继续研发投资建设过程中。

当今中国最具创新精神的企业家可能要算贾跃亭。一个创新还没有完成又进入另一个创新，不断地吸引着市场的眼球。但是，贾跃亭也是有最大争议的创新者。我们鼓励创新，欣赏创新，但是创新也不能没有智慧。创新必须要有市场容忍度。如果是国家给的创新任务，必须按照国家的要求去完成；如果任何创新是你自己的投资，也无可挑剔；即使用创新的故事吸引投资人，你也必须要把创新的风险告诉投资人，绝对不能用信用和没有风险承担能力及意愿的投资人作为创新的殉葬者。

这个世界几乎每天都在吸引人们眼球的创新者非马斯克莫属。把马斯克和贾跃亭放到一起比较，你会怎么想呢？我认为马斯克是真正的技术创新者。首先，美国这个国家是全世界最具创新文化的国家，马斯克有着最具创新精神的土壤，不管是特斯拉还是导弹发射回收，以及管廊式的高速铁路。其次，马斯克本身也是一个技术型人才，他所构想的创新存在创新所需要的技术储备，这些东西美国比全世界都要丰富。再次，马斯克自己已经很有钱，同时美国国家体系中也有很多资金资助创新的技术和项目。我和特斯拉首任首席设计师菲斯克尔有过交流，菲斯克尔曾经是宝马和阿斯顿马丁的首席设计师，后来担任特斯拉的首席设计师。因为与马斯克合作观点不一致，与之分手后创办了与自己同名的纯电动汽车公司菲斯特尔，旗下的第一款产品卡玛也达到量产规模，由于技术问题，后来破产，被中国企业万向集团收购。菲斯克尔告诉我，他的公司和马斯克的特斯拉都得到了美国政府很多资金的扶持。除此之外，美国对于创新项目的风险投资体系很成熟，马斯克的项目也曾经让投资者获利，他们认同他的创新，也愿意追随他的创新。所以，当马斯克推出一个又一个勇敢而智慧的创新项目时，即使也经常有失败的时候，但总能让人充满期待。

贾跃亭也具备了非常超前的创新精神和大无畏的创新勇气和智慧，但是，他创办的乐视已经在舆论中因为官商勾结的传言，饱受质疑。贾跃亭不是技术出身，没有坚实的对技术的理解和技术的资源基础，乐视超级电视能够成功并不是突破了什么技术难题，而是走了其他企业也可以走通而没有走通的渠道，这是中国三网合一的行业壁垒。乐视获得的很多投资追捧，迎合了中国这个浮躁、急功近利的投资市场生态，再加上每一次媒体的渲染，明星的助阵，把投资、路演这种严肃的市场行为演绎得像是时尚秀场，让投资者热血澎湃，生怕错过了投资机会。在不断渲染创新梦想的同时，乐视背后的财务状况、资金状况、经营状况、管理问题、法律纠纷不断释放，而贾跃亭首尾不顾，一味拿未来忽悠今天。这让我想起早期学习投资银行业务的时候，有同行讲过这么一个寓言：有一个投资银行家设了一个陷阱，然后告诉每一个路人说，下面有非常多的金银财宝，你只要跳下去就可以享受荣华富贵，一辈子都不用发愁。于是一个又一个路人跳下去了，没有一个人上来。投资银行家最后竟然被自己的谎言所骗，以为真的有金银财宝，最后自己也奋不顾身地跳了下去。

今天的创新格局已经处于人类历史上的井喷时代，我们每天都处在技术创新、观念创新、商业模式创新、盈利模式创新的包围之中。创新的诱惑和风险很难分辨，甚至越来越难以分辨。2017年以来，最大的争议就是区块链和比特币以及各种数字货币创新带来的争议。根据区块链的原理和逻辑，这是互联网发展到今天进一步创新带来的一种机制，把分散的信息节点通过加密的技术处理链接起来，形成去中心化的信息生态，实现许多难以想象的信息和资源共享，创造出非常丰富的体验和应用。就像互联网早期，大家充满了想象和期待，也幻想着未来的商机像馅饼一样砸到自己头上，于是很多人趋之若鹜地冲进去，寻找那个可能实现的梦想。

我绝对相信区块链，也绝不怀疑数字货币，但是每个人一定要想清楚，任何一个时代性机遇来临的时候，不是平均降落在每个人头上的梦想。你在学习理解区块链和货币数字的时候，一定要想清楚，这个创新的技术和生态和你的关系是什么，你在里面适合扮演什么角色，你是庄家，是赌客，是荷官，还是打扫卫生的、吃瓜的、打酱油的。就像那么多做电子商务的，为什么最后阿里巴巴和京东是赢家？那么多做新媒体的，为什么成就了腾讯？这一点一定要清楚。

第七章

中国金融之"创"

这些年来国内讲创业基本上都是讲实业企业的创业故事，很少有人讲金融界的创业。金融界都是帮别人创业的，是创业者和创业项目的推手，但是，金融业也是一业，作为服务业，金融也同样有自己的创业过程和业态，金融创业者也有各种各样的创业故事，虽然一讲到金融业的一些故事，很多人联想到的几乎都是"大鳄""门口的野蛮人"、"金融寡头""空手套白狼""金融诈骗""坐庄""操纵""非法集资"这样一些耸人听闻的主题词。"投资银行家"这样一个曾经最美丽的职业，被戏谑为"投行民工"。

　　金融家经常都是讲别人的故事，我要在这一章讲讲金融业和金融家的创业故事。因为金融界的大量故事都是秘而不宣的，每一个合同或者协议签署之前，都事先要签署保密协议，通常也都不是上市公司，不需要履行公开披露的义务。于是这个圈子显得更加神秘而复杂，即使微信上的很多传言，关键字也经常用字母来代替，也许只有我这样身居其内而又清风淡然的人才能也才敢说出就里。当然，我也不会破了这个圈子的规矩，倒是希望通过这样的讲述，为圈子外面和圈子里面的人打通内外之间的那层隔膜，以免墙里的人总想出去，墙外的人总想进来。

改革开放到现在，其他很多行业原本是没有的，从零开始的，但金融的基础和行业的内容已经有了，只是没有现代市场经济下的工具、媒介以及完整的行业体系。尤其是没有社会主义市场经济环境下，现代金融服务体系的指导思想和理论基础。所以，我还是认为，改革开放40年，中国的金融是从零开始的。

但是，如何理解金融、理解金融的本质，如何利用金融在为经济服务的同时，也形成一个优良的既有理论又有实践，能够把整个经济、政治、社会、文化、生态五个方面全覆盖的金融生态体系，我觉得是新时代中国金融的主要任务。我在2018年4月12日至22日到美国考察交流归来之后，对金融的本质、中美元融体系和中国金融的意义、作用、发展方向和方法有了近乎颠覆性的思考。

从零开始的金融

改革开放刚刚开始的时候，中国还是实行计划经济，社会主义计划经济体制的核心内容是计划、生产、分配、消费，整个经济体系是财政经济体系，不是市场经济体系。中国的金融只有财政体系下面为财政服务的人民银行和中国银行。人民银行就是一个管货币发行、银行存款和结算的国家机关，中国银行就是人民银行派生出来办理外汇结算和进出口贸易结算的国家机构。从1984年开始，中国银行、中国农业银行、中国建设银行、中国工商银行才纷纷创建和独立出来开展业务。所以，改革开放初期，中国的现代金融完全是从零开始。而在改革开放之前，中国是没有今天现代意义上的市场化金融的，在计划经济时期，金融只有钞票一个概念。

由于几家银行的创立，终于有了银行向企业贷款。为了响应国家把工作重点从以阶级斗争为纲转移到经济建设为中心上来的决定，不少政府部门和机构纷纷创办企业，没有钱就直接从银行贷款，准备总投资额20%～30%的自有资金，就可以投资创办企业，从事经营活动。

原有的企业和银行之间只有存款和结算关系，政府和主管部门把钱拨给企业，企业以自己的名义把钱存在银行。1984年国家开始对企业进行改革，改革的第一步就是把国家对企业的拨款改成贷款，把企业向国家交的利润改为税收，企业和银行之间的关系才出现存款和贷款以及结算关系，企业也开始向银行支付资金成本，银行业才成为一个经营单位。这个时候的银行都是完全的国有银行，虽然从零开始，但是起点很高。毕竟一个国家的经济总量还是不少的。

全国性商业银行出现之后，1986年开始，逐渐出现由企业参与投资创建的股份制商业银行，包括交通银行、招商银行、中信银行、深圳发展银行等。

1979年，在邓小平的推动下，红色资本家荣毅仁领衔创办了中国国际信托投资公司，目的是利用荣毅仁的海外关系，通过引进国际资金发展中国经济。这是新中国第一个信托投资公司。

接下来的几年里，各银行旗下纷纷创办了信托投资公司。由于中国开始发行国库券、企业债券，于是很多银行又创办了证券营业部。

到20世纪80年代后期，中国用了十年时间，初步形成了从零起步、服务于实业的金融体系：工商银行主要服务于工业企业，农业银行主要服务于农村生产，建设银行主要服务于城市建设，中国银行主要服务于国际金融，交通银行主要服务于基础设施和道路交通、桥梁、隧道、港口、码头、机场等。

以货币发行、存贷款、结算为核心的金融体系初步形成。这个时期从金融产品到金融工具再到金融监管，金融几乎就是货币银行的代名词。但这时还是金融的初级阶段，主要是提供间接融资，中国还没有建立资本的概念。财务报表也是资金平衡表，没有资产负债表。金融和企业及产业的关系也只是银行和企业及产业的关系，金融对企业和产业的理解也仅限于贷款和还款。

20世纪80年代后期，一个新的事物在悄悄酝酿，那就是证券、股票。1974年邓小平访问美国的时候，主动提出要去参观华尔街，至少华尔街之行让他已经感受到华尔街为何物；1986年，他又在北京把上海飞乐音响公司50元面值的股票送给了时任美国证券交易所主席的范尔霖。中国的股票市场早在20世纪80年代中期，就在没有任何国家法律和政策的支持和推动下成长起来了。

国内一些改革派和华尔街留学的学子也在当时的领导人谷牧副总理的支持下，开始悄悄地提出创建中国证券市场的建议，由王波明、高西庆等人起草了

《关于促进中国证券市场法制化和规范化的政策建议》，王岐山、王波明、张晓彬等人一起发起设立了中国证券市场联合办公室，准备筹备中国的全国性证券市场。但很遗憾的是没有实施下去。1990年年底，中国为了向世界展示继续改革开放的形象，在深圳和上海分别创办了两个交易所。即使到这个时候，对为什么要创办这个市场，这个市场的本质到底是什么，从理论和实践上实际上也没有梳理清楚。尤其是到了1991年，强大的社会主义阵营遭遇空前危机，中国在政治方向和经济发展上面临一个根本性选择，整个中国陷入迷茫。

1992年春天，还是我们伟大的总设计师邓小平，以80多岁高龄到南方视察，发表了一系列讲话，向国际国内宣告中国将要继续坚定实施改革开放政策。随后，中国国家体改委迅速行动，推动中国掀起了一轮股份制改革，并且利用证券市场发展直接融资的高潮，同时与国际证券市场接轨，让中国公司打破禁忌，直接在中国香港和美国的股市上市融资，让国外资本有机会投资中国企业。

这个阶段开启了中国金融市场的建设，直接融资市场。但是由于国情和意识形态，政府没有对如何在中国开展资本市场，如何从理论上对社会主义的中国创建资本主义的资本市场作出解释，导致中国多年来一直没有正面解读和宣传诞生于资本主义国家的资本市场在中国的地位、意义、作用和创建方法，摸着石头从岸上进入深水区。直到今天，中国证券市场创建快30年之后，也没有系统地从金融学理论和实践来解读资本市场。

总结起来，改革开放40年，中国基本创建了一个巨大的综合金融体系，这个体系主要的特点是：

第一，是以货币银行为核心、以高储蓄率为基础的金融服务市场；依然是以间接融资为主。

第二，资本市场发展了27年，初步建立起了多层次资本市场体系，作为直接融资市场，目前还远远小于间接融资比重。间接融资占据融资总量的70%，市场成熟度远远不高。

第三，巨大的经济总量带来了巨大的金融总量，但是总体运行效率不高。巨大的金融市场需求与低水平金融人才和金融服务机构严重不匹配。

第四，金融产品、金融机构、金融监管和机制决定着资产、财富拥有者的资产流向，而不是以资产拥有者为中心，为资产拥有者提供服务。也就是整个国家的金融体系实际上是利用高储蓄率获得的巨大资金支持着整个国家机器的运转，金融的本质是为社会公共财富拥有者提供系统金融服务，并没有最有效地服务于市场资金需求者。

第五，通过金融监管和准入门槛形成巨大的金融准入成本，而这个准入成本不是人才、资产规模、市场规则形成的，金融准入的市场化程度不高。

第六，由于没有资本项下的市场兑换，利率和汇率与国际金融市场难以接轨，导致中国金融国际化水平较低，无法满足中国经济全球化的要求。金融领域和金融市场对外开放程度不高，国际金融资本实际上难以参与中国金融机构和金融市场的投资，国际成熟金融机构难以进入中国，发达国家金融工具和金融产品、金融服务也难以和中国金融服务市场进行深度融合。

第七，通过中美元融市场体系比较，我认为中国和美国金融市场一个是金字塔结构，一个是倒金字塔结构。

如何理解呢？改革开放早期，中国实际上没有民间财富，只有国家财富。改革开放40年里，中国的国家资产、民间资产渐渐趋于平衡，正在朝着富国富民的方向发展，而美国是一个民富国穷（政府财政）的国家。在这个财富结构框架下，中国金融服务的重心在底层，而美国金融服务的重心在顶层。这个结构必然导致中国金融服务的效率远远低于美国。

第八，中国金融市场是一个几乎没有向国际开放的市场。中国自2001年加入WTO之后，很多领域已经高度开放，但是金融的开放度非常有限。外资金融机构几乎很难在中国开展金融业务，外资对中国金融机构的投资持有股权一般不超过20%，即使有少数金融机构外资成为单一的第一大股东，但是在产品经营上，同样不能随意销售。最核心的表现就是人民币没有在资本项下实现自由兑换。

第九，中国金融市场已经形成各种各样的混业经营状态，既有银行主导的金融混业模式，也有保险主导的金融混业模式，还有金融控股公司模式。甚至已经出现金融财阀模式，不仅拥有混业金融平台，而且已经直接用混业金融平台的资本优势和金融优势投资经营产业，形成同一控制主体下的产融结合。

以上这些特点和以美国为代表的发达国家金融市场体系形成了相当大的反差和市场体系的不兼容，对中国经济必然构成后续发展的巨大瓶颈。

和其他领域一样，中国的金融业也在过去40年采用"摸着石头过河"的方式发展，对于金融的本质、金融的功能，以及如何在社会主义市场经济体系的基础上构建与之相适应的金融服务和监管体系，在过去40年都没有很好地解决。而已经到来的新时代同样需要的是我们可以从顶层设计的金融，中国必须从国际化、全球化的高度，按照市场化主导配置资源的要求，从顶层设计的角度，重新认识和理解金融的本质，重新构建新时代中国金融体系，根据中国财富与资产结构设计中国金融产业体系、市场体系、监管体系、法律体系，使其符合中国现代市场经济体系的要求，符合中国经济全球化的要求。

我们已经看到，在2018年4月的博鳌论坛上，习近平主席正式向世界宣布，中国将继续扩大改革开放，尤其是金融领域的对外开放。这次开放的结果应该是发达国家金融资本和金融服务也希望看到的。海外资本可以投资持股中国金融机构的比例超过51%，这个比例意味着中国金融服务机构可以被外资控股，甚至占到51%以上；另外，允许外国金融机构在中国设立全资或独资分支机构。

如果我在这次去美国前听到这个开放信息，我的反应和思考还不一定清晰，但通过对美国金融交流考察之后，再来理解这个开放尺度，就确实让我震撼了。

对于金融开放，国人一般认为，中国金融市场已经很大，金融机构规模和实力也非常强大了。中国金融已经具备了对外开放的条件，我们也具备了一定的竞争优势，我们已经不惧怕金融对外开放给中国金融市场带来的冲击，反而希望通过开放倒逼金融改革，推动中国金融机构更加市场化，提高金融服务的水平。如果没有对中美元融深层次的比较分析，我也基本赞同这样的观点。由于中国金融和发达国家金融体系之间的差异化，我基本相信，发达国家金融资本不会谋求对中国国有或国有控股金融机构的控制性投资，争夺公有财富资源掌控者没有意义，他们也做不到。但他们需要的是不断增长的中国中产阶层这个财富拥有阶层，而对这个阶层提供综合性、高水平金融服务的机构的数量基本为零。但这个市场才是发达国家金融服务最大的优势，与中国金融机构形成巨大的反差——在这些领域，中国金融机构几乎没有竞争力。

在这些领域，中国并没有做好准备。

资本金融学

既然改革已经进入深水区，我觉得我们必须正本清源，想清楚我们从哪里来，为什么要过河，用什么方法过河，过河后去到哪里。我们通过将近30年国内国际资本市场的实践，已经从理论和实践上搞清楚了今天的市场经济、资本的本质和资本市场的本质以及金融的本质。

每一个国家都有自己的经济和政治制度。中国是一个由共产党领导的以公有制为主导的社会主义国家，西方发达国家主要是以多党通过民主选举执政、以私有制为主导的资本主义国家。问题的核心在于财产的属性，而不在于财产的形态。我们过去的理论误区是把资本等同于资本主义，社会主义不能有资本，这是一个严重错误的观点。资本本身实际上只是一个财产形态的概念，和意识形态无关。社会主义公有制实际上完全可以理解为社会主义国家的资本以公有制为主导，在社会主义初级阶段，也允许存在私有资本。

马克思当年写作《资本论》的时候，人类文明刚刚处在第一次工业革命向第二次工业革命过渡阶段，资本的社会化程度不高，资本在产业中的作用举足轻重；资本的形态非常单一，也就是以货币资金和证券化的资本为主导，财富分化非常明显，拥有资本和没有资本的群体处在两个极端，国家与社会还没有更多的约束制度来平衡财富的占有、分配和继承。今天由于劳动者的劳动素质在提高，科学技术在发展，货币和金钱已经不是组成资本的唯一手段，技术、专利、社会资源、品牌、商业模式、创意、人才等知识产权都是创业和发展不可或缺的资本形态，而且尤其在新经济时代，主导资本的经常不是钱和投资本身，阿里巴巴的马云并不是最大的资本拥有者，但是阿里巴巴没有马云和团队，投资和资本就什么也不是。我们不能把马克思主义的伟大理论和思想当成今天的教条，我想他老人家如果活在当下，也会根据今天的经济社会状态修改他的理论。

所以，我们今天完全可以明确地说，资本是市场经济的灵魂和核心，资本不是资本主义的专利，既然社会主义可以搞市场经济，社会主义的市场经济为什么不可以把资本作为灵魂和核心呢？只要我们没有放弃资本的公有制主导，我们为什么不可以发展社会主义资本和资本市场呢？我们又为什么不可以把资本和资本市场作为中国金融市场的重要组成部分呢？我们又为什么不可以创立社会主义资本金融学呢？

新时代，我们也必须有创新的理论体系。

在经济体制改革40年的历史中，中国在借鉴发达国家的基础上创建了金融学体系，但是在整个中国金融学理论体系中，都是以货币银行学或者货币信用学为核心的，包括金融市场学、金融工程学、金融经济学、货币银行学、国际金融学、投资学、公司金融学，等等，所有这些金融学里面，就是没有和资本相关的金融学。原因是什么呢？很简单，我们过去认为资本是资本主义的东西，是和社会主义在本质上对立的东西，也是社会主义理论研究的禁区。之后中国共产党第十五次全国代表大会报告指出：股份制是现代企业的资本组织形式。同时，十五大还指出：要"以资本为纽带，通过市场形成具有较强竞争力的跨地区、跨行业、跨所有制和跨国经营的大企业集团。采取改组、联合、兼并、租赁、承包经营和股份合作制、出售等形式，加快放开搞活国有小型企业的步伐"。这是党的历史上第一次在党代会报告上提到非资本主义概念的资本，也第一次提出通过资本运营的手段解决国有小型企业问题。但是由于邓小平定义在姓资、姓社这个问题上不争论，所以关乎资本以及社会主义和资本的学术理论问题就一直成为没有定义的理论空白。

新时代开始了，已经到了可以澄清资本和资本主义以及与社会主义关系的时候。所以我建议我们应该在以习近平总书记为核心的党中央的领导下，以理论自信、制度自信的大无畏姿态，敢于挑战禁区，创建中国的社会主义资本金融学。有了这样的代表主流意识和核心价值观的理论学术体系，我们才能清楚资本的本质和历史沿革、资本在科学与社会进步过程中的演变、资本与资本主义的关系、资本与社会主义的关系、创建资本市场的意义、作用和方法。我们才能创建科学、健康的资本市场，也才能有效地通过资本市场科学地配置社会财富和生产资料，推动产业发展和技术进步，才能使中华民族的伟大复兴有强大的经济支撑和经济保障。

中国的社会主义资本金融学是以社会主义资本公有制为主导、以社会主义市场经济为基础的资本市场理论和方法。

资本是一种神奇的东西，它不是谁的发明，是现代工业革命和市场经济发展到一定阶段的产物，资本的形成和被定义是市场经济，也可以理解为资本主义对人类社会的伟大贡献，也应该是人类共同的文明成果。农耕社会时期，以家庭为生产单位，自耕自种自收。即使有了土地集约和兼并，也没有形成大规模的社会生产，土地资本并没有形成工业时代资本的特殊功能。所以资本是工业时代的产物，是技术进步的产物。工业革命开始后，工厂规模扩大，不仅需要更多工人，更由于投资规模加大，一个工厂主的资本不足以满足工厂扩张的需要，于是就出现工厂主以外的人把钱投资给工厂主的现象，工业资本由单一资本集合为多元化资本，渐渐形成资本拥有者和非资本拥有者，于是有了财富分化，诞生了资本主义。代表资本利益的人手上拥有了更多的权力，于是这些有产者可以通过掌握的财富组建强大的政党，控制和影响国家的权力，发展成为资本主义国家。

资本的内涵、构成资本的要素、种类在社会经济发展过程中发生了很大的变化，和早期的资本的性质、种类已经不可同日而语。资本的私有制作为一种被宪法定义的制度，被称为资本主义，资本在资本主义的发展历程中起到了举足轻重的作用。在资本的作用下，资本主义利用了资本可以集聚、可以交易、可以和资产分割、可以把资本的所有者和经营者分离这样一些特性，推动了工业革命的发展以及社会经济的繁荣，也完成了资本主义国家成为发达国家的历史进程。

资本是以货币、人力资源、专利技术、土地使用权、有形资产、知识产权等作为资产，出资依法登记设立的公司权益，是中国金融资本市场的重要工具和价值载体。

中国是坚持公有制为主体的社会主义国家，同时也依法保护私有资本。公有制主导的企业可以实行公有资本和私有资本混合拥有的混合所有制。

不管公有资本还是私有资本，都可以在法律框架下自由地流通、买卖、交易和赠与；资本可以增加、减少、合并、抵押、清算、继承并衍生为关联的有价证券和资产；可以根据资本的意愿和条件，创建多种公开及非公开资本发行、流通、转让和交易市场。

资本具有投资、融资的属性，既可以实体化，通过公司与产业结合产生产业资本，也可以虚拟化，与金融结合产生金融资本。

由资本组成的公司，其资本受到《公司法》的保护，并根据《公司法》依法经营。公司除了从事具体业务经营之外，需要懂得公司的资本经营，懂得股东和资本的关系，懂得资本的增加减少以及资本的合并分立。公司有独资公司、合资公司和有限责任公司以及股份有限公司，还有上市的公众公司与非上市的私人公司、国有资本公司等。

资本金融学的核心是关于资本市场的学问。资本市场是资本在法律框架和市场规则体系下创建的资本发行、上市、交易的市场，是一个真正以资本运营为核心的市场。由于公司是资本的运营载体，资本、公司、产品、产业之间有非常复杂的关系，产业决定产品，产品和产品决定公司，公司业绩决定资本的价值，资本的价值又决定投资者的回报和公司的能力，产品和产品之间、产品和公司之间、公司和公司之间、公司和产业之间、产业和产业之间、产业和资本之间都存在千丝万缕的联系，这些联系就构成复杂的产业链和价值链的关系，这些关系又和投资银行、律师事务所、审计评估机构、创业投资基金、私募股权基金、产业重组和并购基金、证券投资基金、公司债券、银行贷款、衍生金融产品、市场交易规则、金融监管机构、公司法、证券法、资本市场交易规则等，构成体系庞大、资本巨大、对整个国家金融和经济都构成巨大影响的生态体系。一个积极、健康发展、发行交易、投资活跃的资本市场对一个国家的经济具有举足轻重的作用，同样，一次股灾，也可以对一国甚至世界经济都带来巨大的伤害。

所以，中国必须在总结资本市场创建将近30年历程的基础上，重新审视中国金融的内涵，创建中国现代经济体系的时候，必须把创建现代金融体系作为重要内容，把创建中国社会主义资本金融学作为建设中国多层次资本市场的理论基础和法制基础，使中国资本市场在中国经济发展过程中发挥直接融资的积极作用，使所有和资本市场相关的机构与从业人员有机会受到资本金融学的系统学习和教育，也建议教育部把资本金融学作为中国大学经济学专业的必修课和研究生专业研究方向。

另外，我认为国家需要根据中国财富结构的变化来改革金融市场体系，创建多层次金融市场服务系统，在做好为公有资产和财富提供金融服务的同时，学习借鉴发达国家金融市场经验，发展以民间、私有财富拥有者为对象的金融服务市场，包括资产管理公司、私人银行、家族财富管理这些针对高净值人群、超高净值人群的金融服务。

新时代，新金融，我们不仅需要创新的实践，还需要创新的理论。

最近，国家打算通过试点逐渐开发不动产证券化市场。这个市场最核心的产品和市场体系是房地产投资信托基金（REITs），如果这个市场在中国推出并发展到一定规模，将对中国金融业的发展具有非常深远的意义。之所以这样理解，就在于中国的特殊国情：人口众多。

房地产投资信托基金最早诞生于美国，1964年，美国通过立法确立了不动产信托投资基金创建的法律框架。这个法律框架的基本内容是把具有商业经营价值的可出售、出租的不动产证券化为信托投资基金，实际上就是把不动产这样一个有形资产资本化、虚拟化。使不动产这样一个大型的大宗商品通过证券化细分为更加容易交易的资产。然后，通过信托基金的创立，把这些资本化的不动产拆细之后，可以通过公开发行，按照一定份额出售给合格投资者，同时，投资者持有的基金份额可以在交易规则允许下公开交易。这项金融创新产品和市场的推出，不仅会优化不动产金融结构、促进不动产成为"动产"扩大了金融市场，而且会盘活不动产市场，降低不动产的投资交易门槛。美国的房地产投信托基金总市值已超过万亿美元。

对于中国来说，中国人天生具有不动产投资的传统和情结，改革开放40年，中国最大的财富增长就是城市化带来的房地产市场。首先，需要解决十多亿人口的居住问题，住房商品化成为中国经济增长最大的推动力。其次，房地产本身具有的金融属性使房地产投资既有投资增值的属性，又有使用属性，即使在政府不断限购的情况下，老百姓也要千方百计地购置房地产。再次，由于中国实行土地公有制，各级政府通过土地有限使用权的出让，可以获得巨大的财政收入，而土地开发过程中又引入银行发放开发性金融贷款；房地产开发商通过开发贷款的杠杆作用不断扩张，市场孕育出这个世界上有史以来最大的房地产开发产业，年销售额突破5000亿元人民币，而房地产消费者又通过按揭贷款购房，个人消费者和银行之间又形成杠杆关系。消费者通过不断买房提高个人资产负债率，拉动房地产开发商提高资产负债率，也推动地方政府融资平台增加资产负债率。击鼓传花一样的恶性循环已经给中国金融带来可能发生系统金融风险的危机。整个负债体系里主导的就是货币金融，资本金融在巨大的存量里所占的比重很低。同时，由于这些不动产体量大，流动性不高，租售价格比越来越不合理，结构性通货膨胀已经十分严重，成为货币超发的主要根源。

如果适时推出中国的房地产投资信托基金，最大的原理就是把严重不合理的由货币金融结构绝对主导的房地产金融结构改革为货币金融和资本金融合理配置的金融结构，尤其对于今天的房地产和金融市场都有非常重要的意义。

早在2001年，我在德隆和唐万新一起设计友联这个金融混业平台的时候，就已经关注到美国市场这个特殊的金融产品，但是由于中国相关法律法规不健全，推出房地产投资信托基金的时机尚不成熟。2005年，德隆倒下之后，当时的银监会拟推出中国的房地产投资信托基金，出台征求意见稿。我们认为这是中国房地产的福音，也是中国金融投资领域的福音，就很快和一些有共识的朋友一起创办了上海瑞思资本国际有限公司，希望成为中国最早的房地产投资信托基金管理人。后来我在博鳌地产论坛上第一次发表了关于房地产投资信托基金的演讲，引起强烈反响。当时的《21世纪经济导报》总编当场提出希望我在该报上发表专栏文章，共同推动中国房地产投资信托基金的创立。之后我的系列专栏文章在业内引起很大反响，甚至有人称我为"房地产投资信托基金之父"。可是非常遗憾，银监会的征求意见稿最后不了了之。

之后香港特区政府推出一项法律，允许香港以外的不动产被香港基金持有，实际上是想推动中国优质不动产在香港发行房地产投资信托基金，在香港上市。那个时候反应最积极的是万达的王健林，他的万达广场模式还没有形成气候，开发商业地产最需要的是长期资本。我和王健林交流后，他非常意外地发现中国还有对房地产投资信托基金这么熟悉的人，那时他正想将万达商业地产借助香港的创新，寻求在香港发行房地产投资信托基金，甚至提出如果上市成功，让我帮万达在全国并购商业不动产。可是，中国外经贸委很快针对香港政策，出台了海外资本不允许直接持有中国不动产的规定，万达地产海外发行房地产投资信托基金之路就此中断了。

十多年过去了，中国的房地产投资信托基金千呼万唤始出来的时候，我看到的是一个不科学的尴尬思路。政策制定者的意见还是提出希望通过一定时间的试点再正式推出。其实创建中国房地产投资信托基金的所有条件早已齐备。我们有巨大的房地产存量市场，相信在最近十年中国房地产市场的投资额、建设面积、开发总量、市场份额都是当之无愧的全球第一；我们还有巨大的金融资产总量和投资群体，以及已经建成体系完善的多层次资本市场，在这样的市场背景下，必须从立法的角度来创建中国房地产投资信托基金的相关法律，同时报全国人民代表大会，修改房地产租赁经营税收规定和避免信托基金双重征税的规定，同时明确中国市场的监管主体，进行市场发行、交易系统的顶层设计。中国已经进入新时代了，已经具备了系统设计交易市场和交易规则的能力，如果没有系统法律框架的搭建，没有市场规则和税收规则的配套，怎么可能进行试点？即使勉强进行试点，还有什么积极意义呢？

中国房地产投资信托基金在这个时机出台正当其时。

第一，符合习近平总书记提出的"房住不炒"的方针。

每二，可以化解房地产金融带来的潜在巨大金融风险。

第三，可以通过货币金融的间接融资完成向资本金融的直接融资转换。

第四，可以解决沉淀在房地产市场被固化的资金，加快行业的流动速度，有利于提高整个中国的金融流动性，降低货币投放量，防范系统金融风险。

第五，可以将老百姓已经形成的巨大不动产投资盘活，激活市场投资能力。

第六，给更多小额投资能力的投资者创造房地产市场投资机会，增加人民的资产性收益。

通过了解房地产金融产品REITs的历史和在中国的应用状况，我们发现，中国金融领域走过的这40年极其不容易，对于已经开始的新时代，我们最需要做的事情就是对中国金融体系从理论的角度、市场的角度、法律的角度、开放的国家化角度、监管的角度、科技的角度展开一系列顶层设计，回答我们是谁、要到哪去、去干什么这些本源问题。否则，中国金融还会继续乱象丛生。

金融"创客"

我在1991年至1993年经历中国股份制发展高峰的过程中，隐隐觉得中国已经是一个被全世界资本市场觊觎的沃土，是一片资本的荒漠。而在整个中国很少人有这种最初的经历和知识，于是我在1993年年底给当时的老板提出一个建议：我们应该创办一个公司来专业从事资本运营业务。那时我们虽然已经和美林、高盛、摩根士丹利、罗斯柴尔德这些国际大投资银行有了初步交流和接触，但基本上还不知道这些机构具体是干什么的。我也不懂我向老板建议要创办的这个机构其实叫投资银行。

不管怎样，我的老板同意了我的这个建议，我也于1994年在北京成立了一个咨询公司——现代国际企业投资咨询有限公司。如果按照国际惯例，这也算是精品投资银行的想法。当时在中国，类似机构大概只有中华股份制咨询公司、北京标准股份制咨询公司、海问，以及陈琪伟创办的亚商投资咨询公司。我的公司的第一笔业务是给山东五莲县的五征牌农用车公司做改制顾问，第一笔顾问费就五万元人民币。按照国际惯例，这就是资本金融，但是在中国传统的价值观里，你就是一个捐客、中间商、皮包公司而已。

1996年，当时如日中天的万通集团联合了几家机构，投资创办了万盟投资管理有限公司，我和王巍是主要操作者。我们的定位很清楚，就是要打造专门致力于中小企业并购的投资银行。几年时间，我们为海南寰岛、中体产业、四川新希望等许多很知名的企业提供改制、重组、上市的顾问服务。当时在北京，万盟已经小有名气。通过几年的业务开展和学习，我们也了解到美国华尔街的那些偶像的成功经历以及投资银行家这个令人羡慕的职业，我清楚地定义了自己的职业生涯，希望我们的公司成为中国未来的摩根、KKR和高盛。

可惜，后来我们早期创办万盟的同事纷纷离开，王巍去创办了全国工商联中国并购公会，万盟如今只剩下一个名字和回忆。

早期那些民间的投资银行创办者坚持下来的不多：中国证券市场研究中心（联办）早早退出了资本市场，投资创办了财经媒体；创办北京标准股份制咨询公司的刘纪鹏离开商界进入学术界，如今是中国政法大学商学院院长；当时还有一家直接把高盛当成战略楷模、从事并购的投资银行东方高圣，也是起起伏伏，做过不少并购顾问业务，也非常有投资银行的人文气息，创始人陈民键把这个品牌和平台坚持了下来。目前的东方高圣主要从事国际医药工业项目的投资和并购。

20世纪后期，中国从事资本运营的平台主要就是证券公司。证券公司作为投资银行的主要业务就是开展通道业务，包括股票发行、股票代理买卖、股票直接投资和证券投资基金的管理，完全是围绕上海、深圳两个证券市场中上市和未上市的公司开展业务，都是规定动作，没有任何创意。这个圈子以外还有一大批通过各种渠道、各种本事而生存的各类顾问公司，每个公司大多也就几个人。由于证券市场发行实行审核制度管理，市场容量也很小，一有风吹草动，证监会就停止发行股票。市场并购也不活跃，证券公司基本都不做上市公司并购，而证券公司基本都由国有资本控制。

2004年，对于中国资本市场来说是一个悲壮的记忆。这一年金融界最大的事件是中国民营企业德隆的倒下。虽然我在十年前就通过《曾经德隆》一书对于德隆倒下的原因作过解读和分析，但是十年来，总有人问我同一个问题：德隆到底为什么倒下。德隆的倒下不仅是一个德隆，而是整个中国证券市场的一次大动荡。当时几乎所有证券公司的资产管理业务都和德隆系金融机构用同一个商业模式，于是，德隆系的倒下，造成了中国证券市场投资银行业务的最大震荡和重组。

从2017年到2018年，先后有明天系、安邦系、海航系、中融系、华信系传出各种各样的故事版本，以我对这些机构的观察和理解，对比我无比熟悉的那个德隆系，我还是对让德隆系倒下无比惋惜。首先，德隆系是真正通过传统产业的战略投资做起来的，德隆系的经验是今天整个国家都在推动的产业转型和新旧动能转换的样板，别说民营，就是今天的国企也没有达到当年德隆系的水平。而我们看到，以上企业除了海航在航空服务方面成功打造了一个高水平的服务型企业之外，其他还有什么在实体经济上的成功案例呢？其次，德隆涉足金融混业也是因为在产业成功的基础上，希望打造一个高水平的金融服务平台，今天的平安金融集团已经建立起了当年德隆要搭建的混业平台。而以上这些机构，主要是利用了金融机构的高杠杆特性和资本市场的游戏规则，在金融和资本市场倒腾。不是用金融服务实体经济，而是用实体经济讲故事，玩着金融的游戏。

十多年之后，又是一次周而复始，又回到原点。

2007年至2008年的一个重大改革成为中国资本市场的里程碑：中国证监会终于推动了资本市场的股权分置改革。在这个改革之前，中国上市公司股份分别设置为国有股、法人股、自然人股。这些都是由于中国证券市场创办之初存在巨大的生存障碍而不得已做的变通，通过这些股权分置，可以保证国有控股上市公司不会在股份流通过程中被私有化，这样才能保证社会主义公有制的基础地位。

股权分置改革的完成，使中国上市公司成为所有股份可以全部流通的上市公司，上市公司价值有了真实的体现。中国的上市公司也就有了参与产业整合、重组并购的机会。于是，从2008年到2017年的这十年，即使出现2015年那样严重的股灾，也是获得高速发展的十年。这十年基本创建了完整的多层次的资本市场体系，中国金融界的创业创新也基本是在这十年里诞生、活跃起来的。

资本市场的创业行为主要是围绕股票市场的各个环节展开的。股票分置改革之后出现全流通，让上市之前投资进入企业的股权在上市之后有了退出渠道，于是以IPO为核心的投资链条创建了起来，资本市场的创业者就不会局限于个人以及帮助他人创建的股票账户，投资于股票或者基金的二级市场。PE（Private

Equity，私募股权投资）、VC（Venture Capital，风险投资）迅速发展起来；全流通也带来借壳上市的机会，借壳上市可以和融资结合起来，成功完成借壳上市，同时参与投资，也有很好的套利机会出现，一大群资本运营者专门致力于借壳上市业务的创新。2009年深圳创业板市场创建，第一批创业板股票成功上市，早期的一些创业投资基金成功退出，获得很高的回报。成功的财富效应让很多人进入创业板拟上市公司投资领域，设立创业投资基金成为热门，在中国创业投资领域耕耘多年的创投基金深创投、红杉资本、IDG（Internatioal Data Group，美国国际数据集团）成为热门投资机构。

2013年，肖钢担任中国证监会主席，制定了鼓励上市公司并购重组的一系列政策，上市公司并购重组非上市公司的业务出现井喷，并购交易家数和并购金额超过历史最高水平，掀起了中国有史以来最大的并购浪潮。许多类金融机构通过控股上市公司、投资上市公司，再用持有上市公司股份质押融资使中国资本市场异常活跃起来。这样一个政策调整和创新行为一方面给已有资本类投资公司、投资管理公司、资本运营公司带来了非常活跃的业务机会，另一方面再次引领一批产业和实业投资者、经营者进入资本市场，也有一大批房地产商出售房地产业务和资产转型创业，或者第二次创业参与上市公司重组并购。上市公司最为活跃的业务就是通过定向增发投资并购非上市公司资产。由于中国证监会的政策导向，原本排队等候IPO的公司迅速撤回申报材料，直接寻求被并购，成为第二股东。

这个阶段，许多金融创客也闻风而动，有的人四处寻找愿意被并购的资产，有的人专门帮助上市公司寻找并购资产，有的人专门找上市公司寻求定向增发机会，有的人专门找央企或者金融机构合作把资金动员出来参与定向增发，等等。上市公司、优质资产、定向增发资金之间形成一个庞大的业务生态。

可惜好景不长。2015年，一场突如其来的股灾，让整个市场措手不及，2016年，刚刚上任仅三年的证监会主席肖钢被解职，刘士余接替其工作。证券市场重组并购政策再次调整，收紧了重组并购，加大IPO速度，引来市场的一片喧哗。政策一变，市场上各类金融机构损失惨重，一地鸡毛。

中国证券市场从1990年年底创立到现在，已经超过28年，和发达国家证券市场相比，还是非常不成熟。证券市场是一个以公司资本证券化的发行交易以及各种金融产品发行交易的市场，涉及交易场所、交易规则、交易产品、投资机构、监管机构、中介机构的市场生态。由于中国特殊的国情、市场化程度、投资者素质、市场创办时间、市场的国际化程度、资本项下货币没有自由兑换等很多原因，导致中国证券市场发展还处在初期阶段。中国证券市场创办28年来，市场市值从零到几十万亿，成为全球最大的市场之一，出现很多创业机会，也让投资者遭遇过很大的损失，是一个回报很高但风险也很大的地方。由于这个市场提供了一个既可以小额投资也可以大额交易的市场环境，它给很多人，包括买菜做饭的大妈和退休赋闲的老爷爷都提供了可以终身投资、创业的特殊机会。

由于股票市场最低的交易数量是一手股票，也就是100股，几百元钱就可以买股票，投资者也不受性别、年龄的限制，所以中国有数千万机构和个人投资者参与股票投资，形成了最为庞大的"资本创客"群体。市场创办28年来，有的人从很少的资金开始创业买股票，逐渐从二级市场进入一级市场，从证券投资进入资本运营，从小股民发展成为资本大鳄。有的人从事资本中介业务，有的从事上市公司中介业务，也有的从事证券律师业务，最后成为律师合伙人，而有的人不投资股票，转而投资证券基金。

到了股权分置改革完成之后，由于上市公司可以获得比较高的投资回报，如果在企业创办阶段、成长阶段成功投资了上市前的公司股权，在公司上市之后通常都可以获得比较高的回报。于是一个巨大的私募股权基金行业迅速崛起，从早期投资几万、几十万创办天使投资基金，参与天使投资，到创业基金设立和管理，到成长期的PE投资，再到与上市公司合作而发起设立并购基金，再到国际投资并购的全球并购基金，资本市场规模越大，市场投资机会也就越多，市场创业和参与方式也就越丰富。目前，中国的各种私募股权基金已经有数万个、几十万亿元的基金总额。

所以，资本市场的创业模式是最充满激情和幻想的。你可以一个人创业，甚至不用设立公司，只需要建立一个股票账户，就可以自己给自己当老板，自己给自己当员工；你可以和家里的人形成一个组合，参与证券市场投资；你还可以和几位朋友一起创业，共同投资股票，也可以创建阳光私募基金，小规模地把别人的资金募集起来委托给你管理。如果你觉得自己不适合做投资，可以做投资银行，利用你的财务、法律、产业、资本市场经验给企业当顾问，提供管理咨询；也可以成为致力于企业并购和产业整合的重组并购专家。

随着中国经济全球化发展和"一带一路"的倡议出台，中国资本的国际化程度也会加大，参与资本投资国际化的机会也会大规模出现，不仅会有更多国际资本参与中国证券资本市场投资，也会有许多投资海外在中国上市企业的股票，还会出现大量投资全球资本市场的机会。由于资本市场均为资本和人才高度密集的企业，所以资本市场投资领域的企业即使有再大的资本运作规模，企业的人员都非常少。

行业的特征决定了这个领域的投资创业也体现出和其他行业完全不一样的特点：

第一，投资的分散性和创业的低门槛。

这个行业从业门槛很低，很容易进入，于是就形成巨大的分散的群体。

第二，高度的资金密集和人才密集。

即使世界最著名的投资机构巴菲特和芒格创办管理的基金，管理着数千亿美元，也只有十几个员工。

第三，高回报高风险。

这个行业的创业者也好，著名的投资机构也好，随时都可能有坐过山车的感觉。顺风顺水的时候可以一飞冲天，遭遇风险的时候也可能一败涂地、倾家荡产，甚至不乏牢狱之灾。所以人们常说，中国的资本市场就是一个每天都在走钢丝的市场，曾经的辉煌者，不是在监狱里，就是在去监狱的路上。

所以，资本市场创业和其他产业领域的创业特征非常不一样，对人的要求非常高。选择在这个领域创业，成为金融创客的人，我认为主要有两种类型：

第一种是交易型人才。

交易型人才也分为两种。一种是从事证券二级市场交易的，这个市场领域的交易人才不管是价值投资型还是趋势投资型，或是短线高手，都需要非常聪明的头脑、快速的反应速度，要有很好的数学功底、强大的心理素质以及惊人的记忆力。当然，如果是致力于基本面的投资，必须要有非常强大的综合分析能力，对企业的解读能力，等等。市场上有不少所谓的证券投资高手几乎不会研读趋势图，也不会线性分析，更不懂行业分析和上市公司财务分析，要么是凭直觉，要么是凭周易，更多的是听消息。市场里总有一类人士成天打听各种关于内幕、重组、业绩方面的消息，进而传播各种消息。另一种交易型人才是直接投资、重组并购类交易型人才，这类人才一般是国际国内名牌大学本科，或者再读个工商管理硕士，精力充沛，知识渊博，能言善辩，按照从分析员、项目经理再到高级经理这样的职业阶梯，一个个投资价值分析、商业计划书PPT写过来，他们有很敏锐的项目分析能力和发掘项目的能力，有很强的交易结构设计能力和价值评估能力、发展预期分析和谈判能力，能够有效协调合作与交易对手的关系，在错综复杂的交易环节里具有统率各方的组织能力和气场。

第二种是智囊型人才。

这类人才非常儒雅和温和，同样具有名校基因，善于把握大势，具有很强的系统思维和分析能力，懂得把大量的宏观经济、政治、国际关系、趋势事件和自己的业务精准地整合为独到的观点，能够影响和指导决策。这类人才不适合交易，适合充当首席经济学家或者首席分析师。

作为金融创客，应该好好分析自己属于哪个类型或者适合往哪个方向发展，千万不要把自己定错了位置。

目前中国资本市场从事非证券公司业务、围绕资本市场这个生态的创业企业和模式五花八门、数不胜数。由于监管的原因和金融机构审批制的原因，再加上这些公司都是非上市公司，信息不公开，很难知道谁到底有多大规模。总体来看有这么几种模式：

第一种是纯咨询（FA）业务：不涉及太多专业能力，主要是依靠信息吃饭；业务范围很广，包括私募股权融资、企业并购、过桥融资、上市公司定向增发融资，等等。

第二种是把管理咨询结合起来，通过成功的管理咨询获得很多客户资源，发展到创办基金进行管理。

这个方面最成功的是和君咨询集团，创始人是王明夫、包镇、李肃等人，后来各自独立发展。王明夫等人的和君咨询集团成为国内最大的本土管理咨询公司，然后在管理咨询公司基础上创建了基金管理公司，投资于成长型中小企业股权。

第三种是通过很强的基金募集能力，发起设立多个私募股权基金，并且在全国建立专业的基金募集团队，规模化募集设立，然后也规模化投资，短时间内形成巨大的基金募集规模、投资规模和管理规模，把基金的"融投管退"流程化、工厂化，还把自己做成上市公司（新三板）的资本平台。这个方面最著名的是九鼎、中科招商以及天星资本。这些平台都是资本大跃进模式。由于中国资本市场并不是一个注册制资本市场，当然即使是注册制，也难以成为"融投管退"随心所欲的退出通道，于是不管主板也好、创业板也好、中小板也好、新三板也好，都难以满足这种"资本大跃进"带来的退出需求高峰。退出不了就会出现"肠梗阻"，九鼎模式、中科招商模式、天星资本模式就成为退潮后的裸泳者。

第四种是通过发起设立阳光私募，在证券二级市场投资股票，然后逐渐形成和上市公司建立联系、通过市值管理来获得交易回报的平台。徐翔的泽熙资本就是这种模式的典型。

这种模式的创始人主要是二级市场的股票投资者。早期都是单纯的股票投资，但是后来由于发现对简单的坐庄、操纵股票的监管越来越严格，难以真正成为中国的巴菲特，于是开始从纯粹的二级市场投资转型一级二级联动，称之为"市值管理"。就是通过二级市场买入，持有较大比例的股票，然后找到上市公司实际控制人，帮助上市公司实施重组并购，提升业绩，股票价格大幅拉升之后抛售套利。这种模式难以监管，介于违法与合规之间。要么赚不了多少钱，要么就是违法红线。

第五种是通过直接投资和杠杆投资，通过大宗交易成为上市公司重要股东，然后将持有的股份通过质押融资把钱套出来，再和信托、资管计划、银行理财产品共同组成劣后、优先成立结构化基金，增持上市公司股份，甚至直接成为隐形大股东，从一级市场的角度帮助上市公司在产业上开展重大资产重组和并购业务，促使上市公司不断发生故事，带来股票价格上涨而获利。

第六种是一些房地产企业、矿业企业需要转型，不愿意再继续投资于实体经济，也不熟悉产业投资，于是转战资本市场，重点通过和信托、证券公司合作，发起设立定向增发的结构性融资，投资上市公司定向增发的股票，等到可以退出时出售获利。

第七种是中国的财富管理公司。这类机构刚刚开始由浅入深，开始被称为第三方理财，顾名思义，就是通过建立市场渠道，把有钱人的钱通过合理通道融通给需要钱的客户。要么是债务融资，要么是直接投资，逐渐发展到既做第三方业务，又做直接获取牌照、直接管理基金的业务。这类机构著名的有钜派、诺亚财富、宜信等。

总之，这个领域是中国金融市场的一个灰色地带，监管和市场参与者属于"猫和老鼠"的关系，市场太灵活随意，监管水平不高。经营者也是鱼龙混杂，既有可能从中诞生中国的高盛、KKR，也随时都在发生坑蒙拐骗事件。前两年是互联网金融，最近又出现金融科技，也包括时下最热门的数字货币。

历史上出现的郁金香泡沫早已经成为金融泡沫警示的经典，郁金香泡沫后，西方金融世界几乎再没有这种愚蠢的错误，但是中国这些年各种远远超过郁金香泡沫事件规模的金融诈骗比比皆是、防不胜防。工商管理部门索性一刀切，凡是民营企业，涉及资本、投资、资本管理、投资管理、投资基金公司一概不予注册，以为这样就可以防止金融投机和诈骗或者非法集资了，果真如此吗？

中国金融的乱象还在蔓延，仅仅靠开放不足以使中国建立有效的秩序并形成良好的金融生态。金融创业也需要给金融创客提供很好的金融创业环境，而不是一放就乱，一乱就打死。这种周而复始的游戏模型可以终止了。

中国金融生态

这是一个很难书写的内容。金融生态是由客户、产品、团队、平台、市场、规则、监管构成的一个相互关联、相互融合的体系。我把中国金融分为两大体系：货币金融体系和资本金融体系。

货币金融体系包括银行、信托、保险、金融租赁、期货、财务公司、资产管理公司（非股权类）等。

资本金融体系包括各类投资基金、证券公司、股权投资公司、资本中介机构、上市公司以及和资本市场相关的衍生金融产品。

一个控制性资本拥有一个金融机构，称之为分业经营；一个控制性资本拥有两个以上金融机构，称之为混业经营。金融混业经营有很多种模式，有银行控股模式，有金融控股模式，也有银行控股加金融控股模式。与分业经营和混业经营相应的必须是分业监管和混业监管。如果是一个国家的法律只允许分业经营，其监管也会是分业监管；如果一个国家的法律是混业经营，就必须是混业监管。绝对不能允许用分业监管的体制去监管混业经营的市场。

中国金融市场在朱镕基担任人民银行行长期间，对当时分业、混业不清的市场提出了分业经营、分业监管的市场生态改革，将银行旗下的所有信托、证券、保险剥离出去。自从2002年，中信控股有限责任公司这样一个国有独资金融控股公司被批准成立，中国又陆陆续续开始了金融混业经营。到目前为止，国内已经形成一个完全混业的行业生态，而且混业的模式和方法没有任何宏观法律监管框架，相当任性。作为最早成立的通过一个控股公司创办的金融控股公司模式而形成的金融控股平台，中信控股旗下有中信信托、中信证券、中信银行、中信建投证券以及旗下的其他金融机构，几乎我们所知的所有金融业务平台中信控股旗下都有了。除此以外，中信控股已经不仅是一个庞大的金融控股公司，还是一个庞大的产业投资公司，涉足的产业领域几乎无所不包，举不胜举，但由于体系庞大，利益集团割据，集团的协同性基本上没有形成，没有和平台、组织的结构紧密关联起来，可以说有着混业的机构和资本结构，但是并没有混业经营。

平安集团是由一家保险公司发展起来的金融集团，从财产保险到平安人寿再到平安银行，然后合并深圳发展银行，设立平安信托、平安证券以及平安直接投资和旗下的各种基金。平安已经利用金融机构的资金优势和平台优势，跳出金融，开展和金融业务有关联的产业投资，进入健康领域、医疗领域和汽车、科技领域。和中信控股不一样的是，平安已经形成高度内在关联的金融混业，已经把金融产品、金融机构的内在协同性发展到一个很高的水平。这个体系经历了十多年顺风顺水的磨合、试验和创新的历程，使得归属母公司的利润达到947亿元人民币这样一个惊人的数字，如果继续照着现有模式发展下去，平安就是中国的三井，甚至未来可能远远超过日本的三井帝国。对于这样一个庞然大物，除了赞叹其前瞻战略和高效的组织和管理之外，实在不能再做什么评论。我只能说，如果当年德隆没有倒下，今天能够和平安相较量的金融集团也许只有德隆了。

中国工商银行、中国银行、中国建设银行、中国农业银行这四大银行类金融混业集团已经完成了银行混业模式的搭建，略显中规中矩，毕竟它们是中国金融安全和稳定的顶梁柱，必须和国家的金融安全联系在一起，创新不是它们的使命，它们更多要担负国家的金融发展使命。四大行也建立了旗下的证券公司、国际投资银行，拥有了信托公司和金融租赁公司这些全能银行类金融机构。

还有一类就是创建于2000年的华融、信达、东方、长城资产管理公司。它们的使命本来就是作为处置银行不良资产而诞生的AMC（Asset Management Companies，资产管理公司），完成使命之后本来应该解散，但后来得以存续。目前几家资产管理公司分别都拥有了银行、信托、证券、基金、金融租赁等多种金融机构，构成了由资产管理公司组成的金融混业模式。

除此之外，一些民营企业如明天系、安邦系、中国华信、恒大集团、复星集团等也纷纷搭建了金融混业平台。当然，随着中国在金融监管、防范系统金融风险方面的加强，国家对民营资本大规模控制金融机构也采取了一些整合手段，限制其控制规模。

总体来说，中国金融市场已经形成了巨大的金融混业规模，金融混业监管的需求也已经出现，但是从第十三届全国人大所做出的改革方案来看，依然是一个分业监管机制。市场的混业和监管的分业事实上已经对中国金融市场构成不安全因素，分业监管和混业经营的矛盾非常突出，监管缺失会导致巨大的金融风险，尤其是新技术、新商业模式、新业态带来的金融创新更是容易造成监管的缺失，不仅不利于建立良好的金融秩序，还会给金融投机分子创造金融欺诈的机会。

随着中国金融产业的发展，中国金融开放的呼声也越来越高。金融开放会让更多的国际高水平金融机构、金融产品、金融人才进入中国，参与中国金融市场的竞争。同时，人民币国际化和开放带来的走出去的机会，也会让中国金融市场竞争更加激烈。参与中国金融市场和金融业务的创业创新的机会也会增长。比如，中国房地产从出售转向出租这样一个市场变化，就会带来很大的市场机会，也会带来创新和创业机会。房地产金融会主要从土地开发贷款、房地产建设贷款、房地产住房按揭贷款转型为房地产投资信托基金，房地产资产证券化也会发展壮大。随着高净值人群的增长，家族财富管理、私人银行业务、信托产业发展都有很多创业创新机会。

以中国的银行业务为例，中国只是开放了银行旗下的私人银行业务，而没有一家专业的私人银行，这已经不能完全满足财富管理市场的业务需求了。独立的私人银行业务是有别于商业银行的，瑞士也有中国这样大型的以存贷款和工商往来结算为主要业务的商业银行，但是瑞士发达的银行业通常不是指这类银行，也不是投资银行，而是指分布在日内瓦、苏黎世这些地方的私人银行。传统商业银行一般是做不了私人银行业务的，这是银行差异化竞争最典型的特征。而在中国，不管什么存款户，除了有些资管业务之外，真正的私人银行业务几乎为零。由于保守和封闭，国内高净值人群客户大量流失海外，而国外私人银行又进不了中国市场，中国自己也不开放私人银行业务，金融市场服务水平怎么可能提高？一旦开放，我相信中国很快就会出现大规模的私人银行业务创业创新平台。

从整个金融生态衡量，我觉得中国金融生态和美国金融生态存在巨大的差距。这些差距，一方面说明中国金融的市场化水平和体制僵化落后；另一方面说明，中国金融资产的配置效率和财富创造效应远远低于发达国家。在美国，我考察参观了摩根大通银行总部，和摩根大通资产管理副主席约翰先生以及私人银行业务主管进行了交流。摩根大通是世界现代金融鼻祖，也是华尔街的代名词，它曾经是一家金融混业平台，后来在1933年根据《格拉斯·斯蒂格尔法》分拆成为两个摩根，一个是投资银行摩根士丹利，另一个就是JP摩根。到1999年，根据新的法律，JP摩根又成为金融混业平台。业务涵盖金融零售、公司金融、投资银行、私人银行、资产管理，等等，非常丰富。但是作为金融混业经营机构，不是用什么机构做什么业务，而是根据核准的经营内容从事相应的经营业务；从事这些经营业务的个人，必须要拥有经营资格。监管机构不是仅仅针对机构进行监管，主要是监管业务的合规与各人的从业资格。所以，摩根大通银行这个经营存款业务的金融机构就是为一般大众存款户提供金融零售业务的，包括存款、贷款、结算、转账。但是针对高净值人群，不同的人群、不同的资产规模就有不同的专业金融服务，由私人银行客户经理给财富拥有者提供个性化专业的多产品综合金融服务。这个体系和中国金融服务体系在结构和金融的本质上存在巨大差距。因此中国金融业深层次改革势在必行。

过去在德隆的时候，我们研究了几乎每一个发达国家的金融生态体系，目的就是想要设计出可以和发达国家金融模式竞争的德隆金融混业模式。那时对发达国家金融服务市场生态理解的核心就是根据金融服务对象的需求，通过多种金融服务产品来满足这些需求。我们把客户分为机构客户和个人客户，同样就把产品分为机构产品和个人产品。而今天看来，不管是中国国有控股的金融混业平台，还是民营控股金融混业平台，中国和发达国家最大的区别在于：中国强调的是一个资本或者金融平台旗下拥有多少个机构，多少人员，多少牌照和多大的资产、业务规模，而发达国家金融混业平台则是根据财富拥有者的规模和对象以及需求层次所表现出来的金融服务需求，通过个性化设计和交叉交易提供多种金融产品，满足各种不同层次和规模的金融服务，为客户创造价值的同时，给金融机构带来盈利。

恍然大悟之后，我这才发现中国金融真正的逻辑和问题以及发展方向和机会！

资本国际化与全球化

金融和资本的创新不仅体现在国内，更体现在全球化的进程中。从2001年加入WTO、融入世界经济这17年来，中国在全球化进程中超越了自己的预期，成为经济全球化的巨大赢家。

由于中国加入WTO，巨大的中国市场成为全球工业化国家几乎所有产业要素流转的洼地，全球产业链和价值链在这17年的时间里形成全球产业发展历史上最大的重组和配置。西方发达国家几乎所有产业链中的低端产业要素都进入了土地、人力资源、效率具有绝对优势的中国市场，全世界的原材料都被中国采购，在中国生产加工，形成中国制造。之后许多产业链的高端又返回到发达国家总装，最后销售到全世界。2010年至今这几年时间里，由于大国优势，中国强大的消费崛起，政府也通过供给侧改革拉动内需，全球产业的下游最低端转移到不发达国家，中端和高端逐渐进入中国，中端市场也是增长最快的市场。

2014年，一个标志性事件发生。当年中国引进外资数量第一次少于对外投资数量，出现对外投资逆差。这个标志性数字说明，中国已经从贸易全球化发展到资本全球化，是中国经济质量提高的一个重要里程碑。资本的国际化和全球化不是一个简单概念，是中国产业发展到一个相当规模和水平的标志，也是中国经济水平发展到一定阶段的标志。之前很多年，我们都以中国出口了多少产品、挣了多少外汇为荣，后来我们又以引进了多少外资、在中国生产制造的产品有多少国产化率为荣，但只有当我们有能力对外投资的时候，才可以说明我们的国力真正强大了。因为所有发达国家对于发展中国家和不发达国家都有一个从产品输出到资本输出的阶段，发展到资本输出成为主要盈利模式，才是强国的表现。

当然，资本的全球化和投资的全球化首先是以产品的全球化、产业的全球化和贸易的全球化为基础的。认识分析创业创新必须要分析理解国际化和全球化里面的创业创新机会。

根据近十年来参与全球投资和全球并购的经验和观察，我提出了一个中国经济与全球经济的"三链关系"。这个"三链关系"是中国改革开放40年来，尤其是2001年中国加入WTO、融入全球经济以来所形成的。

前面章节已对"三链关系"做过一些阐释，世界性、开放性的大国都存在这样的关系，也只有大国之间的"三链关系"才更有理解的意义。

中国和发达国家之间的产业链和价值链关系中，发达国家主要是指日、英、法、德、意、美、加（G7）以及丹麦、瑞典、瑞士、挪威、荷兰、澳大利亚等。中国和这些发达国家之间，存在经济质量的整体性差距，产业链和价值链基本是倒挂关系。中国向它们出口的都是对方过去放弃的中低端消费品和工业产成品以及零部件、加工原材料这样一些低附加值产品；中国向其进口的主要是高附加值工业产品和食品。贸易额上，看起来是中国对它们的顺差，但实际上在利润额上是逆差。同时，由于中国消费升级，供给侧改革跟不上，消费外溢严重，中国的贸易顺差在收窄。

中国和发展中国家之间产业链和价值链的关系中存在一定竞争关系，但主要是互为补充关系。中国已经在很多产业上比它们有优势，比如大量日用消费品、家用电器、通信、互联网、基建、装备制造等。这些国家基本上只有食品、工业原材料对中国有出口优势；产业链上中国处于上游，价值链上具有优势；这些国家群体规模很大，人口众多，是所有发达国家竞争的市场。

中国和不发达国家之间主要是指非洲以及缅甸、老挝、菲律宾等东南亚国家。这些国家经济、文化、政治都非常落后，产业链和价值链关系清晰简单。中国几乎在所有工业产品，尤其是基本生活用品上在这些国家具有绝对优势，中国完全处在价值链的高端，主要是对这些国家处于产品输出和投资输出阶段。进口商品主要是工业资源、农业初加工产品。

中国经济既然已经从贸易全球化进入资本全球化时代，必须根据"三链关系"，按照生产、贸易、投资、关税、汇率、利率多种要素来综合制定产业战略、资本战略。在"一带一路""互联互通"以及"构建人类命运共同体"价值观的倡议指引下，进行全球化产业资本配置。

我在《全球并购 中国整合》一书中全面讨论过中国和发达国家之间产业链和价值链关系，根据这个关系的特征，我认为中国即将掀起第六次世界并购浪潮，而这次并购浪潮最大的特点是"全球并购、中国整合"。通过"金融在前、产业在后，整合在前、并购在后"的并购整合逻辑，使中国完成工业化之路，达到发达国家经济水平。本书出版后，获得社会一致好评，而中国海外并购也从2014年开始，连续以每年两位数的速度快速增长，到2016年达到高峰，全年海外投资并购超过2200亿美元。

但是，由于多种原因，2017年开始，这种增长势头受到阻碍，包括中美关系。中国大规模对外投资，导致外汇储备下降，一些大型民营企业的海外投资并购的内容和动机与中国产业转型升级的国家战略不符，中国海外并购在许多发达国家遭遇抵触等，都导致中国和发达国家之间产业链和价值链的关系需要找到新的方法来进行整合，由此，我根据中国国情提出"产业、资本、城市"三位一体模式，作为创新的解决方案。这个方案目前已经得到很多地方的认同。

中国和发展中国家产业链和价值链关系，也给中国带来很多创业创新机会。最大的机会就是在中国的综合成本越来越高，利润率逐渐下降，竞争异常激烈的所有产业，当然，也包括在中国发展速度非常快的大数据、移动互联网、新型信息化、新能源、环保、中医中药、餐饮等产业。这些领域在发展中国家最好的投资方法是通过并购当地企业的方式进入，还有一种方法已经渐渐开始被认识到，就是通过"一带一路"这个理念以政府或者大型国有企业的方式，学习当年新加坡在苏州创建的模式，到发展中国家创建中国产业园区，通过这个产业园区形成中国中小型民营企业的产业集群，同样可以把中国国内的一些技术和创新带到发展中国家进行创业孵化。

中国和不发达国家之间的产业链和价值链关系，是中国全球化未来的商机。重点是非洲，非洲和中国有传统的友谊。毛泽东当年在中国那么贫穷的状态下还给非洲提供很多支持，以人民为中心的中国和非洲容易因为共同的价值观走到一起，中国传统的文化优势也可以在非洲寻求到很好的发展机会。非洲的旅游也是中国未来较大的旅游目的地之一：走遍了新马泰，欧洲游也不再稀罕，异域风情的非洲一定是中国未来较大的旅游消费市场，也同样是旅游业的投资机会。非洲的初级资源是中国发展绝不可缺少的，需要逐渐从原材料的投资开发上升到价值链前端产业的创建，有利于给非洲经济带来繁荣。同样，非洲的农业产业潜力巨大，中国农业可以走出去，通过投资开发而不是简单进口农业初级产品，让产业链和价值链逐渐平衡，才能在非洲获得长久的机会，而不是仅仅获取不发达国家的资源和廉价的劳动力。

中国国际化的水平和能力以及冒险精神还不够，对外投资的产业领域和方法，以及这些投资在产业链和价值链的打造中，对中国与所投资国家的理解也远远不够。主要还是停留在基建、资源、餐饮、日用品贸易这样一些缺乏高度的领域。就连曹德旺在美国的一个非常正常的投资行为，也在中国掀起轩然大波，甚至激起众人"不要让曹德旺跑了"这样狭隘的民族主义情绪。

资本的国际化和全球化是中国金融和中国经济发展强大的标志。中国金融的对外开放是金融资本、金融人才、金融机构和金融服务的流入，也是中国金融服务国际化、全球化的标志，但我们是不是仅仅依靠发达国家金融生态进入中国来倒逼我们的金融生态改造和建设呢？如果这样考虑，我们就会非常被动，也是非常愚蠢的面对挑战和竞争的方法。我认为，中国金融机构和金融资本应该抓住金融开放的大好时机，通过主动走出去和引进来的方式，发掘中国金融"全球并购、中国整合"的机会。

2015年我在伦敦时，有朋友告知我苏格兰皇家银行要出售，后来继续联系，才知道对方不愿意卖给中国投资者。复星集团这些年在海外最大的成功，就是并购了多家海外金融机构，获得了不少海外融资机会，才能够在产业并购上"买买买"。英国、美国都有各种各样的金融机构，包括银行、保险、精品投资银行、财富管理公司、家族办公室、基金管理公司等，它们很快都会以各种方式进入中国。包括过去一直静悄悄的野村证券，也在中国金融开放的第一时间开始挖人才之举，某个著名的国内证券分析师已经被野村挖走。那么中国金融业和资本市场"全球并购、中国整合"的模式是什么呢？就是利用中国金融服务市场对外开放之机，利用中国市场的优势和资本优势，投资、并购海外中小型金融机构，利用海外金融机构的品牌、管理、人才优势开发中国金融市场的机会，从而获得巨大的金融和产业发展机会。如果抓住这样的机会，中国的民营金融资本力量就既可以通过这种思路走向国际，还能利用中国市场的优势创造整合价值，由此带来中国民营金融服务业的春天，让那些在中国本土金融混业市场理想破灭的金融家和资本找寻到更加美好的空间。

关于吴晓波的"企投家"

金融资本市场领域的创业生态，一种是直接由金融从业者创办金融平台的创业行为。还有一种和这种创业行为几乎同等重要，就是企业家参与投资行为，成为投资家的创业模式。这种模式我没有称之为转型，是因为它既不是简单的转型，也不是从零开始的创业。

这个概念是2017年由著名财经媒体人和企业家吴晓波通过他的"吴晓波频道"提出来的，一年时间，"企投家"这个概念被吴晓波先生隆重推出之后，他和团队也专门为此打造了一个培育企投家的平台，叫"企投会"。这个概念一年来在中国引起不小的关注。

2017年这个概念提出之初，吴晓波团队专程来北京拜访我，一是想听我对企投家这个概念的理解，二是希望邀请我担任企投会首席学术委员。通过担任这个职务和给这些企投家授课，我发现这是一个很有意思的群体。

前面介绍了金融领域的创业创新机会和模式，但是没有介绍这些创业者来自哪里，都是什么群体。其实有很多投资创业者不是金融这个圈子的，而是来自其他领域，尤其是实业领域进入到金融领域的，主要有三种情况：第一种是在原有业务基础上，参与金融领域业务投资，既是企业家又成为金融家；第二种是将原有业务放弃，转型做投资，成为金融家或者投资家；第三种是在产业发展到一定规模的时候，进行多元化经营，把金融当成产业的同时，寻求产业和金融的融合。

这三种应该都属于企投家这个范畴。通过一年的交流和工作，我想分享几点感受：

第一，中国的企业家对于投资、对于资本非常缺乏系统性理解和知识。

第二，中国很多企业家不清楚自己适合做企业家还是做投资家。

第三，许多企业希望从传统产业转型进入金融产业，但是不知道怎么转，即使转了也不清楚怎么在金融、投资领域获得成功。

第四，大型集团在实业非常成功、资产规模很大的情况下，对如何参与金融，并且将金融和产业进行融合的战略非常不清晰。

作为一个企业家，不管是在创业阶段还是创业成功达到一定规模，我都建议大家掌握资本金融学这门系统科学。发达国家创立的工商管理这个体系基本上成为企业家的必修课，一个企业家有没有学习过系统的工商管理课程，只需要几句话基本上就可以听出来。中国的创业者或者企业家往往没有机会学习系统的资本金融学，但是对于资本市场的基本常识又在投资融资创业的过程中，以及北大、清华、复旦、交大、长江、中欧这些商学院的总裁班、资本运营班里面学了一些，懂得怎么算市盈率、创投和PE、对赌、市值管理等，于是就把这些概念不停地挂在嘴边，断章取义，同时做出很懂资本、投资、资本市场的样子，其实是非常有害的。可惜，直到今天，中国除了刘纪鹏的《资本金融学》之外，这门知识和学术体系还没有建立起来。不管是不是要做投资，不管是不是要转型，也不管是不是要做产融结合，资本金融学都应该成为和工商管理同等重要的知识体系，需要系统学习。很多人到美国、英国等金融业发达的国家学习金融，都没有掌握这样一门课程。尤其是中国很多留学生到美国、英国学习回来之后，不熟悉中国国情和特点，简单地把发达国家学习到的金融学内容拿到中国应用，会非常不适应。

中国学习和借鉴发达国家金融和资本市场的经验已经有几十年了，进入新时代，我们也需要从理论上结合中国未来的发展战略和国情，开发属于中国的金融学理论系统，这样我们整个国家就不会再到深水区去摸石头过河了。

对于中国企投家这个生态，我觉得应该健康引领，不是什么人都可以从企业家发展成为企投家。企业家和企投家的思维逻辑和思维方式完全不一样：

作为企业家，首先需要学习投资，学习投资是为了更好地做企业，因为企业创业成长的每一个阶段都和投资有关。创业本身就是投资行为，也是和投资者合作打交道的行为，不懂得如何与投资者打交道，创业和实业经营都会出问题。俏江南的创始人张兰就是在创业和经营过程中和投资者打交道失败，把自己辛辛苦苦创办的品牌企业搭进去了。

其次，企业家在实业经营过程中会遇到不断出现的投资事件，自己设立子公司也好，和其他投资者合资成立公司也好，都是投资行为。如果企业发展到集团化公司，就需要上市，一旦上市，企业就是一个资本平台了。很多企业上市后都不清楚为什么要上市，上市和不上市到底有什么区别。包括褚时健、老干妈创始人陶华碧、华为创始人任正非，他们关于公司不上市的观点都是错误的，因为他们都没有把上市的本质搞清楚。

再次，企业家学习投资一定要清楚学习目的。只是学习，有利于企业发展，建议大家都学；另一种是在企业经营过程中，积累了不少资金，需要把闲置资金用于投资，而且自己还有时间和兴趣，这就要搞清楚想学习什么样的投资。发达国家的企业家通常是交给专业机构去打理；第三种是自己不愿意再从事原有业务，需要将原有业务放弃，通过学习投资，完成转型；最后一种是企业壮大了，需要懂得更深层次的投资，通过掌握投资技术和方法把企业做得更好。

作为企投家，只要把这些目的搞清楚，就不会乱了方寸。针对不同的目的，如何学习投资呢？我给大家一些建议：

第一，对于始终要坚持企业经营的企业经营者，需要通过学习投资来健康地发展自己。

这类学习我建议主要掌握工商管理系统知识中投资发展的知识就可以了。这类投资主要是学习三类投资。一是项目投资（绿地投资）；二是股权投资；三是企业并购。

第二，对于不放弃自己企业的经营业务，需要将自己多余的资金用于投资，而这些投资和自己业务没有关联的，既做企业家，又做投资家，是一门非常不容易的学问，也就是典型的企投家。首先需要清楚这个选择的目的是什么，准备拿出多少资金学习投资，投资兴趣点是什么，想自己学投资还是希望委托专业机构投资。很多人在这个环节上犯错误。错就错在不知道自己要干什么，企投会最应该为这个群体解决这个问题。

中国是一个大国，中小企业有几千万个，很多中小企业主都认为自己已经实现了财务自由，连自己经营的企业做到什么规模也不清楚，就愿意一边经营一边把多余的钱用于投资。事实上，我看到很多惨痛的教训。有的经不起高回报的诱惑，拿去放高利贷；有的被高回报幌子下的投资机会欺骗；有的直接做天使投资、创业投资、股权投资和证券投资，也打了水漂；有的做对冲基金、投资金融期货和衍生金融产品等。总体来说。成功的不多，失败的不少。

第三，对于需要转型进入投资领域企业的，这些年非常普遍。

这些年从实体企业向投资和资本市场转型的企业很多，原因就是中国的产业生态对实体经济的发展非常不利。很多人在实体企业经营领域已经很难持续下去，有的逐渐通过资产和财务转移手段把钱拿出来参与投资，还有的直接把企业出售、关闭或者破产。需要做企业转型的，主要是一些从事低附加值行业的企业，还有的是前些年依靠矿产资源赚钱的企业，最多的就是房地产企业向投资领域转型，这个领域我看过不少案例，也见证过不少企业家的转型。

2011年，我认识了一位房地产做得不错的企业家，他提出想往资本市场转型，但是不知道方法。我提出了转型建议，他希望和我一起合作来实施转型。两年时间，这家企业从一个上市公司都没有很好地利用起来进化成为三个上市公司的大股东，同时赶上肖钢主席推动上市公司重组并购的大好时机，于是这个集团在市场上声名鹊起，俨然成为"某某系"。但是由于他不清楚转型成为资本平台后怎么和产业结合，与什么产业结合，产业资本融合的方式是什么，导致这个企业既不像一个财务投资人，又不像战略投资人，即使完成了从房地产向资本市场的转型，但仍然像悬浮在空中，不知道属于自己的根基在哪里。

房地产也好，煤老板、矿老板转型也好，这些企业过去业务都比较单一，对产业和产业与资本的关系都缺乏经验，转型成功的非常罕见。

第四，大型企业学习投资和资本运营。

这类企业不管具体做哪种实业，企业的集团化、规模化都需要学习投资和资本运营。另外还有一类是大型房地产企业观察到中国房地产市场的根本性变化趋势已经凸显，需要通过投资和资本运营进入到房地产以外的产业领域来完成大规模的转型。

碧桂园、万达、恒大这些中国数一数二的地产商都在考虑转型。万达的金融至今做得没有什么新意；王健林在投资和资本运营方面没看到有什么建树；碧桂园也在往产业和地产的结合方面发力，但是没有看到有亮点的思路和项目；恒大创建了恒大金控，希望利用资金优势进入金融市场，但是他们对于金融控股公司的理解和运营基本没有掌握。而我们看到很多地产商投资金融机构、投资金融混业平台的主要目的，还是希望通过金融机构的投资给自己的房地产项目找到更多的融资空间。前中国银监会非银司长、金融家夏斌撰文说，中国经济已经被房地产绑架，其实是一点也不过分的。

前不久我被重庆最大的民营企业重庆隆鑫控股邀请去讨论合作，听其全面介绍了重庆隆鑫的产业和战略以及投资结构、金融结构以及战略管理体系。两年前，一个猎头公司找到我说隆鑫要招聘一位职业经理人做集团总裁。我告诉猎头，我不善于做总裁，但出于对重庆企业的期望，我愿意给他们一些建议。我到重庆和他们进行了交流，发现这是我在重庆见到的唯一一个懂得集团化、懂得产业资本融合以及资本运营的企业。我给他们提供了一个把隆鑫打造成为产融结合的战略投资集团的书面建议。两年过去，我发现他们有了很大的变化，主要是在团队建设方面招聘了不少来自全国各地的优秀人才，但是把这些人才汇聚起来到底要创建一个什么样的战略投资集团，我还是没有发现他们的清晰逻辑。

以上这些企业和企业家可以说是中国最大的企投家了，但是我至今尚未发现他们是成功的企投家。

在这个领域，中国过去到今天做得最成功的企业，没有一家达到德隆的水平，包括2017年到2018年悄无声息被解体的安邦、明天、华信、海航这些巨无霸，即使德隆已经消失16年了。

所以我非常支持"吴晓波频道"创办的这个企投会，也希望企投会能够在企投家这个概念的基础上，开发出一整套学习和培训方法，让中国企投家成长起来，减少不必要的失败。

从2008年第一次去日本开始，我的中国产业和资本国际化、全球化之旅已经历时整整十年了。2008年至2011年我主要在中日、中韩，2012年之后主要在中欧、中国和北美包括中国和众多发达国家之间发掘、谈判及并购项目。2018年美国之行后，我已经对接了几乎所有发达国家的产业和金融资源。通过不断交流、思考、总结、比较，总结来说，我至少开创出三种中国与发达国家产业、资本金融方面的独创性商业模式，作为十年来的创业、创新成果。这三个成果是：

第一，"产业、资本（金融）、城市"三位一体的创新模式。

这个模式的优势、特点、内容已经在前面有关章节介绍过，它正在国内几个地方推进，我们与山东菏泽经济开发区的框架协议已经正式签署。根据这个框架协议，我们合作各方将在山东菏泽创建一个操作平台公司，平台公司各股东分别把自己的优势和资源注入这家公司，由这个平台公司按照"产业、资本、城市"三位一体模式，帮助菏泽在全球范围内导入医疗健康产业集群，使这些来自世界各地的优势产业集群与中国的上市公司、政府引导基金、社会资本形成深度的产融结合关系；然后，这些产业规划与菏泽这座城市产业存量和城市空间形成产城融合关系，形成产业、资本，为菏泽这座城市产业结构调整和升级，实现菏泽新旧动能转换的全新亮点。这个模式和过去几十年招商引资最大的区别，是把过去招商引资过程中产业、投资与城市的关系由松散的、候鸟式的关系变成了"你中有我，我中有你"的夫妻型关系。就在这个框架协议形成的几天之内，我利用以色列库克曼投资集团与佛山市政府举办中以投资峰会的机会来到佛山，和库克曼创始人艾迪先生和CEO哈盖先生利用会议的间歇，仓促交流了我们在菏泽合作的可能。和我已经有六年交往合作经历的库克曼投资集团对我们的建议非常感兴趣，库克曼和哈盖二人不顾会场上千个与会嘉宾，延长峰会茶歇时间，和我们站在主席台前足足开了20分钟会，希望我能够尽快提供一个书面方案，然后邀请我们尽快考察以色列，就具体合作进一步讨论。以色列有非常多的医疗健康产业项目，因为我知道库克曼有非常优秀的医疗行业投资团队和项目储备，也因为我和他们保持六年不间断的交往，我才有勇气与菏泽签约，也才可以在短时间内与以色列方面对接。

第二，中国家族传承创新模式。

这是一个文化项目、人文项目，也是一个金融业务；这既是一个中国业务，也是一个全球性业务。2014年到2015年，我对瑞士菲利普家族办公室、对英国甲骨文家族办公室考察之后，就和甲骨文家庭办公室董事长准备签约创建中国合资家族办公室，但是因为总觉得没有准备充分而暂停下来；2017年考察瑞士邦豪客银行、2018年考察摩根大通财富管理总部之后，我才终于设计和创意出适合中国的、结合家族办公室和私人银行的富国富民家族传承模式，以及把中国古老的家族传承文明与现代发达国家家族办公室、私人银行业务模式结合的中国家族的管理发展模式，彻底区别于中国国内目前几乎所有的家族办公室模式。如果没有对全球家族企业管理传承模式的研究，如果资源达不到专业的要求，如果没有对中国文化和文明深刻的理解，你的商业模式就只是一个金融工具。这就是独创性。

第三，上市公司主动型全球并购整合价值投资。

我展开整整十年的资本全球化考察的开端，实际上是从一个创新的价值投资模式开始的。在2007年，我受到日本金融家古川令治的启发和邀请，研究中日之间产业和产业、产业和金融、金融和金融的价值投资模型。古川到北大和我们一起探讨这个模型。2008年至2011年，我多次往返中日之间，就是去细化这个模型的操作，已经和国内某著名资本平台谈好一起合作并购日本某上市私募基金，通过这个基金融资、投资日本上市公司，同时将日本上市公司和中国业务关联企业进行重组。可惜"钓鱼岛事件"所引发的中日地缘政治矛盾导致这个方案搁浅。

后来我受此启发开始关注欧美，更多地从欧美产业和与中国产业与金融的角度展开并购交易，发现了中国和全球之间的巨大商业机会，提出"全球并购、中国整合"这一响亮的理念，我自己也成为这个理念的推动者和传播者。我觉得这带给中国和中国的企业、资本很大的商业机会，很多企业确实因此而受益。十年过去了，我也该为自己做点什么了。于是，总结十年的经验和教训以及对无数标的的考察，与中国若干上市公司的对接分析后，我觉得有一个巨大的商业模式终于可以达到规模化、标准化、数据模型化的要求了，这就是以"全球并购、中国整合""全球并购、全球整合"为基本产业、资本原理的基础，以中国精选上市公司为主体，在"整合在前、并购在后"的逻辑关系之上，创建一个价值投资模型。这个模型如果能够不折不扣地精准操作执行下去，我认为用十年时间可以给中国打造十家世界500强。而过去十年里唯一接近这个模式的只有一个案例，那就是吉利集团。

十年来，我们的团队尝试过各种各样的商业模式，最终确定这样的商业模式，是不断尝试的结果。这个商业模式里，首先是选择中国的上市公司，近几年来，我们接触过几十家国内上市公司，符合我们选择目标的寥寥无几，有了这个积淀，我们才有了选择上市公司的标准和模型，但是即使选出来也未必符合这个条件。上市公司精选出来之后，就是对上市公司进行行业、产业研究，以及对这些行业、产业在全球行业产业之间的关系，对企业关系、业务关系、价值链关系以及其中的变量建立分析模型，通过这些研究来建立三年、五年的投资并购战略和整合战略。这样的价值投资模型看起来很复杂，但是，和我们在自然科学领域及其他社会科学领域的研究一样，必须要持这样的科学态度。我相信巴菲特做模型也会是这样。记得曾经在华尔街轰动一时的美国长期资本管理公司的研究分析团队中居然有两位诺贝尔奖获得者。

我决心用十年时间来打造这样一个中国从未有过的商业模型。鉴于商业秘密的关系，我不能在这里详细叙述这个商业模型的关键内容，也不敢为十年后这个商业模型的结果做什么预测，这样一个艰巨复杂的模型，关键是需要搭建价值观高度一致的平台和团队，没有相关的资源、专业能力、精准的执行力和对于模型的驾驭能力，也是难以成功的。没有过去十年的积累，不可能有今天这样的新创造、新设计。

所以，金融领域、资本市场领域的创业与创造都存在于不断发展、变化的世界金融、世界经济大趋势里，而不是我们时常在中国市场中看到的那些恶劣的、故意的金融犯罪行为。

十年的历程让我对发达国家金融体系有了全新的认识。承接本章最开始的观点，我对中国金融改革和发展提出以下建议：

第一，在理论自信、制度自信的基础上，根据习近平新时代中国特色社会主义思想，创建系统的中国金融理论体系和理论教育体系。

这个体系既不是简单照搬发达国家的金融理论体系，也不完全由学院派来研究设计，既符合宏观经济、可满足金融和经济结构的需要，又对于产业革命更替给金融带来的迭代式创新有前瞻性，也具有可操作性。

过去的40年，我们几乎完全没有研究和开发中国社会主义市场经济制度下的金融理论体系。记得1993年我曾经去四川大学读在职研究生，是国际金融与贸易专业，听了几堂课，领了一堆书，发现那些教科书几乎完全脱离市场。这些年来我也看到许多学者在中国市场经济发展的过程中对中国金融理论体系做了很多研究和探索，但是并没有形成有中国特色的金融学术理论体系和教科书。

中国政治经济进入了一个新时代，这个新时代从现在到2049年都应该是一个相对稳定和较长的历史周期，对这样一个大历史周期，就应该有非常系统的符合这个时代经济、政治、社会、文化和生态的金融理论体系。在这个理论体系下来设计和重组中国金融市场，从产品、机构、市场到监管，以及对外开放与国际化、全球化的融合，有了这些理论体系，才会形成金融教育体系，培养出符合这个体系所要求的金融人才。

第二，改革中国金融服务市场，把金融机构的创办、设立由审批制改为注册制，根据资本规模、执业资格和专业能力来创办设立，符合条件予以登记注册，而不是靠行政审批。

不能让中国金融服务市场未来除了国有金融就是外资金融，要遵循金融业的核心是人才密集和资本密集这个规律，让国有、外资、民营资本百花齐放。

党的十九大报告清晰地指出，要防范中国系统性金融风险。我们也看到党的十九大之后在金融领域的反腐力度和防范风险力度的加强。包括控制PPP，实施资管新规，控制房地产市场膨胀等。我们也看到，中国金融市场积弊已经多年，我完全赞同用目前"刮骨疗毒"的方式来重构中国金融市场新秩序，避免出现经济硬着陆的局面。但是能不能在一系列严厉手段之后，建立一个属于中国金融独有的健康金融市场生态体系，不要继续出现过去周而复始的"紧缩—放宽—紧缩"这样的简单循环呢？否则，中国经济质量的提高就是不可能实现的。

第三，建立执法独立的市场化监管机制，轻审批、重监管，通过加强监管，提高监管水平和执行力。

第四，完善金融市场法律体系，保障产品、机构、市场、监管、风险控制在严格的法律框架下有序发展。减少行政干预和非市场行为，关键是保障市场的连续性。2013年至2015年是中国资本市场用市场化推动上市公司重组并购最活跃的两年，虽然监管有些松懈，并购重组中的随意性有些泛滥，但是绝对不应该把2015年股灾的账记到上市公司重组并购身上。主要监管负责人换人之后，马上来一个市场大转弯，已有的鼓励重组并购的政策戛然而止，为了纾解排队上市的IPO队伍，马上制定严格控制重组并购以及配套融资政策，鼓励加快IPO的审批。这种急速的政策大转弯实际上对市场造成了巨大伤害。

第五，在坚持对外开放的原则下，推动中国金融国际化进程。把以金融机构为中心的金融市场发展成为以财富拥有者为中心的金融服务市场，提高资产水平和金融业的经营效率。根据市场财富拥有者的需求创新金融产品和金融机构。

从中国的金融市场发展历程可以知道，我们建立了非常官方的金融机构准入制和监管机构。有了准入制，凡是符合准入条件的机构，获得监管机构的批准才能从事批准范围内的金融业务。经济总量的增长和金融总量的增长使财富拥有者的需求出现多元化的趋势，已有的金融机构和金融产品已经严重不能满足财富拥有者的金融服务需求。除了少数类似于互联网支付、电子商务平台沉淀的巨额资金开展货币基金业务发出一些金融业务准入资质以外，还有大量的金融服务平台、机构、产品实际上是监管缺位或者没有监管的。正是这些监管缺位，才会给各种金融骗局留下可乘之机。

第八章

创想未来——迎接新时代

1977年6月11日清晨，初夏的重庆已经有些炙热。这一天是不到20岁的我人生中最重要的日子。即使已经过去整整41年时间，我依然清晰记得，因为激动，我一夜未能成眠。一大早我就起床了，在前天夜里我已经打好铺盖卷，一个尼龙网兜装了一个新买的洗脸盆，里面装着洗漱用品。此前，我从重庆九龙坡区粮食公司将近1000个待业子弟中，通过自愿报名、单位推荐、严格考试，获得了仅有的两个名额之一，考上"文化大革命"后最先恢复招生的重庆机械技工学校，这一天要到学校正式报到入学。只要两年正常毕业，就可以分配进入国有企业，端上铁饭碗。这在当时，就是一份莫大的荣耀。

　　终于结束了漂泊的日子，动荡的心安宁了下来。父亲也是第一次把我当成年人看待，从李家沱亲自送我到道角（学校所在地）。平时很少和我交谈的父亲，就算这个时候也把他的喜悦藏在心里，不苟言笑。那个年代的中国平民家庭中，父亲几乎都是一个样子，一生都背负着沉重的精神负担。因为对于他们这一代人来说，50年代生下我们的时候，正是他们构建生命理想的最重要的年华。他们生于20世纪二三十年代，成长于四五十年代，这个年代正是中国兵荒马乱、战乱连连的年代。我的父亲也在这个年代从乡下进入当时的战时陪都重庆谋生，他的职业也是金融，在亲戚帮助下，先后在重庆的四川美丰银行、川盐银行工作过。今天讲到新中国开辟了新天地、新时代，但是对于他们当时来说，没有受过共产党教育，也没有形成对党的世界观的认识。突然之间舒适的银行工作没有了，当银行家、金融家的梦想没有了，被安排到重庆市渝中区一个小小的面粉厂当工人。当时时代的变迁给他们那个年龄的年轻人带来的是大多人生的下坡路，不是积极向上的人生命运。我几乎从来没有和父亲有过交流和交往，也从来不懂得什么是对父亲的爱和父亲对我的爱。至今我也说不清父亲的价值观是什么，也不知道他对我的希望是什么。新中国对他这样一个从旧时代走向新时代的人到底烙下了什么样的心灵印记，我永远无法知晓。

道角车站下车到学校还要步行将近20分钟，我们都默默不语地走着。仿佛这个时候，他才意识到他的儿子即将走进社会，已经不是他的责任了。到了学校门口，他没有进去，只是低沉地用地道的重庆话说了一句："不要急着耍朋友，今后就靠个人了。"

说完他转过身默默地离开，深蓝色的中山装已经旧得有些泛白，微驼的背影承载着那个时代的沉重。

他不知道，我也不知道，又一个全新的变革前夜，已经悄悄地来临。就像父亲不知道新中国对他意味着什么一样，我们都不知道即将到来的改革开放和之前的时代是什么关系。

本书写作过程中，"新时代"一词通过党的十九大被赋予特殊的意义。我们过去经历过变革，但绝不是当时就能理解变革。而今天一个变革到来的时候，我相信同样会有很多人很难设身处地地解读它。但我希望作为一个"过来人"，尝试一下站在未来的角度解读今天。

改革开放40年过去了，创世纪般的40年仿佛刚刚过去，40年前的记忆犹在眼前。1978年全国科学大会召开，中国迎来了第一个科学的春天，我创作了一部诗歌剧，和班里的同学一起演出，但是对于年底召开的十一届三中全会会跟我们的一生和命运有什么关系，当时并没有什么深刻的领悟。

对于走过那个年代的人来说，他们没有机会停下来给经历过这40年的每个人画上一幅图画、珍藏一份回忆，便要迫不及待地踏上未来的征程。

回想1978年，我们都年轻而羞涩，青春正好而不谙人事。1984年10月中国共产党第十二届三中全会作出《中共中央关于经济体制改革的决定》的时候，我只有27岁，在重庆起重机总厂担任成人教师，教授语文课。我不能完全理解即将展开的这场中国经济体制改革到底会怎样进行，会改成什么样子，只能从商鞅变法、法国大革命、彼得大帝、明治维新、戊戌变法这样一些古今中外的成功和失败故事里，去给年龄比我还大的干部和工人讲述我对即将开始的这场改革的理解。我的讲解中，总有一种热血澎湃的激情，感觉自己仿佛将要投身到这场伟大而不可预知的改革中去，充满舍我其谁的自信和勇气。说到激动处，好像将要面临一场血雨腥风，表现得大义凛然。

我清晰地记得，坐在教室里的那些同学基本上无动于衷，讲完之后，只有一个同学说了一句，"王老师今天好激动"。

整整40年过去了，作为一个全程参与者，我觉得我当时就像青藏高原唐古拉山冰川缝里流出来的一股清澈的甘泉，一路舒爽地往下流淌着，逐渐被泥沙裹挟，在虎跳峡被击打成水花，在冲撞中变成激流，不断和不同支流的水融在一起，被漩涡卷进去又转出来，淌过高山，流过沙丘。我感觉前面即将融入大海，这40年就是从唐古拉山奔向大海的回忆和高歌。

我不知道今天和我当年一样大的青年们有什么感受。现实也许消磨了新一代人的理想和浪漫，这个年龄段在今天面临的也许是年薪、打工还是创业、买房结婚或租房结婚的选择，但我还是认为，你们美丽的人生撞上了幸运的新时代。

没有经历过去40年的人，也许不容易理解新时代。就像我们这个年龄段的人没有经历过长征、抗日战争、解放战争，对于新中国的意义的理解也没有比较一样。对于我这个走过这40年的人来说，虽然早已是波澜不惊，但内心仍然深藏着青春般的渴望和期待。

新时代到底是什么？

我觉得，新时代首先是要理解带领我们走进这个时代的以习近平总书记为核心的这个领导集体。

这个集体就是"50后"。很荣幸的是，我也是"50后"。我们同时生在新中国，长在红旗下，我们从小接受着经典的红色教育，沐浴着快乐的春风。当我们都在无忧无虑地幸福成长和憧憬未来的时候，一场我们完全不懂的政治风暴一阵又一阵持久地打乱了我们的生命节奏，颠覆了我们对于人和世界与未来的一切认知。

直到我已经成人走向社会，我的父亲都不知道要告诉我什么，也不知道如何和我交流。我们无法描述和表达我们到底经历了一个什么样的青春期。不管是什么背景，不管有什么地位，不管是什么知识结构和人生态度，没有一个人能够在持续十年的疯狂中轻松地微笑着走过。

这就是我们这一代人，"50后"。这一代人中的佼佼者在风雨历练之后脱颖而出，真正成为共产主义的践行者，肩负着沉重的使命和担当，带领着中国13亿人民走向文明复兴之路。

他们深知中华民族5000年曾经的辉煌；他们未敢忘却近代以来的羸弱与屈辱；他们聆听父辈用血肉筑起的新长城；他们透过屏幕听见"中国人民站起来"的吼声；他们生来以为口含金汤匙，却经历常人难以承受的艰辛；他们未醒世便经历饥荒之年，成天饥肠辘辘；他们刚进校门便被赶去社会，莫名其妙地把他们的父辈赶下舞台；他们刚刚长大就要面对背后的烈日和眼前的黄土地，让几乎没有文化的农民担任知识青年的老师，教他们活着比文化有用；他们读书于沃野，思考于没有束缚的天际；他们经历政治的磨难，他们面对经济的难题，他们的人文观被反复颠覆；他们走过文化的苦旅，他们纵览世界乾坤，他们懂得人民才是一切。

40年的改革历程，是世界历史上任何一个国家、任何一个团体、任何一个领导精英阶层都没有过的经历。亲身见证和经历国际国内那么多重大经济、政治巨变之后，治理中国这个历史上曾经最辉煌的国家的重任终于降临在这样一代人身上。作为承前启后的这一代，他们懂得历史的辉煌和教训，他们经历过童年至今的苦难，见证过、参与过最近这40年的奇迹，当然他们更知晓今天世界的大局与竞争，所以他们可以仰望星空，提出今天的中国是距离实现中华民族伟大复兴最近的时候；所以他们可以当之无愧地说，中国进入了一个实现中华民族伟大复兴的新时代。

新时代的方法和过去40年的方法已经不一样了，每个人都需要根据新时代的要求来调整已经存留在身上的固有惯性和人生坐标。如果过去40年的主题词是一个"创"字的话，未来40年的主题词应该是"新"。它是新的世界经济政治格局、新的经济政治制度、新的国家与世界治理模式、新的科技、新的经济发展方式、新的文明形态，等等。所以这个"新"与以往任何时候的"新"内涵完全不一样。

那么中国的新时代到底是什么呢？

首先是社会进程的新时代。

社会进程不是一个国家自命不凡的自我感觉。党的十九大在这个历史节点提出关于新时代的概念，本身就是一个创新。这个创新既符合新时代的时间节点，也是对世界地缘政治和地缘经济的深刻理解和划时代的区分。党的十九大的英明在于，大会结束后几个月之内，党的这种时代进程的划分界限突如其来地表达出来，非常神奇。

比如，我们原来以为美国总统上任之后，中美两国元首通过交流，会讲清楚各自国家的发展思路和相互合作的空间，然后科学管控相互之间存在的若干分歧，求同存异，共同维护世界和平和繁荣。但是，很快一系列国际经济和政治动荡接连出现。首先是美国总统特朗普开始打破沉默，首先发难，通过"301条款"调查，签署要向中国征收500亿美元贸易额的关税，中美之间的贸易争端撕破了人们对美国的幻想。特朗普上任一年，让我们领略了一个"冷战"以来完全不按常理出牌的美国总统。而2018年，中美迎来建立外交关系40周年。一种说法就是美国容忍了中国40年的发展，而中美之间将面临世界第一强国地位的更迭，两国从过去的有分歧、有合作的战略对话阶段进入全域、全面竞争的博弈时代。

这是一个当之无愧的历史进程转折点。不仅是两个国家，而且是两个不一样的文明、不一样的历史观、不一样的价值观和对世界进程的影响力的历史性转换。

中美贸易摩擦还没有结果，从韩国平昌冬奥会开幕式开始，韩朝关系在发生微妙变化。所有人都在期待特朗普和金正恩开展"特金会"的时候，金正恩却突然出现在北京。朝鲜半岛这个全世界瞩目的火药桶瞬间化干戈为玉帛，一个年轻的"80后"元首，巧妙地通过一系列外交手段，打破了20世纪中叶以来的一个非常重要的地缘平衡，看似不由中国策划和主导，但是同样非常符合中国崛起的历史性安排，让世界上最重要的几个国家中国、美国、日本、韩国、俄罗斯把关注点都放在了一个"80后"领导的朝鲜身上。随后中日首脑互访，中日关系得以改善；印度总理武汉之行，显示出一个由亚洲人主导的世纪或许可以进入发展的新时代。紧接着，连续两个盟友和中国台湾结束所谓的外交关系，和中华人民共和国建交，祖国的和平统一还远吗？

习近平总书记在党的十九大报告中指出：中国社会主要矛盾已经转化为人民日益增长的美好生活需要和不平衡不充分的发展之间的矛盾。而在此之前，中国社会的主要矛盾是人民日益增长的物质文化需要同落后的社会生产之间的矛盾。

中国社会主要矛盾的变化，说明36年间中国的社会进程亦发生了根本性变化，正好符合改革开放进程。过去40年的中国主要是通过提高生产力，改革生产关系来发展经济，满足人民物质文化的基本需要，也就是解决十多亿人的生存问题。40年过去了，中国城市化率已经从当年的不到20%，发展到今天的超过50%，中国经济总量已经成为世界第二，成为世界经济大国，工业化进程已经进入中后期，在全球范围内最为积极地拥抱新的技术革命。到这个时候，中国社会的主要矛盾已经发生了根本性变化。

但是，旧的矛盾没有了，新的矛盾产生了；旧的问题解决了，新的问题出来了。资源减少、环境污染、食品安全、生命健康、医疗教育、社会治理、社会分配以及阻挠解决这些问题的体制机制障碍和既得利益集团的障碍越来越突出，改革开放初期，因为当时难以解决而采用暂时搁置不争论的方法所回避的一些思想、观念、理论问题，也面临解决。

今天，改革开放已经进入深水区，过去没有厘清的很多社会问题，体制机制问题，深层次的理论问题，经济发展中的不平衡、不充分问题，世界地缘政治和国际经济问题，使中国的发展难度越来越大，必须要用巨大的勇气来回答和解决了。

所以这个新时代必须是一个新的历史进程。党的十九大还是坚决地定义目前处在社会主义初级阶段。也只有认为我们处在社会主义初级阶段才能解释我们今天在很多方面的不成熟、不发达、不系统。我们的改革还面临艰巨的任务。

其次，社会主义新时代就必须要有对于新时代主要矛盾的表述。

关于新时代，党的十九大提出了"习近平新时代中国特色社会主义思想"，并且把这个思想写进党章。我认为这个思想的一个重要内容就是对于新时代社会主要矛盾的表述。参照这个主要矛盾的表述，新时代要做的事情就是怎么解决发展不平衡、发展不充分问题，是如何创建美好生活的问题，一目了然。如果从投资、创业的角度或者企业战略制定、企业转型发展的角度来看，这些都是新的发展方向。

发展不平衡和发展不充分问题，我觉得主要应从以下几个方面着手解决：

第一，消灭贫困。

中国通过多年的努力，基本消灭了贫困，但是要让人民满意，党不会留下空白和遗憾，于是，通过一场精准的扶贫攻坚战，党要求各级党委政府必须要在三年之内消灭贫困。

对于如此强大的国家力量来说，这个目标一定会实现。问题是，我们目前这种方法是行之有效的根本方法吗？带着这样的问题，我坚决要挤出一点时间，到30年前曾经扶贫的巫山去实地考察一下，到我曾经魂牵梦萦的地方去寻求答案。

2018年五一期间，我终于如愿以偿地抽出非常短暂的时间，重回阔别30年的巫山官阳进行考察。因为曾经在那里工作过，只要四处看看，大体询问一下，我基本上就能知道今天的官阳和30年前的差别。

1987年，在志愿申请的基础上，经时任四川省省长蒋民宽批示，我和我的一个同事赵治平一起，被任命为四川省巫山县官阳区副区长。我不是组织部派下去挂职锻炼的，而是主动申请去扶贫的，所以我会想尽一切办法为官阳区的扶贫事业工作，完全没有考虑来这里镀金，然后回到城里升官。

今天的官阳和过去相比有几个变化：第一，当年的官阳归四川，如今归重庆；第二，当年从重庆到官阳需要三天，如今一天即可，交通的变化是最大的变化；第三，当年有官阳区，今天撤掉了。

2018年4月30日，我在同学的陪同下，第一天驱车到了巫山县城，第二天从巫山乘船，通过小三峡经大昌到官阳，到达时间为早上十点钟，而以往需要一天的时间。

在百度上检索官阳，会看到这样的描述：一个少有人知的地方——官阳。它位于重庆市巫山县一个偏远乡镇，海拔1200米。地方虽偏远，但它有着古老的传说、悠久的历史和迷人的风景。

1986年寒假，我们去巫山考察，被一位青年农民带去我们闻所未闻的官阳。那可是海拔1200米的寒冷的冬天。早上起来，从古城一路步行，来到古城外去住官阳的山脚码头搭车，若干辆手扶拖拉机在吆喝着生意，一个人五元钱，从大昌坐到官阳。伴着淅淅沥沥的小雨，我们在泥泞的山路上摇摇晃晃，直到夜里才到官阳，当时已经什么也看不见了，那个时候山里没有电灯。

而这一次，从大昌到官阳也就一个小时。当年的官阳区变成了官阳镇，政府办公楼里空无一人，大家都过节去了。四面玻璃框和墙上，都是扶贫攻坚的细节落实和一对一帮扶的表格。走道旁的房间是我30年前的住房兼办公室。虽然楼房已穿衣戴帽，里面的青砖被遮挡起来，但还是难掩建筑的简陋。

30年前我志愿申请来扶贫的时候看到，这里从县里到区里几乎所有干部对于扶贫工作内心都是抵触的，他们没有觉得这边贫困，也没有觉得其他地方就富裕。看到今天力度这么大的扶贫攻坚战，和这么偏远的地区的落实方式，我不认为这样的方式在这个地方可以解决脱贫致富。光是靠党的力量、政府的力量而没有市场化、产业化、专业化的方式，最终还是不够深入。

对于官阳，我30年前就说过，最好的扶贫方式就是搬迁。也许至今仍有很多人不同意这个观点。尤其是当我再次从官阳穿越险峻的公路去当阳乡的路上，发现几乎与世隔绝的峭岩陡壁下，当年那些茅草屋已被一座座砖混小楼房取代。也许大家会觉得，这里没有改变吗？不是土房都变成了洋房吗？我完全不同意这样的观点，有钱换新房不是因为扶贫使这个地方经济具有了可持续发展的能力，而是这些农民拿着远离穷乡僻壤、到外面打工挣来的钱回来盖的房子。当地原来是什么生活，还是什么生活，原来怎么生产，依旧还是怎么生产。30年来没有根本性改变，再用30年我相信还是这样。

和30年前比较，官阳镇确实感觉换了人间。30年前我之所以来考察，就是听媒体报道中国农村在十一届三中全会之后发生了翻天覆地的变化，于是写信给总理和四川省省长，凭着一腔热血来到了这里。结果我来到官阳才发现，农村的贫困让我震撼、超出想象。30年前街道两边没有一幢房子超过两层楼，都是土木结构。街道边一位大妈面前的喇叭形背篓就是当年这里最典型的物件，再配上一个T形的木把，称为"打杵子"，农民背着很重的货物走山路需要歇脚时，就可以把这个"打杵子"垫在背篓下面。

单看小镇的外观感觉换了人间，但街道背后难掩贫困的真相。残破的老屋与今天的新街一墙之隔，同时述说着过去和今天。小镇表面的繁荣背后，是难以述说的艰辛。和一些老乡短暂的交流中，我心里很清楚，过去这30年，并没有真正的天翻地覆。要说最大的变化，就是大山深处到处都盖起了当年不可想象的住房。盖房子的投入来源于年轻一代在外面打工挣的钱，这就是当地人一生的理想。至于能否依靠大山的自然资源发展种植和养殖产业，走上致富的道路，在这样的地方，都很难实现。

我们勇敢地选择了走过去的老路，行进在去当阳乡的乡路上。23.5公里的山路当年修建的时候死了九人，路通了没有多久，区里面部队支援的一辆解放牌卡车有一天就从这里翻滚下去，车上的人无一生存，车被摔成了碎片。这是血和泪筑起来的公路。美丽的风光淡化了道路的恐怖。当年重庆电视台开车来报道的时候，司机开到这里，看到从绝壁上开出的山路和深不见底的峡谷，打死也不愿往前走，他们站在路边，望着大山峡谷对面陡峭山梁上的农田感慨，宁愿判刑20年也不愿意来这里工作。当年我却多次在白天和夜里走过这样的山路。今天重走旧时路,我已经无法想象当年的自己怎么会有如此的胆量。

当阳乡当年是我们区下辖的乡,不是湖北的当阳市。从这里再往北,就进入神农架林区的大九湖。政府非常正确的一项投资,就是打通了高速公路,从大昌开车可以穿过这个大峡谷。前面我们从官阳到谷底,就是从大峡谷的顶部一个湾一个湾地绕到的,过去没有这条路时,大峡谷就是无人区。我管过这里的小水电站,没有这个水电站的时候,区里一直是点煤油灯。而这个200千瓦的水电站当年也只能解决部分照明。

从这里可以到我们区最贫穷的乡庙堂,没有公路。当地农民要走整整一天,干部来区里开会来回四天,开一次会一个星期就没有了。我刻骨铭心地记得去庙堂走过的三天时间。我带着我的工资,以及从区里领的200元五保户慰问金,带着照相机还有一些年画,在离1989年过年还有一个月的时候去慰问五保户,踏着膝盖深的积雪走了整整三天。当最后一天从山上往山下走,快到庙堂乡政府的时候,山坡的积雪小道被许多人踩过,变得又硬又光滑,一步不慎就可能滑到山脚,生死难料。我只能滑一步就用手上带的尖刀在脚窝子处挑两下,增加摩擦,直到被乡里的干部看见才被接了下去。回想起来,我也曾经从这里步行翻过大山,两次横穿神农架,也是至今为止我对生命最勇敢的挑战。

打通当阳大峡谷对于开发旅游业非常必要,但是峡谷里的流水已经不如当年了。当年我到处发掘旅游资源,写文章呼吁开发旅游业,几乎没有一个人不觉得我是在痴人说梦。但是真正的旅游业发展机会到来的时候,除了这条道路带来的游客和景观的发掘之外,旅游产业的价值链远远没有打造出来,高品质的资源、低层次的开发是为必然。

短暂的行程结束了,很快又要回到另一个世界和另一种状态。有趣的是,十天前我在全世界最强大的美国和最繁华的纽约,十天后却置身于中国最贫穷的山区寻找30年前后的关联。中美的空间比较与官阳的纵向时间比较看似没有多少联系,但对于喜欢天马空地思考的我来说,还是很有意思的。

为什么要重回官阳?这是我这些年的一个心结。作为中国较早的主动扶贫开拓者之一,我在30年前提出过一系列的扶贫方案,也因为当年巫山三年的工作,我对"三农"的理解和别人不一样，没有这三年，我不可能在2006年提出农村土地信托流转改革的"三权分置"改革方案。比中央的"三权分置"改革早11年。

再回官阳，这么短的时间我到底看到了什么？

第一，我当年几乎用生命换来的思考和建议在今天证明是对的，在这里发展旅游业就是我的第一建议。我两次横穿神农架时，早已发现了这样的机会。可惜今天对它的开发水平还是不敢恭维。

当年在安宜乡的大峡谷，我们考察一个溶洞出来后无法再回到山顶，只好在绝壁上一步一步下到深渊。饥渴难耐之下，我们吃了野生螃蟹，结果一行人几乎全部患了肺吸虫病，其中身体最好的老师几天之后去世，死因不明。我和我的一位作家同学王永贵（费声）都感染了肺吸虫病，好在抢救过来得以康复。

第二，我当年的扶贫创意，有一部分得到了实施，但还有根本性的建议没有得到实施。即使现在的扶贫力度比当年大很多，我还是认为在官阳这样的完全不适宜人居住的地方，达不到扶贫的根本目的。这次我终于知道当年的庙堂乡已经成建制地撤掉了，很多农民都搬去其他的地方生活。

第三，我们花了很多精力解决经济结构两头的问题，一头是限制私人资本对金融资源的控制和占有，灭掉若干个私人资本大规模控制金融资源的"系"，防止金融寡头出现；另一头通过精准扶贫的扶贫攻坚战来尽可能消灭贫困，解决发展不平衡、不充分的主要矛盾，这是社会主义本质的要求。但是对于巨大的金融市场，公有制控制的低水平运转的金融市场如果开放，没有能力和发达国家的金融机构竞争，也面临一定风险，这是倒逼金融改革之举。而对于扶贫，以中国目前的实力来看，不是大问题，关键在于我们给贫困地区经济发展带来的长效机制是什么。

第四，官阳镇上虽然表面有些繁荣了，但是我们的文化教育进步了吗？唯一庆幸的是老百姓还没有像城里大多数人一样变得利欲熏心，仍保持着淳朴的民风，但是我们的文明素质、文化内涵并没有提高，繁荣的表现下，我们的综合规划、环境治理、社会治理还是欠账严重的。

第五，中国在扶贫的方法上应该要创新。习总书记提出的精准扶贫的模式绝不应该仅仅是党和政府的事情，也不应该是东西南北一个模式，应该充分发挥社会力量的作用，从科研、教育、产业、金融的角度，鼓励更多社会力量参与，提高扶贫的专业含量和技术含量。

第六，除了关注贫富两端之外，中国最应该培育的是位于社会中间的中产阶层，激发中产阶层活力，减少他们的压力。这才是促使中国更强大的根本方法。

第七，从官阳看乡村振兴战略。乡村振兴战略是涵盖中国所有农村，包括贫困地区的发展战略，很显然，在官阳这样的地方，看不见乡村振兴战略的影子，把扶贫与乡村振兴当成两件事情，各地在理解乡村振兴战略方面还不到位。

中美两国，一个是公有制主导，一个是私有制主导，在中国从北京到最遥远的农村，都可以看到公有制主导的力量和优势；但同时，我们也可以从北京到最遥远的农村，看到我们在利用市场和社会力量方面与美国的差距。

社会主义市场经济真是一门系统的科学，我们还需要努力学习和实践、思考。我觉得这也是每个公民的职责。

30年后重回官阳，虽然在短短的时间里我已发现今天我们很多扶贫攻坚的工作在官阳这样的大山里尚有困惑，但我觉得自己还是没有完全深入下去，好想像当年那样，一家一家地从容地拜访，贴心地交谈。很遗憾，对我来说时间太奢侈，期盼着什么时候能再来一次，我深深地爱着这里的一切！

第二，调整城市化率。

评价一个国家是否发达的一个重要标志就是城市化率。中国从改革开放初期到今天，已经把城市化率提高了很多，成绩惊人。但是中国的城市化有一个问题没有真正解决，我认为仍是不完整和不充分的城市化。城市化的标准，主要是衡量从事农业种植、养殖的人口占总人口的比重，中国的这个比重是非常模糊的。虽然绝大多数农民已经通过进城打工改变了他们的工作和生活方式，改变了原有的收入来源，家庭总收入中，来自于农业种植和养殖的收入已经占不到20%，但是有一个长期问题没有真正解决，那就是农民的身份。由于农民没有城市的身份，也就没有城市户口，在城里没有社保，没有办法解决子女入托、入学、购置住房，享受医疗保险等。所以实际上是人进了城，身还在农村，在农村还有家、有户口、有宅基地、有承包地。

这是一个巨大的、复杂的社会问题。改革开放把土地承包给农民，解决了农民的自由与生存问题，但是农村和城市的二元结构没有被打破，一个巨大的问题留到了今天，造成了最大的发展不平衡和不充分。

新时代必将勇敢挑起这副沉重的担子，并且把它当成社会主义主要矛盾要解决的问题，毫不含糊。

我不清楚中国的城市化率是怎么统计，我认为中国城市化率提高得太快，这么高的城市化率我认为更多是房地产城市化率。房地产城市化率提高过快，如果支撑城市化率的制造业、服务业收入和税收、就业、人均国民收入跟不上，这个城市化率是要出问题的。

解决城市化和乡村关系，破解城乡二元结构的解决的方法就是乡村振兴战略。

这个问题在过去就是一个疑难杂症。在这个领域的很多专家、学者，尤其是掌握着政策制定权和给中央决策者提供决策参考的专家们，他们多年的观点都是保持今天的农村现状，即使土地流转，即使土地"三权分置"，也不要去对土地下乡大动干戈，即使在今天习总书记提出乡村振兴战略这样的伟大构想之后，他们依然保持着原有的观点，不敢去面对这个巨大的深层次的改革空间。其实，中国的农村在面临巨大的困惑时候，巨大的商业机会也随之而来了。

第三，实现产业结构调整和转型升级。

产业结构调整和转型升级是创建美好生活的基本要求。中国的产业结构调整首先是第一、第二、第三产业结构的调整，通过逐步减少第一、第二产业的比重，增加第三产业的比重来实现产业结构的优化；除此之外，中国需要在国民经济收入结构中，减少进口的依赖，减少投资的拉动，提高消费的比重。随着居民收入的提高，消费需求增长得很快，2017年，社会零售消费总额达到366262亿元，比上年增长10.2%。但是消费增长的同时，供给侧力度不够，消费外溢比较严重，进出口贸易顺差收窄，而我们又面临扩大进口美国商品，缩小中美贸易顺差的压力。

从这些结构来看，中国产业结构中的产业链和价值链在全球产业分工中明显处于劣势。整个产业结构需要提高产业附加值，从产业链的中低端走向中高端，这个调整的难度同样很大，需要加大技术投入和提高技术研究水平，提高技术成果的转化应用水平。如果中国和发达国家同步完成工业革命，现在就已经进入发达国家阵营，就能和发达国家同步发展自己的产业，找到适合我们产业发展的最佳结构。关键是中国在历史上错过了这个机会，和发达国家相比，我们属于发展中国家，而且发展到现在的水平仅仅用了40年的时间，和发达国家的工业化、现代化200多年的历史积淀不一样，我们的产业构成是严重不平衡的，而我们往往看不到整个系统性的差距。面对和发达国家这样的差距，我们还一味强调"独立自主、自力更生"的传统观念，在发达国家已经有现成参照学习目标的情况下，什么东西还都靠自主研发来达到追赶人家，实际上会是巨大的浪费。

我的建议是，必须通过多层次的国际化，尤其是通过从贸易国际化到资本国际化的转变，通过产业整合、跨境重组并购和产业集群导入的各种创新方式，来改革产业结构调整方式。

第四，新时代必须要提出新时代的发展目标和战略。

新时代最激动人心的当然是要在20世纪中叶全面建成社会主义现代化强国的奋斗目标。这个目标分为三个阶段：从现在到2020年，全面建成小康社会；到2035年，基本实现社会主义现代化；到20世纪中叶，全面建成富强、民主、文明、和谐、美丽的社会主义现代化强国。

这样的目标听起来绝对是令人振奋和激动人心的，但是它们的实现确实需要动员全体人民共同奋斗才有可能。我认为，影响中国实现这些目标最大的障碍不是我们不聪明、不勤奋，而是我们的深层次体制障碍。这种体制障碍就是社会主义公有制主体和市场经济的融合性障碍，这个障碍在中国经济从高速度到高质量发展的过程中会遇到很多深层次问题，而这些问题我们过去都没有遇到过。

第五，社会主义新时代必须要有新时代的经济、政治、社会、文化的发展方式。

根据2018年全国人大和全国政协会议所做的宪法修改和党政机构改革来看，从十九大到全国两会以来，中央要实现"三个发展"目标的所有理论准备、组织准备、机构准备、人事准备已经全部完成，完全有别于过去已经走过的40年道路的新时代开启了。

所以这个新时代一定是一个理论创新的新时代、制度创新的新时代、深化改革的新时代、科技创新的新时代、发展方式的新时代、文明的新时代……

那么，新时代给经济发展、金融业、创业创新带来了什么样的空间和机会呢？

我认为，所有这些机会一定要从开放的空间去寻找，这个开放就是向发达国家的开放。在整个过去40年的过程中，改革和开放是两个重要的主题词，改革不够，简单开放，会丧失我们对于经济和金融的主导权；改革力度加大，但是开放程度不够，难以提高中国产业和经济的质量、技术水平。但是过去40年，我们在经济领域的改革和开放程度远远高于上层建筑领域的改革开放程度。以我多年考察、工作的经验看，中国目前和发达国家最大的差距已经不是制造领域，而是金融、医疗健康、科技、教育、文化体育这些领域。为什么会在这些领域呢？这些领域至今还牢牢掌控在政府管制下，而我们在这些领域开放力度不够，最大的代价就是发达国家最强大的产业正好是这些领域。它们几乎都是以服务业为主，轻资产为主，高产业附加值为主，不破坏生态环境，不消耗自然资源，而这些最需要开放和学习、最需要发展的领域，开放度反而是最低的。

习近平主席已经在博鳌亚洲论坛上宣布了金融的开放信号，我相信对金融都有这么大的开放力度，其他上层建筑领域的开放力度也会加大。那么加大开放力度之后，中国创业创新的机会在哪里呢？我觉得就在全球化的机会上。因为如果不开放，海外的优势产业进不了中国，中国的国际化程度也提高不了，中国企业和资本也走不出去。一旦开放，发达国家的金融、教育、文化、卫生、健康、医疗都可能进入中国寻求市场机会，这个时候的中国已经有巨大的经济总量和强大的投资融资能力，中国各行各业的企业就可以通过全球并购、对外投资和合资及授权经营的方式，加大中国和发达国家产业之间的互联互通，资本走出去，产业带进来。在这些领域就会出现非常巨大的投资创业和创新机会。

例如，我们利用十年来在发达国家的合作、并购，掌握了非常丰富的全球产业资源。我们在考察山东菏泽经济技术开发区的时候发现，菏泽生物医药产业（实为医药工业）产值达到780亿。但是这些产业里，几乎一半是医药中间体和原料药。这些产业的附加值都很低，在全球产业分工中完全处于中下游，高级仿制药很少，原创药为零。几乎是这个城市最大的产业都是这样一个水平，怎么能够支撑城市经济的发展？产业转型升级的目标很清楚，不是淘汰这些产业，而是将这些产业从中低端向中高端发展。应该怎么发展呢？

我提出的发展建议就是我们和菏泽经开区合作，帮助其提出产业转型升级的产业规划方案，根据这个方案，我们负责从全球发达国家引进医疗健康产业领域的高端产业资源，以这些产业为主导，与菏泽当地企业通过资本的纽带进行重组、并购、投资、研发、整合，在菏泽形成现代医疗医药产业集群，吸引大量投资者、创业者合作参与，在帮助菏泽实现产业结构调整升级和新旧动能转换的同时，我们也会在经济产业园区设立、创办和产业集权有关的产业研发孵化体系，吸引各地风险资本和创业者来此参与创业创新，形成中国城市和发达国家产业集群与各种投资融资在菏泽地区的高度融合。这样的创新思维和全球产业视野获得了菏泽领导的高度认同和支持。

观念和思维的新时代

既然是新时代，就必须要进行一系列的创新，创新必须是全面的、深刻的。我认为首先需要的就是观念和思维的创新。

改革开放40年来，我们在观念和思维上已经做了很多的创新，没有这些创新是不可能完成改革开放40年大业的。但是由于这40年过程的艰巨性和复杂性，很多观念和思维没有被大胆地探索和突破，或者是有更多的实践，而没有从理论上、观念上、思维上解释澄清。

比如，"邓小平南方谈话"中说："计划多一点还是市场多一点，不是社会主义与资本主义的本质区别。计划经济不等于社会主义，资本主义也有计划；市场经济不等于资本主义，社会主义也有市场，计划和市场都是经济手段。社会主义的本质，是解放生产力、发展生产力，消灭剥削，消除两极分化，最终达到共同富裕。就是要对大家讲这个道理。证券、股市，这些东西究竟好不好？有没有危险？是不是资本主义独有的东西？社会主义能不能用？

允许看，但要坚决地试。看对了，搞一两年对了，放开；错了，纠正，关了就是了。关，也可以快关，也可以慢关，也可以留一点尾巴。怕什么，坚持这种态度就不要紧，就不会犯大错误。总之，社会主义要赢得与资本主义相比较的优势，就必须大胆吸收和借鉴人类社会创造的一切文明成果，吸收和借鉴当今世界各国包括资本主义发达国家的一切反映现代社会化生产规律的先进经营方式、管理方法。"

后来的领导人基本遵循了邓小平的讲话去尝试、去改革。通过这样大胆的改革和尝试，几十年过去了，证券、股市这些当初有严重分歧和争议的地方，再没有人争论了，但也一直没有从理论上说清楚。当年邓小平同志说，计划经济不等于社会主义，资本主义也有计划；市场经济也不等于资本主义，社会主义也有市场，那么，我们今天是不是也可以来好好研究下资本是什么东西，是不是企业有了资本、国家创建了资本市场，就是资本主义了。

过去我们由于没有澄清理论，大家避讳"资本"二字，只能把企业改制叫股份制，而不敢叫资本化；不敢把公司资本称之为资本，只有把资本市场称为证券市场；我们的现代金融学里，只有关于银行、关于货币的学问，而没有关于资本的学问。著名股份制改革专家刘继鹏先生多年来根据他的理论和实践写成了《资本金融学》，至今为止也仅仅是一部学术著作而已，并没有成为官方认可的资本金融理论体系。

对于党的十九大提出的乡村振兴战略，我认为就是从根本上解决中国城乡二元结构最好的方式。过去因为理论问题而在很多方面都不敢突破。

我认为中国的"三农"问题的第一核心是土地问题，第二是农民的身份问题。多年来，关于农村土地问题一直处于争论之中，没有一个改革方案能够出台，40年的改革就没有一个真正意义上的农村土地改革方案成为国家认可支持的方案。我们要坚持社会主义制度，就不可以将土地私有化，这个共识和原则必须坚持。但是在这样一个共识的前提下，有什么方案能够解决公有制前提下的土地集约化经营呢？完全没有问题。但是每一个改革创新方案需要具体实施的时候，政府就缺位了，就成了土地经营者和农民之间的事情了。没有一个政府敢于主动出面来找到很好的解决方案，也许最大的考虑就是，一旦政府出面流转了土地，经营者没有能力持续经营下去，当这些土地回到农民手上的时候，政府就可以免责，不用承担责任。

2017年，中央一号文件终于出台了在保证农村现有基本经营制度下的土地流转"三权分置"改革方案。根据这个改革方案，才使中国"三农"问题找到了彻底解决的根本性突破口。

农村土地改革的"三权分置"可以解决什么问题呢？

第一，农村土地经营可以从分散经营走向集约经营，农业产业化才有可能达到较高水平，达到乡村振兴战略的产业兴旺的目的。

第二，不仅是农地流转，必须以村为单位或者以乡为单位进行包括农地、宅基地、集体建设用地等所有农村用地的流转，才有可能对农村进行统一规划，才有可能实施统一的乡村建设，达到乡容整洁、乡村美丽的目的。中国改革开放的40年中，城市化发展过程是对城市规划的过程，大量曾经的乡村都变成城市了。但是没有被城市化的乡村有的变成了城中村，杂乱无章。

第三，解放了农民。在保障了权益之后，农民再次从土地中解放出来，获得了新的自由。这就为解决最为棘手的问题找到了根本的解决机会。

我们也看到，这次两会之后，党政机构改革的内容里，农业部改成了农业农村部。这个改革充满想象。为什么叫农业农村部？为什么不叫农业农村农民部或者"三农"部？叫农业农村部的目的，是让农业部不仅管农业，还要管农村。过去农业有人管，农村没人管，农村就在农业的无序发展和城市化的侵蚀下，严重破败。大部分农村没有空间规划，没有地下排放系统建设，没有各种综合管网建设，没有垃圾处理方案，没有环境保护措施，没有对农民居住的村落进行统一规划。

但是为什么设立农业农村部而不设立农业农村农民部呢？首先农民是按照村民组织以村为单位进行村、镇（乡）、县、市这样的组织进行管理的，不适合再有一个部级单位进行管理，同时，也给彻底解决城市化之后城镇居民和农村居民的二元结构留下空间。现在到了彻底解决城乡二元结构的时候了。最彻底的解决办法就是统一居住户口，不再分为农村户口和城市户口。农村人口可以到城市工作、居住、就业，享受城市的医疗、社会保险和受教育的权利；城里人同样可以到农村从事种植、养殖、生产加工和服务。只有人的身份平等了，发展才能平衡。

如果乡村振兴战略在中国大规模开展起来，广大的农村真的可以成为投资和创业最广阔的天地。

"邓小平南方谈话"中还提到，我们要赢得对于资本主义的比较优势，必须借鉴和吸收人类社会包括发达资本主义社会的一切文明成果，以及经营方式和管理方法。在对外开放过程中，我们40年来已经在很多方面引进了发达国家的成果，但是我认为中国过去改革在经济部门的力度比较大，在上层建筑领域的力度不够或者方法不好。

比如在金融领域，由于我们是社会主义国家，注重公有资本和资产的保护和保值增值，但是对于私人资本或者私人财富、家族财富缺乏应有的法律保护和重视。国内高净值人群已经形成一个巨大的精英阶层，针对这个阶层的专业化服务不仅有利于保护这个阶层的人才，也有利于将他们的资产利用起来，发挥更大的作用，不然他们的资产流失会非常严重。

为什么不可以创办私人银行呢？所有人都知道，瑞士是全世界银行业最发达的国家，拥有这样的信用首先是因为中立国身份，同时，瑞士有非常高水平的管理私人财富的人才和丰富经验。中国就没有一家专业的私人银行，为什么不可以通过这样的创新来发展丰富的金融业呢？瑞士有很多家银行，主要是提供存贷款和结算服务，但是没有几家银行是中国的商业银行。瑞士除了瑞银、瑞士信贷这样的综合金融混业平台之外，绝大多数银行是私人银行。由于中国不开放私人银行业务，只有少数几家大型商业银行设立了私人银行部，但是私人银行部和专业的私人银行有着天壤之别。

这都是观念的问题。我认为最为重要的是新时代的人文观和价值观。这是一个敏感和复杂的问题，但我相信一定是我们必须要面对和解决的重大问题。

中国有最古老悠久并且传承广泛的哲学思想体系，不管是道家的思想体系还是儒家文化思想体系，这些思想能够在中国经历这么多的血雨腥风和苦难而传承下来，说明中国古代伟大而灿烂的思想是非常有生命力的。我觉得应当重新发掘中国古代以儒家文化为核心的思想体系中非常有利于中华文明复兴、构建人类命运共同体的思想，从国家人文精神重建和家族文明重建的角度，把中华传统文明发扬光大。

当然，这个话题太大了。但是我相信这是新时代必须面对和要解决的问题。只有物质的极大丰富而没有精神的富有，我们也是不能实现美好生活的。

技术新时代

技术的新时代是最让人心花怒放的，也最容易让人走火入魔。人类历史上出现了一个最有趣的现象：当几个世纪以前中国还是农耕文明时代最强大的国家时，西方列强突然进入了一个我们完全陌生的新时代，那个新时代产生了第一次工业革命。西方人利用工业革命发明和制造出来的军舰开展大航海、地理大发现，但和我们谈合作的时候被拒之门外，因为我们是泱泱帝国，彼为蛮夷。结果因为制度的落后，我们成了工业革命的牺牲者，大国由盛而衰。

但是，当西方文明通过资本和技术相结合的产物把工业革命推向极致的时候，发达国家出现了一系列问题。资本主义制度带来的繁荣也成为这个制度沉重的负担，而中国通过40年的奋发图强、奋力追赶，在还没有完成工业化、尚未达到和发达国家同等水平的时候，科技变化的日新月异、各种变革和技术颠覆让我们眼界大开。于是，中国一方面不断地追赶发达国家的技术、管理、商业模式，另一方面开始全面拥抱新科技。

我曾经去看一个朋友的汽车企业，那是一家专门制造廉价汽车的企业，每年可以生产几十万辆车，每辆车的零售价格也就几万元人民币。但是，就是这个造汽车不到20年的企业，已经在制造智能网联汽车，如果再配置上一个智能驾驶系统，几乎就是未来汽车的概念。我去参观的时候，却发现这家企业的汽车在设计上没有任何现代设计感，制造工艺上连接缝都不严密，一边大约有一厘米，另一边大约两厘米。这个无异于那个农民造飞机故事。

我在德国曾经考察过一个创业公司，完全是另一番状态。在宝马总部，我参观了其刚刚全球发售的最新产品，汽车电子技术的应用非常炫目。两天后，我到法兰克福郊区非常偏远的一个小镇上，一个刚刚从宝马辞职的自动驾驶系统工程师发明了一套装置，把宝马车的电子技术原理应用在自行车上，让人在骑自行车的时候有非常好的体验和安全性。

也就是说，当我们的电子商务进入全球采购的时候，当中国的支付宝二维码贴满全世界各个超市，为中国人的出行带去很多便利的时候，我们不要好大喜功，不要以为我们的科技已经领先发达国家了。中国在很多高端技术方面还处于落后状态。

在汽车、航空、发电的动力系统方面，中国缺乏核心技术；我们的民用航空器制造缺乏核心技术；半导体芯片设计和制造、半导体芯片制造设备、各种医疗设备和器械、碳纤维材料以及应用工艺技术、生物医疗技术、超高精度机床、智能机器人、精密仪器、工程机械、轴承制造、光学产品、发电用燃气轮机、环境保护和处理、石油化工设备、大功率光伏逆变器、大型石油化工设备、各领域动力总成、特殊钢材、复合材料、各行业综合服务以及综合解决方案等领域的技术研发和制造工艺与发达国家还有很大差距。其实除了技术本身之外，我们更缺乏和技术相关的综合工业服务、软件系统服务、综合管理咨询服务、技术标准与检查监督、技术和公司、技术和产业、产业和金融、产业和城市等整个体系建设，我们和发达国家工业体系的差距更大。所以，新时代的一个非常重要的提法，是建立现代化经济体系。我认为中国在工业和经济体系建设上还远远没有跟上发达国家的步伐。技术新时代必须要和企业新时代、产业新时代、金融新时代、工业新时代、经济新时代形成完整的体系，这方面本来应该是社会主义制度的优势。如果把社会主义集中和整体化的优势与市场经济的效率和机制结合好了，我们的竞争力就更加强大了。

在传统产业领域中国还需要耐心追赶，但是中国在很多技术创新和应用上已经展示出强大的创造力和聪明智慧。

一个是移动互联网的应用。由于中国人口众多，市场巨大，为移动互联网在细分市场上的应用带来了无限的想象空间。虽然中国进行了严格的互联网管制，但是由于人口众多，互联网上网用户数量巨大而且活跃，互联网大数据成为巨大的可应用开发资源，所以中国迅速开始创建互联网云中心，并且在全国各地创建了大数据中心。过去在传统产业领域十分落后的贵阳，一跃成为中国最著名的大数据存储中心。大数据产业化的发展在促进计算机设备的发展，华为、浪潮、中兴通讯这些企业在获得巨大市场份额的同时，又把大量资金用于全球技术中心的投入，网罗了世界一流的现代通信技术专家。

大数据存储技术的发展和大数据中心的建设，推动中国移动互联网应用出现巨大的创业机会。电子商务彻底改变了传统的买卖模式；在阿里巴巴、京东、百度、腾讯等作为龙头的互联网电子商务的带动下，几乎所有服务行业都和移动互联网、大数据发生着各种融合，这些融合每天都在改变着传统的服务方式。这些服务方式的升级版是人工智能。随着计算机硬件技术，尤其是芯片技术以及传输技术的突破，包括即将开始的5G和IPv6的应用，互联网、物联网、人工智能未来对传统产业的改变会给我们带来更大的想象空间。

区块链是另一个新的物种，是互联网时代的又一个升级。我们从互联网的通信功能到传播媒介功能，再到互联网电子商务功能，以及通过移动互联网创建的小微电子商务功能，已经构筑了一个强大的互联网商业生态。马云的新零售、新金融及通过阿里云生成的交易数据，使阿里巴巴独享了销售数据和消费数据，在这个数据的基础上，阿里巴巴把沉淀的资金作为货币基金，做了银行做不了的业务，通过支付宝做了金融零售业务，通过股权投资基金投资和并购交易数据稳定增长的优质企业，从而获得资本控制力。互联网的生态体系超越了资本主义鼎盛时期资本的垄断功能，也许还有剥削的功能。对于这样的新物种，中国政府给了连资本主义社会都不可能的垄断容忍，没有反垄断调查，没有反不正当竞争的拆分。

那么区块链又是什么呢？区块链这个概念出现的时候，引发了中国新一轮的所谓颠覆浪潮。绝大多数人还没有搞清楚什么是区块链的时候，它的概念已经普及到大街小巷。如果单纯就是一项互联网发展的应用技术，可能没有多少人会这么热衷，关键是可以通过区块链在创建发行数字货币、创建新的信用的同时，让数字货币的发行和交易成为金融产品、金融工具，而区块链就成了金融平台，且这个金融平台不受监管。影响力最大的数字货币是比特币，而比特币的交易、流通和炒作已经扩散到了世界各地，由于互联网属性和非政府金融行为，传统政府金融监管和国际金融组织对比特币的监管也难有什么效力，于是比特币的影响反而把区块链的作用超越了。

两年前，中国比特币领域最早的玩家几次邀请我深度参与其中，他们至今还是这个领域的领头羊、弄潮儿。邀请我的目的是希望给他们增信，毕竟金融信用还需要更多资深的金融界人士参与，这样更能够让市场接受。我一直关注，但从不发声。所有创新的东西在早期都是很神秘的东西，但永远不是谁参与得早，谁就可以笑到最后的。

区块链不论底层技术构建、区块链建设还是应用场景和应用效果都在早期阶段，一定不是先进去的人有坐票、后进去的人只有站票的结果。早期应该是更加专业的人士进行研究、开发、创建基础技术和应用设计，逐渐形成集群和群体优势，形成各种应用区块，然后再进入生活和工作以及创业的方方面面。一哄而上是中国人的天性，经历过无数次教训也改变不了。

对于目前的产业体系来说，互联网还处在早期，传统产业成为互联网的"内容"，有了这个"内容"，传统产业处于被动地位，被动接受互联网颠覆和塑造。但是我们不敢相信这种关系能够持续多久，当传统产业被颠覆的临界点到来时，我相信新的产业生态一定就会出现，资本和公司形态下的互联网最终将成为被使用的工具，内容重新成为王者。这个时候的内容，就是我们衣食住行、度假休闲、文化娱乐、身心健康等需求得到最美妙的满足。

所以，我认为新时代我们需要在不断创新、颠覆的同时还需要传承。我最近十年不断游走于中国和世界，不断把中国的产品、技术、公司、产业、金融、经济环境、法律以及政治与国外进行比较，反而觉得中国应该在许多方面放慢脚步。

回顾40年前，当我们打开国门眺望世界的时候，我们的心是脆弱的、惶恐的、迷茫的。记得1984年年底电视大学中文专业毕业实习的时候，我和同学乘夜船从上海吴淞口上船，三天之后到达珠江口，还是半夜。我们激动得睡不着觉，爬起来从轮船底仓的通风洞口眺望香港之夜的情景历历在目。我们身后一片漆黑，远处的香港灯火辉煌，这才发现资本主义并不是生活在水深火热之中，而落后的是我们自己。巨大的刺激和心理的落差永远在心中激荡，这样的情景就是我这些年来一直努力工作、勤奋学习的永不枯竭的动力！

我们追赶了40年，当我们每天都在听着"80后""90后"一个个颠覆的、迭代的，关于大数据、人工智能、网红、区块链、比特币这样所有对于未来已来的故事和憧憬的时候，我反而觉得看见的是无数裸奔者的画面。我跟着这些群体疯狂创新时，突然觉得我们是不是应该慢下来了，是不是不要太急于超越、急于颠覆、急于迭代？革命的目的不是不断革命，奔向美好的明天不是不断砸碎和丢弃昨天。

所以，新时代的技术绝不仅仅是明天的技术、未来的技术，也包括我们对千百年来无数祖先们给我们创造的所有，包括农耕时代、封建时代、古罗马时代、明治维新时代、法国大革命时代、工业革命时代创造的所有技术和文明成果。

当然，由于很多基础技术的突破，人类在技术进步方面的速度已经有太多的专家、学者去预测。人类用200多年的时间从农耕文明走向工业革命，完成了两次工业革命的进程。但是，从第二次工业革命到计算机时代的第三次工业革命只用了几十年时间。互联网和移动互联网又把计算机推向一个新的时代。移动互联网、大数据、云计算刚刚开始，人工智能已经又成为人们可以预见的新的工业革命时代。新能源还在变革之中，而移动互联网和物联网又把各行各业关联起来，这种关联已经不是简单地网络交互，而是一个个生态体系被虚拟世界重建起来，跨语言、跨国度、跨种族、跨行业。所以，在接下来的时间里，大面积的、全面的技术突破和创新已经难以预测，这些新科技给商业带来的颠覆和冲击同样让人难以想象。在技术领域创业的机会越来越多了，但是技术领域被快速取代和颠覆的可能也让创业的失败率越来越高。

前不久，吴晓波的企投会组织学员来到杭州的吉利汽车总部参观学习，主要由我和吉利集团副总裁李轶梵一起给大家分享吉利并购沃尔沃的案例。李轶梵在介绍完吉利汽车的整个国际并购历程之后，我把我对吉利并购沃尔沃的科学的整合逻辑给学员做了分享。我的观点是：吉利并购沃尔沃是这么多年来中国企业海外并购最成功的案例，之所以说最成功，是因为这个并购交易完成七年来，并购所带来的整合效应已经用时间和业绩给了证明。这个证明包括几个部分：第一，作为一个草根民营汽车制造企业，在进行这个并购交易之前，完全不被中国主流的汽车企业看好，成功地通过这个重要的战略并购，一举成为世界汽车产业的著名企业；第二，通过这个并购，不仅挽救了世界汽车产业领域的一个百年老店，还使这个在汽车行业里的二线品牌一跃成为一线品牌；第三，吉利汽车本身通过沃尔沃在技术、工艺、设计和管理方面的反哺，实现了吉利汽车品牌的全面提升。所以我在总结吉利并购沃尔沃的时候，用了马克思在《共产主义宣言》里的经典名句，吉利并购沃尔沃所表现出来的气质印证了"无产阶级在这场革命中，失去的只是锁链，而他们得到的将是整个世界"。

但是在大家津津乐道于吉利汽车成功并购沃尔沃的时候，我提出了一个问题让李轶梵回答。我的问题是：大家都知道，今天全球汽车产业的格局是第二次工业革命的产物，而第三次工业革命和第四次工业革命的到来，将使汽车产业发生颠覆性变革，这些变革在汽车动力、汽车出行功能、汽车生产模式、汽车与大数据、移动互联网、人工智能等很多方面和今天完全不一样，这个改变也许就在十年内发生。那么，处在这么一个时代转折点，吉利为什么要花90亿欧元之巨，去投资并购传统汽车龙头戴姆勒呢？正如世界汽车巨头丰田集团的董事长丰田章男在2017年业绩发布年会上所说的那样，丰田汽车在业绩最好的2017年，反而到了生死关头，担心的就是科技变化太快，对传统汽车产业带来颠覆性冲击。

一手主持戴姆勒并购交易的李轶梵显然不便回答这个敏感的话题，之前也没有看见吉利掌门人李书福本人对这个问题的解读。

新时代科技进步给我们带来美好的同时，同样会带来许多社会困惑。阿里、百度、腾讯、京东、小米在狂欢的盛宴中，如影随形的焦虑、失业、艰辛同样显而易见。

模式新时代

过去40年的中国开创了很多模式。政治、经济、政府、产业、市场、企业等从计划经济走到市场经济，都是巨大的模式变革和创新。从计划经济到市场经济的转型走过了40年，是一个从思想到观念到机制到模式的剧烈与渐进的过程。

新时代的现代经济体系在社会主要矛盾发生变化之后，在国际国内经济环境与地缘政治、地缘经济发生变化的时候，所有已经形成的既有模式也会进入新的时代。从高速度到高质量，也是对所有既有模式的新要求。

模式是行为主体和行为客体之间的抽象结构形式，当行为主体和行为客体的内在结构发生变化的时候，模式也会发生变化。

当货币在早期形成资本进入工业革命的时候，货币资本在工业企业和产业中的作用是举足轻重的。当资本集聚，创造了第一次、第二次工业文明的时候，私人资本所主宰的社会被称之为资本主义。这就是早期货币资本的力量和作用。

今天我们看到一个巨大的变化。在中国社会主义市场经济走了40年之后，金融和资本成为社会公共资源，绝不允许私有资本控制和垄断。我记得2004年审判德隆系的时候，唐万新在法庭上的陈述给我留下深刻印象，也对我的观念造成很大的改变。他说，他完全没有理解金融是社会公共资源，他通过资本控制这些金融机构，给国家、给公共资源造成了很大的损失，深感内疚。从监狱出来后，很多人在不同时间给唐万新建议：中国金融市场这么好的机会，为什么不回到金融领域？每一次唐万新都坚定回答，绝不碰金融。

很多人会认为，现在对中国这么多家民营金融控股平台采取措施，是不是中国要走回头路，不再改革开放，要回到计划经济年代？这种理解是非常错误的。作为资本市场专业人士，我经历过德隆系金融混业平台的搭建，非常清楚，一旦金融机构被大规模私有化，根据资本的贪婪属性和逐利的特性，以及资本的杠杆原理和规律，整个金融领域很快会被私人资本全部控制，然后再利用资本和产业融合过程中资本和金融的强势地位和天然的能力，很快就会把中国变为私人资本控制的国家了。

在这一点上，唐万新是非常英明的，也是识大体的。

从模式上来讲，是不是必须拥有若干个金融机构的控制权才能从事金融混业经营呢？其实也不是。真正懂得金融市场、金融机构、金融产品和混业金融服务平台的，完全可以搭建以专业人士为中心的平台，通过发掘市场综合金融服务需求，整合市场金融机构，建立混业金融服务模式，互联网时代更加如此。只不过目前中国市场还没有一个这样的模式。

我希望看到这一天的出现。

除了前面这个的巨大模式之外，我还发现了另一个倾向的出现，那就是随着技术进步、人才进步，传统工业时代的资本的主体地位也在下降。

改革开放初期，中国什么都缺，但最缺的是钱。但是中国在全世界的经济关系里面，由于存在巨大的市场空间，成为世界经济的低洼地带，于是全世界把钱和技术、产业都带进来了。由于技术进步及经济形态这些客观生态的变化，资本存在的内部和外部系统都变了，资本的主体地位严重下降。工业革命发明了蒸汽机、发明了电力、发明了汽车、发现了石油等，但是，科学家、发明家并没有因为他们的技术成果而成为资本家，成为主宰世界的权贵。

中国改革开放初期，没有实行私有化，几十年来获得最大的资本性财富的是国家，是国有资本。但是越到后期，国有资本的价值创造能力越减弱，是什么原因呢？还是资本的货币属性和货币价值，以及货币资本代表的控制力在严重下降。

BATJ（B:百度；A：阿里巴巴；T：腾讯；J：京东）这几家公司最大的价值是什么？是背后的资本吗？不是。不论这几家公司背后的股东换成谁，这些公司的价值都不会有什么变化，但是没有李彦宏、没有马云、没有马化腾、没有刘强东，这些公司的价值都会下降，甚至没有这些人就没有这些公司。工业革命早期和今天的货币资本的价值和非货币资本的价值被颠覆了。技术、团队、商业模式、市场资源和货币资本比较，货币资本的价值严重下降。阿里巴巴最终没有在香港上市最大的原因，就是因为阿里巴巴要求同股不同权。商业模式和团队以及少数资本持有人对于公司的控制权力要超过货币资本持有者的权力。

最近这些年互联网时代的创业行为，最能说明技术、模式、团队资本化的价值远远超过货币资本的价值。贾跃亭凭着互联网故事、"生态化反"这样一些全新的新时代概念营造，把手上那些只拥有货币资本的财务投资人以及各类资本家和资本玩家耍得团团转，即使投资150多亿进去、几乎全部打了水漂的货币资本投资人孙宏斌，也没有搞清楚贾跃亭这个新模式的逻辑。

滴滴打车、美团网、摩拜单车、京东等数不清的创业企业以及创业计划，都是在完全不盈利，甚至仅有几张PPT的商业计划书的诱惑下，资本估值已达数亿、数十亿、数百亿甚至千亿。虽然在这些企业和创业行为里，也有不少红杉、IDG、鼎辉这些资本平台的追捧者，但是决定企业、决定公司生死、决定公司价值的是货币资本吗？都不是了。

货币资本主义时代过时了。技术、创新、市场、资源、模式、商誉、团队资本化，已超越货币资本，主导货币资本的时代是最大的模式变化。以货币资本为核心，以公司治理结构、公司组织体系的纵向运营模式的2.0工业革命体系遇到了挑战。扁平化、横向商业结构、以不同节点为价值取向的新型商业生态所形成的合伙人模式可能对公司组织构成新的挑战。如果区块链发展应用进入成熟阶段，个体户会成为最大的经营群体。以汽车界为例，福特公司和特斯拉的对比最说明问题。

2017年特斯拉市值超过美国最大汽车制造商通用汽车，但是2016年的财报显示，2016年特斯拉全年营收70亿美元，销量76285辆，通用汽车的营收是1664亿美元，销量1000万辆。特斯拉的营收仅仅是通用的1/23。从利润来看，通用盈利93亿美元，而特斯拉却亏损6亿美元。如此大的反差看起来虽然是传统技术和新技术、传统工业革命和信息革命的差距，但背后所体现的资本价值显示出货币资本向新时代、新经济、新技术资本形态的屈服。

互联网时代和传统产业时代相比，创业行为和创业投资最大的特点就是真正好的项目、好的创意和好的创业团队都是没有钱就开始创业的，而货币资本还没有形成，项目的资本价值就已经估值到数亿了。有很多项目，货币资本投进去很多钱，估值高达数百亿的时候，公司还在亏损。所以，单纯的货币资本拥有者越往后越没有主导地位，你的投资机会如果没有非常专业、非常有影响力的投资人指引，风险巨大。

新时代的模式体现在很多方面。2018年全球最为紧张的事件莫过于扑朔迷离的中美贸易战了。原来以为特朗普上任，习主席美国之行可以构建中美战略合作关系；党的十九大之后，特朗普访问中国，签署数千亿美元贸易投资大单，中美大局一定，我们就可以迎来良好的国际环境继续发展中国经济，实现中华崛起的中国梦。殊不知中国"两会"刚刚结束，特朗普即签署对中国征税的文件，挑起中美贸易纷争。

一时间，国际国内舆论沸腾。国务院、外交部、商务部坚决回击，态度鲜明。中美贸易战还会出现什么技术或者技巧上的措施，我们没有必要去预测，也难以预测。但是有一个不可改变的事实一定会发生，就是中美之间关于世界第一大国的争夺已经开始了。

特朗普选择在中国"两会"之后签署征税文件是非常有历史意义的。因为"两会"通过修宪，中国将会在以习近平为核心的一个稳定的政治领导集体的领导下，实现中华民族的伟大复兴。中国在历史上曾经长期处于世界第一大国的地位，中华民族伟大复兴的目标毫无疑问是要回到世界第一强国的地位上去，本质上说中国不是在和谁竞争，不是要成为世界霸主，而是要实现对历史的承诺和人民的承诺。但是这个目标客观上会造成对于美国的超越，必然会受到来自美国的掣肘，形成中美之间的竞争，因为中国的发展不是封闭的发展，是在不断学习和借鉴发达国家先进技术和管理方式的基础上，结合中国人民的勤劳和智慧的发展。当然还有一个巨大的分歧，就是中国和发达国家之间存在的完全不一样的政治制度和价值观。

所以，在这样的背景下，新时代的创业创新模式也会出现很大的变化。

首先，我们不希望出现"修昔底德陷阱"[1]，但是作为一个大国，中国必须发展强大的国防力量。所以，利用军民融合模式的创新、创业，投资于军工产

---

[1] 修昔底德陷阱：指一个新崛起的大国必然要挑战现存大国，而现存大国也必然会回应这种威胁，这样战争变得不可避免。

业，具有很大的空间。

其次，随着中国的强大，中国大陆和中国台湾地区之间千丝万缕的经济关系也会发生很大变化，中国必须完成祖国统一。中国证监会以超快的方式审批富士康在A股上市，就是一个信号。中国台湾的企业家、资本和技术都有可能遵循一种新的市场逻辑和模式，与大陆发生投资融资关系。

再次，我十年前开始通过中日产业和资本的关系发掘"全球并购、中国整合"的商业机会，也同时提出这个创新的模式，预测将会出现世界第六次并购浪潮。之后也确实看到市场在往这个趋势发展，但是到了2016年，当中国资本海外投资并购超过2000多亿美元的时候，一系列问题出现了。国际经济政治环境以及中国对外投资、外汇储备等因素的变化，导致2017年海外并购急剧下降。我们手上开发的许多非常优质的海外并购标的也难以找到合适的买家。

通过2017年到2018年一年的思考和尝试，我们发现了一个新的模式创新机会——"产业、资本、城市"三位一体模式。

第一，不管中美贸易战怎么进行，中国已经和全球发达国家、发展中国家、不发达国家之间形成了以进出口贸易和投资为特征的产业链和价值链关系，我称之为"三链关系"。以发达国家为例，中国和发达国家之间在技术、资本、品牌、市场、原材料等产业要素之间的关系基本上是中国处在产业链的中低端，发达国家处在产业链的中高端，同时处在价值链的最高端。但是中国最大的优势在于，对发达国家价值链的最高端，中国已成为主要贡献者，中国对世界的贡献率已经超过30%。

第二，几乎所有发达国家的优势产业和技术应用都希望进入中国市场，但是对中国这个国家从文化、体制到价值观缺乏理解，充满不确定，对中国市场的进入方法不熟悉。

第三，发达国家的优势产业在工业革命进程中已经形成非常有规律的产业集群关系，分别分布在日本、英法德意、美加以及瑞士、瑞典、荷兰、西班牙、澳大利亚等国家，如果按照一定的模式，通过并购、投资、合资、产业整合、技术孵化、股权置换等多种方式，把这些产业集群导入中国，同样按照规律性分布，非常符合发达国家企业和产业意愿。

第四，党的十九大提出中国新时代经济发展要从高速度进入高质量发展模式，不再进行以速度为目标的GDP考核，通过产业链、价值链的重组整合方式，导入发达国家产业集群，与中国各地方进行深度融合，完全可以实现中国产业的新旧动能转换，也符合发达国家高端产业进入中国市场的需求。

第五，这些产业集群能否进入中国，关键是产城融合度以及链接产业、城市融合的金融、资本手段。这是中国目前已有的政府主导的招商模式所难以达到的，涉及产业、金融资本、城市规划建设等多方面专业和高超的组织整合能力。

在这样的模式创新过程中，同样存在全新的创业、投资、孵化和并购机会。一年来，我们在模式设计和项目试点过程中，几乎没有遇到一个反对者，不管是中国的政府官员还是企业家、金融家，包括国外的企业家和金融家也持同样态度。

但是问题同样出现了，这些创新的顶层设计模式需要产业政策、产业审批部门、金融机构、地方政府的高度理解和配合，没有这些配合还是不能落地。

制度新时代

早在改革开放进入到第十个年头之时，中国因为"东欧剧变""苏联解体"遇到过非常严峻的国家信仰危机。资本主义的优势和社会主义的劣势在20世纪八十年代末和九十年代初成为一个分水岭。在姓"资"和姓"社"这个问题上，国内也产生了巨大的争议。邓小平力挽狂澜，在坚持社会主义这个基本原则的旗帜下，毫不犹豫地借鉴西方发达国家的经验和文明成果，对于制度问题，提出"不争论""摸着石头过河"的方针。

随着新时代的到来，我们也进入了制度新时代。今天的中国可以扬眉吐气地说，必须坚持社会主义制度。在坚持社会主义制度的基础上，实行市场配置的主导地位。

在这样的国家政治经济制度之下，新时代必须进行一系列制度创新。有强大的国家经济实力作为基础，制度创新的力度一定会加大。我觉得这是新时代中国经济非常具有想象空间的地方。

改革开放是我们的基本国策，也是社会主义市场经济发展的制度设计。如何处理好改革和开放的关系同样涉及大量的制度设计和创新。比如，40年前进行改革开放的时候，改革和开放都是渐进的，也是收放有度的。

以整个医疗健康行业为例，改革开放之初，这个领域属于上层建筑，改革的力度和开放的力度都不够，因为涉及中国人的生命健康。国际上发达的医药工业和医疗服务进入中国都有很严格的准入制，整个中国的医药工业和医疗服务都主要是国内企业主导，发达国家医药企业在中国独资、合资都设置了较高的门槛。几十年过去了，开放度不够保护了中国医药企业和医疗服务行业，但同时，中国医药工业和医疗服务，尤其是高水平私人医疗服务行业水平与发达国家之间的差距也变得更大。

2017年10月8日，中共中央办公厅和国务院办公厅联合印发了《关于深化审评审批制度改革鼓励药品医疗器械创新的意见》，这项改革将在很大程度上加快医药工业改革开放的步伐。由于过去保护民族产业，开放度不够，国内医疗行业利益固化，产业水平很低。消费升级之后，造成大量消费市场外溢，供给侧跟不上市场的需求。到中国几乎任何一个城市，都会发现政府在产业规划中均有医疗健康这个产业，全中国到处都在创建健康产业园区，但是，整个医疗健康产业水平全面落后。如果在整个医疗健康产业通过制度创新和开放，从药品生产、医疗设备和器械、医疗耗材、医疗行业的新型信息化技术应用、可穿戴医疗健康器械、综合医疗服务、健康管理、生物治疗、抗衰老、保健、医学美容整形到养老产业都能够和发达国家处于同等水平，中国在这个行业的GDP增加值就将在数十万亿元的水平。所以，这个体制机制改革和开放带来的市场机会巨大。

国企改革也是一个老生常谈的话题。新时代制度创新同样包括国有企业改革的创新。当然，这是一个难点。全世界很少有国家把国有企业完全搞好的，中国从改革开放初期就开始探索国有企业改革。40年走来，国有企业数量减少了很多，但是资产总量却增加了不少。新时代国有企业改革同样需要制度创新。按照目前的改革思路来看，主要有几个核心内容：第一，坚持国有企业和资本的主导地位，加强党对企业的领导；第二，国家对国有企业管理从管企业到管资本，创建国有企业授权经营体制；第三，国有资本与集体资本、非公有资本在资本层面混合所有，实行混合所有制改革。

如何在公有制主导的基础上解决国有企业和资本的效率问题是一个世纪性难题。我的工作也经常在各个层面上和国有企业打交道，至今我还是国有控股上市公司中国汽研的独立董事。同样，我也和中国很多著名的民营企业打交道，并且，这些年来，由于从事全球并购业务，我和发达国家企业也打了很多交道。国有、民营、发达国家企业三者比较，我还是觉得发达国家不管大企业还是小企业，企业的整体运营水平都比中国企业高很多，代表着工业文明几百年的积淀。如果用木桶理论来评价，外国企业就像是一个很规矩的木桶，几乎没有木板长短的差别。而中国企业不管国有还是民营，很难看到一个企业没有短板长板之分，长短之间总是参差不齐。所以，新时代国有企业改革道路很长，还要看政府在制度设计和推动方面的决心。

我个人观点是：能够不用国有控股的国有企业，坚决不控股，完全市场化。国有资本监管机构只是履行出资人责任，同股同权同责同利；在必须控股的国有企业，只管资本到董事会层面，人、财、物完全市场化，不再国有国营。当然，在国有控股企业的制度设计上完全解决效率问题还需要更多的智慧。

有人不一定同意我的观点，认为新加坡的国有企业也是成功的典范。我基本不认同这个观点，新加坡的淡马锡也好，政府投资公司也好，都不是实体企业，都是金融机构，而且是高度资本密集型投资机构。这类机构和中国大量的国有实体企业是完全不一样的。我们看到这些年来国资委主导的国有企业重组几乎就是不断合并同类项，把相同行业的企业并到一起来增大企业规模，但是这些企业合并之后的内部整合做了吗？富余、臃肿的机构裁撤了吗？这在国有体制内都很难做到。

新时代来了，这样的世纪性难题有解吗？

对于这么高难度的问题，已经有科技型民营企业家刘强东和马云涉及。刘强东从人工智能的发展趋势，预测制造和创造过剩就会出现共产主义，而马云认为大数据的出现，可以实现计划经济。其实我觉得这些观点都还是在非常早期的片面的解读关于共产主义和计划经济——曾经让我们耳熟能详，又已经让我们很陌生的词汇。对于过去40年不争论的、埋头发展经济的敏感地带，目前官方还没有将这些搁置多年的话题拿出来进行研究、讨论。我相信党不会继续这样在理论不清晰、制度不清晰的政治经济环境里继续发展自己。最近一个公开的观点还是中国人目前仍然处于社会主义初级阶段。社会主义初级阶段的基本特点就是公有制主导下的社会主义市场经济，既然是市场经济就会允许私有财产、私有资本的存在，而且私有资本、私有财产的拥有人群还在增加，私人财富的数额也在增加。公有、私有并存的时候，公与私两种不同利益主体的不同需求一方面会让公有体制掌控者因为私利而寻租，造成巨大腐败；另一方面私有主体同样会出于本质性需求，总希望在公有体制内获得更多资源。虽说公有制为了提高效率，希望通过市场主导的配置模式来配置市场资源，但是所有配置行为的背后都和配置主体的所有制相关，于是我发现，配置不是由计划或者市场决定的，而是由在市场中起主导地位的资源所有者决定的。

我们最近做了一个创新尝试。我们知道最近几年中国的富豪和中产阶层都在把财富转移到海外。2015～2016年之间转移数额巨大，导致整个外汇储备严重下降。这对中国经济和金融安全影响巨大，中国迅速采取紧急措施来遏制外汇储备的下降。为什么会在这么短的时期之内快速下降呢？第一，是担心人民币贬值，因为中国结构性通胀已经很严重；第二，是中国实业投资和实业经营成本太高，从事实业经营的意愿下降；第三，国内资产性投资风险加大；第四，中国房地产这个保值增值的产品投资风险加大；第五，中国是公有制国家，私有财产、私有资本的法制安全保障和金融服务生态严重缺乏。中国严重缺乏吸引中国富裕阶层和中产阶层财富的金融服务机制。

这些问题，我觉得不仅是一个体制问题，而且是家族文明丧失、断层、残缺导致的。中国人均拥有和人均实际拥有的财富和发达国家相比还有很大差距，为什么会有人均实际拥有这个概念呢？中国是公有制国家，国家和公共机构占有财富的比例与发达资本主义国家是不一样的，中国人均拥有的财富被公共平台摊薄不少。直白点说，中国是国家富了，人民不一定富裕，当私有财富达到一定规模的时候，这些财富拥有者是没有安全感的。所以，我们针对中国这样一个财富观念和结构，认为中国必须以家和家族为核心，建立财富创造、财富管理、财富传承模式。这种模式在发达国家已经成熟，整个发达国家都是以私有制为基础创建的金融服务体系，所以私人银行、家族办公室、家族财产信托等金融机构非常发达。由于中国的金融服务体系主要是为公有制和公共资源提供金融服务的，针对中国高净值人群的量身定制服务在国家层面几乎就是空白。中国一些大型商业银行如中信、招商、民生等，由于主要功能是为所有泛银行客户提供金融服务，在私人银行、家族办公室业务领域没有竞争优势，这些领域的业务只是它们的差异化服务和产品之一。国内最近几年由于受到发达国家的影响，已经有一些民间创办的家族办公室平台创建起来，但是由于缺乏对于家庭办公室的专业理解和投资银行家的数量积淀，中国的家族办公室虽然数量增长很快，但实际上还处于初创阶段。

2014年，我在瑞士阿尔卑斯山谷的蒙特拿详细考察过具有300年传承历史的菲利普家族，通过和这个家族目前的掌门人菲利普本人的多次交往，彻底理解了菲利普家族这个单一家族办公室的内涵、文化、理念和操作模式。2015年在伦敦，我又发现伦敦的一个多家族办公室甲骨文。大股东兼董事长马丁先生也是一个非常资深的金融家，担任过伦敦交易所另类投资部负责人，在英国金融界有非常丰富的资源。甲骨文一共管理27个家族办公室，管理的家族基金超过10亿美元。通过和他们的业务合作，让我对家族办公室产生了浓厚兴趣。马丁先生也非常乐意和我合作，他第一次告诉我，家族办公室是投资银行家的最后一站。我们达成了在中国成立合资公司的基本协议，主要方法是我们和甲骨文在中国成立合资公司，可以用甲骨文的品牌，由他们培训团队，提供他们的商业模式、盈利模式和产品，中国市场业务由中国合资公司执行，海外业务由甲骨文去执行，与中国合资公司收益分成。但是我们后来还是觉得很多东西没有准备好，暂停了这个合作。2017年，瑞士最古老的私人银行邦豪客银行董事长和总裁来我们公司访问，这家银行创立了202年，是世界上最古老的私人银行之一，他们在和我交流之后，非常认同我的中国资本全球化的理念和思路，积极邀请我去瑞士参观考察。我在2017年年底专程去对这个私人银行进行深度考察之后，才对瑞士银行业有了真正的了解。中国是公有制的社会主义国家，金融为公有制服务，但是40年来已经通过市场经济发展起来巨大的私人财富怎么办？如果没有系统的金融服务，这些财富一定会流向发达国家，寻求投资理财和财产配置的机会。

几年过去了，我终于带着一种强大的使命感，决定要来创新私人和家族财富管理这项业务，但是我认为应该根据中国国情来开创中国私人财富和家族财富的管理创新模式。为什么一定要在这个时候来创办这样一个模式呢？也是因为党的十九大提出的中国社会主要矛盾的变化。中国已经从满足人民日益增长的物质文化需求发展到对于美好生活的需要。对于美好生活的需要是什么呢？很多人认为是有钱，但是中国人有钱就有了幸福吗？我从27年投资银行的从业经历中感受到，私人和家族财富的增长虽然满足了一部分富裕人群的获得感和高水平消费愿望，但是我觉得并没有增加多少幸福感与生活品质。问题的核心是金融的本质，私人财富和家族财富没有得到应有的尊重和法治环境的保护，所以有了钱也没有安全感。我认为除了应该从顶层设计角度去解决中国私人财产、私人资本的保护立法之外，中国应该关注具有几千年传承历史的家族文明。通过对家族传承历史的挖掘和中国思想史的梳理，来重构中国社会基本细胞——家族文明。

先人早在春秋时期就创建了中国古代伟大的哲学思想体系，这些哲学思想体系成为中国长期以来一直处于世界文明最发达的顶端的基础，也是中国国家兴盛、家庭幸福的思想基础。道家的天人合一、道法自然、遵循自然规律的思想，孔子的"仁义礼智信"都是中国封建社会几千年经济、政治、社会治理秩序的基本规范。那么，要在中国实现中华民族的伟大复兴，传统的中华文明和传统就是我们需要重建和复兴的基本内容。

所以，我的基本创意就是：以儒家文化思想作为基本内涵，重构中国家族文明体系。建立以家族为单位涉及家族愿景、家族理念、家风、家训、家规等内容的家族文明系统，以此作为提高中国人的文化素质、创建家庭和睦美好秩序的方法；同时，针对家族为单位的经营性和非经营性家族财富，编制家族资产负债表，定制家族财富创造、管理和传承模式，使家族财富能够在高水平综合金融服务体系管理下，通过全球配置，实现创造、管理、传承的三位一体；另外，在家庭生活方面，从家庭成员的健康需求全覆盖到家庭日常生活的科学管理，都建立系统管理模式，使整个家庭和家族在精神、财富、身体和生活三个维度，创造一个符合中国家族文明特征的生态系统。如果从这三个维度来创建中国的家族文明，对于整个中华民族的伟大复兴都是具有积极意义的，把中国的每个家庭建设搞好了，这个国家的文明程度就会大大提高。

我认为，一个国家从大的方面来看，就是三张资产负债表：一张是财政部、国务院需要随时关注的国家资产负债表，一张是企业和股东关注的企业资产负债表，还有一张就是家庭和家族资产负债表。对这三张表能够有科学的管理，这个国家的经济秩序就不会出问题；忽略任何一张表，都不是一个健康的国家。

所以中国式家族办公室和私人银行业务绝不是发达国家多家族办公室和私人银行模式的翻版以及简单借鉴，必须要注入中国几千年家族文明的传统思想体系和方式。这样一个创新模式的操作难度是什么呢？第一，创业者和运营者必须深度认同与懂得中华民族最古老的儒释道思想体系，以及对这些思想体系的现代解读。第二，需要整合全球高水平家族财富管理机构资源，为中国高净值人群和家族提供综合财富创造、管理和传承服务。好在中国刚刚宣布对外金融开放的政策，这对于全球私人财富管理机构、私人银行、家族办公室进入中国都是一个绝好的时机。第三，需要根据中国家庭成员的文化、健康、旅游、娱乐等各种生活方式来对接中国和发达国家的高品质美好生活方式，提高中国家庭生活方式的质量，创造中国家庭的美好生活。

世界新时代

全球化一定是中国新时代的主题。中华民族的伟大复兴不是关起门来就可以复兴的。中国历史上最强大的时候就是开放中的强大，而中国历史上开始衰落的时候又都是闭关锁国造成的。中国进入新时代也必须是中国走向世界的新时代。

　　40年的改革开放实际上是两个内容，一个是改革，主要是对内；另一个是开放，就是对外。开放也有两个内容，一个是开放"引进来"，另一个是开放"走出去"。过去40年我们更多是希望"引进来"，未来我觉得更需要"走出去"。但是我们更应该想清楚新时代到底什么东西进来，是谁进来，从哪里进来，进来干什么？进到哪里去？同样，我们也需要想清楚走出去的逻辑，谁走出去，走出去的是什么？走到哪里去？去了干什么？"进"与"出"的关系是什么？

　　从过去40年来看，"进"和"出"都有很大成绩，也都存在很大问题。

　　新时代来了，过去40年中国和世界的关系在政治、经济、文化各领域都不一样了，必须有新时代的世界观和世界地缘政治、经济战略、文化思考和人际关系。最大的特点是由于互联网的出现和新型信息化技术的发展，把世界和我们的距离拉近了。

　　无论创业还是投资，我首先还是希望大家看清楚中国和发达国家、发展中国家、不发达国家的"三链关系"。

　　中国和发达国家之间，因为发达国家规模巨大，经济实力强劲，占有中国最大的进出口额。如何在互利共赢的前提下，从礼尚往来的角度理解认识中国和发达国家之间的产业链和价值链关系，找到合理科学的投资、创业、发展逻辑，非常关键。

　　要制造业领域，中国处在中低端，正逐渐走向高端。产业要素的流动规律就是：中国从全世界采购原材料，在中国生产加工，大量初级产品、中级产品、部分高端产品出口全世界的同时，也在中国大量被消费。

　　新时代的趋势是：中国不断攻克技术难关，大量新技术在发达国家被研发出来，在中国找到应用、找到投资、获得市场；全世界最发达的移动互联网、支付结算体系大多用中国的系统，中国通过这些系统掌握了世界消费大数据，通过这些大数据获得企业、品牌、产品信息，然后这些企业要么被中国企业并购、要么到中国合资，要么授权中国生产销售。

　　中国人到世界各地旅游成为持续发酵的效应，中国资本会走到世界上所有的旅游景点去投资并购旅游景点和酒店、主题公园；中国国内旅游投资严重过剩和同质化，导致海外旅游投资成为中国资本的热点。

中国的开发区模式、产业园区模式会大规模进入发展中国家和不发达国家，农业投资、资源投资、加工业制造投资均有，成为中国帮助非洲、印度尼西亚、菲律宾、马达加斯加、东中欧的主要投资来源。

随着文化自信和文化艺术以及娱乐产业的发展，中国学生出国留学和来中国的留学生人数顺差发生变化，世界上众多国家的青年都会把中国的语言、文化、新技术和经济模式当成他们学习的内容。中国文化产品和文化产业、中国美食也走向世界。

中国的中医、中药在现代科技的推动下，形成巨大的国际化产业。乡村振兴战略把中药产业拯救出来，中药在防病、药食同源和现代生物技术的开发下，成为带有浓烈的中国文明色彩的产业，得到世界的认可。中药、中药器械、保健模式和中医外治都会成为中国产业走向世界的巨大内容，发达国家、发展中国家、不发达国家都可以接受。中药种植产业化甚至会进入很多国家。

"一带一路"虽然是2013年习总书记提出的带有一定地理概念的国际互联互通倡议，但实际上也完全可以理解为中国主导的国际化与全球化。由于中国产业门类齐全，也是发展中的大国，中国几乎和世界上所有国家都存在贸易、投资、合作的协同性，我相信中国即使有一天成为发达国家，也会因为幅员辽阔和地域的差异性，不会轻易淘汰什么低端产业，不会在全球范围内仅仅发展高端产业或者服务业，不会简单重复发达国家已经走过的道路，这样就会保持和这个世界广泛的、持续的互联互通和产业协同性。

同时，由于中国一再奉行互通有无、与人为善、共享共赢的合作原则，一旦让更多中国创业者、企业家、投资者渐渐掌握了国际化、全球性投资创业的原理和路径，新时代的中国在世界广阔市场里的机会就会开始。

对于世界新时代，中国的综合理解水平还远远不够。改革开放40年，中国还是主要以"引进来"为主，而我觉得世界新时代的到来应该从"引进来"为主走向"走出去"为主。由于历史原因，中国的国际化水平很低，首先是对于世界的认识和理解还不够；其次，我们是一个传统的国家，还没有习惯于形成国际化思维；最后，世界新时代的内涵还不清晰。

我认为，中国走向世界新时代，需要进行以下的思想文化观念的调整和准备：

第一，积极响应习近平总书记构建人类命运共同体的伟大战略思想，不要渲染强烈的民粹主义思想。爱国并不是狭隘的民族主义.

第二，注重人的国际化和世界性。虽然中国每年出境游的人数和比例都在上升，但是我们除了旅游、观光、度假之外，还应该多从学习、考察、参观、交流的角度和世界融为一体，虚心向各国学习，外国的文化、风俗、习惯、艺术、技术、文明、宗教等，很多是值得我们学习分享的。中国人要逐渐成为世界人。

第三，加大对中国和全球产业链、价值链的观察和分析。从简单的产品贸易、技术贸易、服务贸易走向更深层次的投资贸易和产业贸易，不仅从中国与全球进出口贸易和结算来研究和思考国际化与全球化，更要从整个进出口的产品和服务结构来研究中国的国际化。

世界新时代应该是人的世界新时代、观念的世界新时代、产品贸易的世界新时代、服务贸易的世界新时代、金融服务的世界新时代、投资资本的世界新时代，等等。

文明新时代

实现中华民族的伟大复兴，我觉得当下最需要构建的是我们的核心价值观。核心价值观的背后需要一个系统的思想体系。

中国是世界上文化唯一没有中断的文明古国，古老的文字、优美的诗篇、浩瀚的书卷、悠久的历史、美丽的神话虽历经浩劫，依然得以存续。但是，由于100多年来中国饱受侵略、历经战乱以及受到各种思潮的影响和冲击，中华民族悠久的历史文化思想体系也受到巨大伤害，尤其是在现代东西方人文思潮影响下，我们丧失了文化自信，很多观点都把这些年来中国的衰落归罪于古老的中华文化，把中华民族创造传承的生生不息的传统文化，贴上封建落后的文化标签。

20世纪80年代，当我们打开封闭的国门，呼吸来自世界各地的空气时，我们才真正知道自己已经落后发达国家很多年了，社会上顿时产生了对整个中国文明和中华文化一定程度的自卑感。我们在学习了西方文明史，学习了欧洲人如何走出中世纪的桎梏，通过文艺复兴解放人性和自由，开创了工业革命新时代的进程之后，满脑子都是对西方自由主义和人文精神的崇拜和对中国封建的、落后的儒家文化的批判和反思。于是我们崇拜日本、崇拜美国，在中日文化比较分析中反思我们文化的落后，在对欧美发达资本主义的自由与民主进行理解学习之后，同样产生了对中国的怀疑，对未来的茫然。

40年过去了，我们在不争论中走到了今天，曾经崇拜的西方式民主和自由渐渐从我们的头脑里淡化，但是绝大多数中国人的还不知道以什么样的思想体系作为自己的精神家园。由于信仰缺失，中国人的灵魂无处安放。在这样的状态下，我们创业是为了什么？我们挣钱是为了什么？我们活着为什么？

我们没有共识、共性的回答。

有人说，随着互联网的发展、时间的缩短和空间距离的拉近，人类的时空观念发生着极大的改变。文明的融合、文化的融合会随着互联网为核心的技术变化而改变。以地理和法律、民族建立起来的国家秩序和文明将逐渐被淡化，传统的文化价值观也会被颠覆，中华民族的传统价值观，不管是《道德经》也好，"四书五经"或是《论语》也好，都会在新技术革命带来的文明新物种的冲击下失去传承而消失。最近有人把北京大学从创办以来的历届校长的书法作品上传至社交媒体，引起围观，网友们看到新中国成立前后各任校长书法水平的鲜明对比，试图通过这样的比较证明今天的校长不如过去的校长有水平。对于这样的比较我不敢苟同，我还是认为时代变了，科技发展了，人们书写的方式都变了。从毛笔字到钢笔字，再到今天基本不用书写，是科技和文明的进步，除了书法爱好者，谁还会浪费大量的时间再用毛笔作为主要书写工具呢？文明的进程确实会改变我们很多的人文价值观和审美观，不能说今天的人不会写格律诗就没有文化，一个人没有掌握那么多古汉语和文化典籍知识，就不如古人。

不管科技怎么进步，不管未来人工智能把人类带到一个什么样的时代，我相信中国古代伟大的道家文化思想、儒家文化思想、佛教文化思想以及西方的基督教、古典主义哲学、康德、费尔巴哈、马克思都不会因为科技进步、社会变迁、政治经济秩序变化、一次两次世界大战的发生而发生什么改变。春秋时期孔子和他的弟子创立的儒家文化学说2000多年来历经风雨，一会儿被"焚书坑儒"，一会儿又"废黜百家、独尊儒术"，一会儿用于治国，一会儿用来兴家，甚至在20世纪70年代还被拿来"批林批孔"。即便如此，仍得以延续。在这样一个世界文明大融合的新时代，我觉得有一个非常重要的特征，就是经济力量和科学技术决定文明发展的方向。

新时代这个世界最大的看点就是中国的伟大复兴和中美的博弈。美国由于经济实力的强劲，虽然历史很短，但在科技和资本的推动下，不断向全世界强力输出其文明和价值观。麦当劳是典型的工业革命的产物，工业化和流水作业制造出来的食品没有多少餐饮文化的文明内涵，全世界消费者接受着这种没有美感的饮食的同时，被动地接受了西式快餐文化。美国没有悠久文明，但是它利用科技和文化产业发达的市场运行机制，把美国梦通过蜘蛛侠、美国队长、超人、绿巨人这样的文化符号让全世界消费。

中国的文明在新时代带给世界的符号是什么呢？我觉得有几个：第一是中餐，第二是中医，第三是中国的语言文化和艺术。

中国的餐饮早已蜚声海外，全世界所有餐饮品种加起来也没有中国多，中餐在中国常受外国人追捧，但是在海外的发展不尽如人意。原因是什么呢？还是中国的国际化观念比较弱。中国餐饮行业巨大，但是太分散，川菜、粤菜、京菜、鲁菜这些菜系都有很多发展和创新，但仅仅是菜系的发展、菜品的发展，餐饮店和行业的发展不够，餐饮业的大型企业不多，一些曾经做得很好的餐饮企业往往经不住市场的变化而大起大落，很多著名品牌也销声匿迹。最近海底捞火锅终于在经历低谷之后进入资本市场。由于这样一些原因，我们看到在世界各地的中餐厅越来越多，但是多数是一些独立小店和小品牌。只有国内餐饮企业成熟了，才会有好的餐饮企业走向世界。当然也完全不用排除直接在海外创业投资经营中国餐饮。随着中国经济的增强，代表中国餐饮文化、符合国际消费者需求的高水平中国餐饮，一定会成为中国新时代文化在国际上的重要标志。

中医在国际上也应该有一席之地。在现代医疗健康领域，中西医之争一直不绝于耳，其实各有各的优势。西医西药在发展变化，中医中药也在发生巨大变化。尤其是党的十八大以来，中央重视中医中药的发展，加大了对中医中药的投入和支持力度。由于中国经济实力的增强，人民收入增加，人们的健康观念发生了很大的变化。中医中药已经不是主要治疗手段，而是用于日常调理，尤其是中医外治有很多种手法，效果甚好，其中针灸更是非常神奇。

中药的问题比较严重。中药在国际上也很有市场，但是由于中国中药的种植模式存在严重问题，大多数中药分散种植，产品质量和标准难以统一，很难达到出口检测标准，以至于大量日本汉方药企业直接到中国建立种植基地。国内很多大型中药生产企业也都是直接建立自己的种植基地。如果不解决中药种植环节的问题，中国的中医和中药在国内都不能建立良好的市场声誉和信用，也难以随着中国经济的强大走出国门。

中国最有可能走出国门的是汉语和汉语教育。中国的强大会使世界各国人民愿意更多地了解中国，而了解中国最好的途径毫无疑问就是语言，包括以语言为根基的文化和历史。弱国和强国的交往一定是弱国学习和接受强国的语言和文化历史，尤其是在开放的时代和全球化的时代。中国的经济发展和中国经济的全球化，使中国与世界各国在贸易、旅游、投资、交流方面越来越频繁，如果需要和中国打交道，来中国考察交流，语言很重要，而中国又是一个母语文化非常强大的国家。过去我们没有更多地意识到这个问题，虽然有孔子学院在世界各地传播中国文化和语言，但是这个半官方的机构的国际影响并不太好。我建议国内民办的大学随着"一带一路"的推动，随着中国国际化程度的提高，一定要把眼光放在本土教育国际化这个领域。一定会有越来越多的外国人到中国学习中文，那么为什么不可以到国外去面向外国人创建私营的教育机构，或者与外国私立大学共同创办学习中国语言和中国文化的教育机构呢？到国外开发、投资和中国语言、历史文化有关的教育事业应该是一个不错的产业。

我认识一个退休的美国银行家，因为娶了一个意大利哲学教授，退休后定居在意大利。他在一个非常古老而著名的中部小镇发现一个废弃的兵营，这个资产是当地政府的闲置资产。兵营和著名的古镇在建筑形态上显然存在文化冲突，这位美国银行家很想联合几个国家的投资者，把这个地方改造成为一个国际文化艺术教育基地，他带我和该市市长沟通，市长非常支持他的想法。他和我交流的时候，我建议由我来找一家中国从事文化艺术尤其是创意产业教育的机构，和他们一起来创办教育基地。这个机构在这里主要输出中国职业技术学院的学生，由意大利当地提供各种时尚设计、创意、工艺、服装设计、珠宝设计和加工业课程，学成回到中国就业。通过国际教育的渠道，把中国学生带到国外学习职业技术，比所有高中毕业生都去上大学学商科、学工科、学金融，毕业之后越来越难找到工作更好。

中国的投资者、创业者不仅要关注投资、并购外国企业和外国项目，随着中国的逐渐强大，还要关注作为国际投资、创业的项目，同样有很大，市场空间的中国元素。

在学习、了解西方文明的时候，一定不要按照西方的成熟模式来照搬照抄，尤其是在服务业领域，中国古老的文化、悠久的历史历经千百年的传承有很多精华。前文提到我们正在创办一个家族传承平台，对东西方进行比较之后，我们感觉不是要创办一家单纯的家族办公室，也不是要创办私人银行，中国金融监管当局没有批准创办一个私人银行，我希望创办中国第一个真正意义上的家族传承平台。

我认为中华民族的伟大复兴首先是文明的复兴，不仅仅是这个国家多么富有，这个国家的人民多么有钱，更要让世界知道这个国家的人民有多么高贵的品质、多么丰富的知识、多么优雅的举止和多么自信的文化气质。

我想到了中华民族文化的复兴和文明的重建，我认为应当把中华民族悠久灿烂的历史文化精髓重新发掘出来。

我想到了我们曾经批判过的儒家文化、孔孟之道。2000多年前的孔子和他的弟子在总结《周易》和春秋时期各种哲学思想之后，创立了可以治国理家的儒家思想。这个思想后来成就了中国历史上第一个以中原文明为核心的汉族天下大一统帝国——西汉王朝。西汉王朝依靠儒家文化这个伟大的哲学思想，实现了中华民族第一次真正的强大。

不论是国家治理还是家庭治理，儒家文化思想一直传承至今，虽然它在历史上遭到多次否定和冲击，但是直到今天，几乎所有中国人或多或少仍受到儒家思想的影响。

儒家思想包括家族治理和国家治理，为什么不重新找回我们对于家的理解呢？我认为，中国在很大程度上出现的思想混乱、价值观混乱、道德观堕落问题出在家的结构上，家的秩序被破坏了。我们今天还有多少人知道自己的家族是从什么地方来的，家族历史上都有些什么人，家风是什么？家训何在？家族传承的精神是什么？我们真的是已经数典忘祖了！今天我们羡慕罗斯柴尔德，和他们家族相关的一本书《货币战争》曾风靡中国；我们知道洛克菲勒家族，他们创办了世界第一个家族办公室。但是我们想过这个世界到底谁是世界第一家族吗？已经传承2500多年的孔子家族才是当今世界当之无愧的第一家族！2500多年来，一个家族要经历多少危机和风雨才能延续下来。即使孔子离开这个世界这么多年，他所倡导的"三纲五常""仁、义、礼、智、信、忠、孝、悌、节、勇"仍然成为这个家族甚至整个中华民族代代传承的思想。

所以我坚决主张，必须创建中华民族新的文明内涵，在充分挖掘儒家文化思想精髓的基础上，重构中国人以家庭、家族为单位的人文体系，在这样的思想体系指导下，去实现伟大的复兴，构建人类命运共同体。

后 记

这本书将要付印的时候，已经是2018年的年底。没想到本书在写作和编辑的过程中，这个世界好像正好在迎合中国提出的"新时代"，已经和正在发生着剧烈的变化。地缘政治和经济至少十年之内没有过这么剧烈的震荡了。十年前中国和世界发生的大事件有中国的汶川大地震、北京奥运会、美国的次贷危机，今年即将结束的时候，中国的经济改革、对外开放以及大力度防范国内系统性金融风险受到世界的各种关切和议论，中美之间爆发贸易冲突也引发全球多边贸易关系的紧张。终于在布宜诺斯艾利斯的G20峰会上，习近平主席和美国总统特朗普的晚餐会让世界松了一口气。中美贸易冲突停战90天，不管最终是否达成协议，中美之争都已经预示了即将到来的2019年注定不会平凡。而韩朝之间推动朝鲜半岛局势出现快速而意想不到的变化，牵动中朝之间、朝美之间双边和多边关系出现新动态。三个月内，朝鲜领导人金正恩三次访问中国；金正恩和特朗普将在新加坡会谈，朝鲜半岛这个关联中朝美韩俄日多个世界级重要国家的最紧张的地方，突然出现转机。而年底之时，加拿大检方应美国警方要求在加拿大拘捕了中国著名通信企业华为的CFO、任正非之女孟晚舟。虽经保释，但是中美之间的冲突所表现出的美国从全方位遏制中国的态势，已经摆开架势，未来扑朔迷离。

有意思的是，十一届三中全会宣布把党和国家的工作重点转移到经济建设上来的第二年，也就是1979年，中美建立外交关系。美国方面认为，随着中国的改革开放，这个国家必然走向美国式的自由、民主、宪政模式，也就意味着中国将成为美国最大的潜在机会或者战略同盟。事实上，后来的中国由于接受市场经济，很多机制也是向美国学习借鉴来的，所以美国在1979年选择不失时机地和中国建立外交关系。40年之后的中国，一方面通过韬光养晦引进发达国家的技术、资金、管理和机制，派出大量学生到世界各地学习再回到中国，已经依靠市场经济发展成为仅次于美国的经济大国，超越美国成为世界第一大国似乎只是时间问题；另一方面，学习西方、借鉴西方发展起来的中国并没有走向美国所希望的道路，尤其是党的十九大的召开和2018年的宪法修改，中国更加强调共产党的领导和发展社会主义公有制经济，美国才发现两国到底还是价值观不同，中国的强大和意识形态差别让美国感到来自中国的威胁。于是，2018年注定成为中美之间由战略合作发展成为战略竞争甚至战略对抗的元年。似乎这就是今年一系列事件不断发生的真正原因。

如果按这样的逻辑，"修昔底德陷阱"似乎不可避免？

不到一年的时间里所发生的这一切，非常清晰地让人感觉到，一个旧的时代结束了，一个新的时代开始了。但是我们每个人的思维、观念、行为模式都在历史的惯性里，当这种惯性和新时代的一切不一样或者有各种冲突的时候，所有人都会表现出一种莫名的焦虑。这种焦虑会让人怀念过去，对于已经拥有的流连忘返；会让人不满今天，因为对今天有一种陌生感，缺乏信任；会让人怀疑明天，因为明天和未来的目标和拥有都充满不确定性。这就是时代更迭、新旧转换带来的困惑。

我同样难逃这样的氛围，仿佛回到忧虑的1976年。也很巧，今年我的全球化历程也整整十周年了，4月22日我结束十天的美国行程回到中国，完成了历时十年的对主要发达国家的考察、交流、学习，在渠道建设、并购交易、产业金融方面有很多体验思考。此时我内心复杂，兴奋而焦虑。11月11日至19日，我又在以色列进行了一周的以色列健康产业考察和项目洽谈，为我的十年全球化历程画上了句号。

在日籍华人万文莉小姐安排之下，我原打算2007年10月25日考察日本亚洲资产管理公司，公司董事长是古川令治。由于临时决定要去西安谈判借壳上市项目，不得不取消了这个行程。临时放弃一个国际行程是国际交往中的大忌，何况对方还是非常注重礼节和仪式的日本朋友。我知道我得罪人了。好在对中国非常友好的古川还是在2008年表示希望我再次去考察和交流。

2008年到2011年这三年间，我去了很多次日本，考察了很多项目，有的项目基本上已走到最后的交易时刻。我们和古川、万文莉一起，探索了一个中日之间产业和产业、金融和产业、金融和金融深度并购、投资、整合的交易模型。这个模型涉及中国和日本的一二级市场联动，涉及中日产业整合，是一个非常精妙的产业重组与价值投资模型。因为"钓鱼岛事件"爆发，地缘政治和民族情结的缘故，经济和商业只能暂时退让。

2012年应SK集团邀请，我考察了韩国。对SK集团石油化工、集团总部和SK证券全面进行系统考察，探讨和SK在中国的合作机会；2012年我去吉尔吉斯并购油田；接下来去加拿大并购迈瑞丁；随后是英国、法国、意大利、瑞士、德国、荷兰、新加坡、马来西亚、印度尼西亚、泰国、美国，一发不可收。最后一站是美国，这是一个句号，也是另一个开始。

十年下来，我提出了"全球并购、中国整合"的理念，写作了一本同名图书；这个理念被中国从事海外并购业务的机构广泛接受；我以此为题，在全国展开了几十场演讲；我在喜马拉雅音频节目录制了一百集《中国资本全球化，你的机会在哪里》。

我提出中国的全球化需要从"贸易全球化到资本全球化"，把这个理论作为中国国际化、全球化升级的模板。我们不能只看到中国的进口和出口，更要从贸易全球化到资本全球化的进程中不断调整我们的全球化战略和方法。中美贸易摩擦所出现的贸易顺差和逆差的争议，背后完全可以从投资和资本层面来调整和配置，中国今年要在上海虹桥举办中国进口商品博览会，和已经举办了122届的广交会遥相呼应，看起来我们还是停留在进出口贸易这个层面，为什么不举办类似德国汉诺威工业博览会、美国加州的消费电子博览会这样的世界产业博览会，比如中国国际产业博览会呢？

我和国际产业、金融界专家一起探索设计了中欧可持续发展平行基金、中法航空产业平行基金模式，这些模式非常有创造性，也非常具有可操作性，但是都因为中国的全球化意识、能力、环境、机制、团队的不成熟而没有成功。

在中国对外投资和并购受阻之后，我根据中国和全球发达国家之间、发展中国家之间、不发达国家之间的产业链和价值链关系，用了一年时间，提炼出新的创意和商业模式"产业、资本、城市三位一体"，在导入全球优势产业的同时，解决中国城市化面临的产业空心化困局。我们在河北、黑龙江哈尔滨、浙江衢州、山东菏泽进行落地的讨论和实施，并于近期和山东菏泽达成最好的合作模式，有可能为山东的新旧动能转换找到一个全新的解决方案。

通过全球资源的对接，我创新性地设计出一个全球化家族传承模式；通过十年间反反复复的探索、尝试和交流，我终于可以开发设计出基于中国上市公司的主动型全球并购整合价值投资模型，如果成功实施，这可能是我一生最大的价值发掘和价值创造。

直到2018年年底，我再次有了一个全新的理解。我认为，如果要把改革开放40年作为上半场的话，即将开始的2019年，将进入中国经济的下半场。我认为中国经济下半场最重要的内容是国际化和全球化，但是，经济的国际化和全球化必须是由企业的国际化和全球化来实现的。30年后，也就是中国建国100周年的时候，中国能不能成为世界一流的国家，也取决于中国企业能不能成为国际化、全球化的企业，我希望我能够看见。所以从今年年底，我开始了一项新的工作——在中国第一个给民营企业讲授我所设计的系列国际化、全球化课程。我希望通过我的培育，帮助更多的中国企业登上国际化、全球化的舞台。

我预测，2020年之后，我将提出"全球并购、全球整合"的理念。我深信这一天一定会出现。

十年的历程、十年的探索、十年的思考使我意识到，中国已经从被动全球化进入主动全球化时代。中美之间的合作与竞争绝对不是中美两国之间的事情，由此带来的多元化、多角化地缘政治和经济关系会越来越复杂，对中国来说，既存在巨大的机会，也要面对严峻的挑战。但是，中国对于全球化的认识和理解还远远不够，全球化的机会空间也没有牢牢掌握。中国有很多分布在全球的机构，包括金融机构、央企，也有很多研究机构，各种智库层出不穷，但是环顾四周，我们有多少机构在深层次研究全球化的趋势和动态呢？最近看到某个高层智囊在对日本进行20多天考察之后，写的一篇报告《深刻认识中国和日本发展中的差距》。其实我在2008年到2011年的三年时间考察所得的思考，以及许多在日本各行各业的中国人对日本都有这种深刻的认识。我们有多少人能够从全地域、全产业链横向纵向地来对中国与发达国家的差距进行不断的分析比较呢？

随着新时代的开始，我也会继续我的全球化资本历程。我必须把这个十年积累的经验、教训、资源好好发掘出来，给更多的人一起分享，给更多的人创造机会。因为中国全球化的道路才刚刚开始，而且随着国际地缘经济和政治的不断变化、中国和全球之间产业关系的不断变化，全球化的内涵也在不断变化，需要不断适应、不断调整、不断创新。风云变幻的全球化充满商机，充满激情。比如，从2001年加入WTO之后到2018年的这17年里，中国在很多领域开放不够，全球化的表现形式还主要表现在中国融入世界，是产品、产业要素的全球化。随着中国金融的开放、海南自由贸易试验区的开放，中国在"走出去"和"引进来"的全球化历程中，又进入了一个新的阶段。当然，我会在全球化的历程里继续学习观察，同时不断推动重组、并购、产业导入，用各种创新的方式链接中国与整个世界。

未来中国最大的机会都在全球化过程中。所以，下一个十年，一直到2035年、2049年，全球化会是一个又一个"新"的主题。在国际化、全球化历程中去找到创业、创新、创意的机会，必将开创新时代的伟大事业。

我相信对于过去的惯性焦虑会在一切新事物的不断冲击之下慢慢减弱，我也希望所有人都能够在这些冲击之下找到拥抱新时代的激情。以一个简单的事件为例，海南省委、省政府决定设立海口江东新区，将其作为建设中国（海南）自由贸易试验区的重点先行区域，总面积298平方公里。如果这个信息发布是在40年前，不知道会吸引多少中国的热血青年奔赴海南，热烈而激荡的讨论不知道会持续多久，但是在今天，最多只是占有一天头条而已。事实上，比较当年的海南开发开放，创建海南特区的观念、方法和今天早已不可同日而语，盲目和冲动被理性和科学取代。这个时候的海南开放真正具有巨大的商机，而当年却更多的是盲目和无序。从这个角度来看，你要的是今天还是昨天呢？

　　这本书原本不在计划中。广东人民出版社希望我给创业时代的创业者写一本书来纪念改革开放40年，但我却把这本书写成了改革开放以来所有和"创"相关的文字，在感谢出版社编辑的同时，还是觉得有些歉意。我这些年其实和年轻的创业者交往不多，主要关注点都在资本全球化领域。所以，对新一代这个创业群体和创业故事，涉足不多，深表歉意。无论如何，还是希望年轻的朋友们喜欢并且有机会参与到中国的全球化这个伟大进程中。跨国型创业机会其实已经来临，我见过不少在日本、欧洲、美国创业的中国学生，通过海外创业，不仅把海外学习的知识应用起来了，还有机会把国外获得的创业项目与中国资本、中国市场、中国应用结合起来，这将成为一个趋势。

　　全球已经进入一个信息大爆炸、知识大爆炸时代，对于一个每天被知识和信息包围的个体来说，再有能耐也只是一个个体，你的大脑、你的知识、你的体验和观察的局限会越来越多。尤其对于一本书的写作者来说，最大的不一样就是把这些知识和信息经过自己的大脑而不是人工智能处理之后，得出来的经验和思想。我们都有很多局限，所以，请大家理解这个局限。书中或许有很多观点、知识、信息不够准确，论述不够充分，占用了大家阅读时间，敬请谅解。

　　生命的意义就是在生命的过程中不断体会和感知你和这个有形的、无形的世界的一切。生命不息，体验不止。我会继续努力！

　　谨将此书献给我心爱的女儿麦子，相信你的未来比我更美好！

2018年12月15日凌晨